영화 따라잡기

영화 따라잡기

김정호 지음

평민사

차 례

I
영화보기

영화란 무엇인가? 현실에서 쓸모나 용처를 찾을 수 없는 영상과 음향에 대해 우리는 왜 시간과 돈을 투자하고 즐기는 것일까? 1초에 24번 바뀌는 그 상은 눈속임이며, 환영이고, 환상이 아닌가? 이런 식의 물음은 결국 **예술의 본질과 기능에 관한 물음으로 수렴**된다.

영화를 통해 우리가 목격하는 것은 실제 대상은 아니다. 영화는 만들어지는 것이다. **영화의 예술성에 대한 이해는 한 편의 영화가 인간의 노력에 의해 가공되는 것이라는 인식에서 출발**해야 한다.

예술 작품을 얘기할 때 우리는 평가를 내린다. 즉 그 작품의 좋은 점과 나쁜 점에 대해 주장한다. 물론 이 경우 개인적 선호도가 깊숙이 개입한다. 그러나 영화의 질을 평가할 때 개인적 선호도만으로는 충분하지 못하며, 더욱이 평가의 기준이란 많은 작품을 판단하는 데 적용되어야만 한다. 어떤 사람들은 영화가 현실에 대한 그들의 관점과 일치하는가의 여부, 그러니까 사실주의적 기준에 의거하여 영화를 평가하기도 한다. 그러나 예술작품들은 때때로 현실 법칙을 위반하면서 그 자체의 내적 규칙에 의해 지배되기도 한다.

또한 영화를 평가하는 데 도덕적 기준을 이용하기도 한다. 이 경우 영화의 형식체계 내에서 전후맥락을 떠나 영화의 양상들을 판단함으로써 편협한 평가이기 쉽다. 그렇다면 사실주의적, 도덕적 평가 기준과는 별개로 **영화를 예술적 통합체로 평가하는 기준이 있어야 할 것이며, 그러한 기준은 영화 형식을 가능한 한 많이 고려할 수 있는 것이어야** 할 것이다.

우리가 예술 작품을 통해 기대하는 것은 무엇인가? 우리는 왜 음악에서 일정한 형식을 기대하고, 영화에서 일정한 형식을 기대하는가? 다시 말해서 우리는 왜 **특정한 예술 작품이 어떤 식으로 구조화되기를 요구**하는가? 음악을 듣다가 갑자기 그칠 때 실망하는 이유는 무엇인가? 그렇다면 예술 작품에 대한 우리의 경험이란 어떤 형식으로든 유형화되고 구조화되어 있는 것은 아닌가?

어떤 예술 작품에서든 형식은 가장 중요하다. 음악은 단순한 소리가 아니며, 소설은 단순한 언어 기호일 수 없다. 한 편의 그림은 선과 색채와 모양과 결을 이용하여 감상자에게 특정한 신호를 보내고, 감상자는 이를 지각하여 특별한 행위로 발전시킨다. 따라서 **예술 작품에 사용되는 재료들은 무작위로 던져지는 것이 아니라 체계적으로 선별되고 배치됨으로써 나름대로의 형식을 유지해야 한다.**

영화도 마찬가지다. 관객들은 영화를 볼 때 개별 단위들이 아니라 전체로서의 영화 작품 한 편을 감상한다. 그리고 그 특정 작품 한 편의 이해가 궁극적 목표일 때 감상자는 그것을 이해하는 데 필요한 접근 방법을 갖고 있어야 한다. 바로 **영화라는 형식이 의존하는 영화 양식 체계들에 대한 지식**이다. 영화 형식의 문제가 영화 매체의 특질을 이루고 있는 기법들에 대한 이해와 연결되는 것은 바로 영화 작품 한 편의 전체 형식 내에서 기능하는 것이 바로 이 같은 기법들이기 때문이다.

우리가 회화를 분석하려면 색깔, 형태, 그리고 구성에 대한 지식을 구비해야 하고, 소설을 분석하려면 언어에 대한 이해가 선행되는 것처럼 영화를 읽어내려면 영화가 의존하는 양식체계들을 알아야만 한다. 훌륭한 영화 작품에 대한 기준으로 **복합성, 독창성, 통일성**을 들 수 있다. 영화의 복합성이란 관객의 인식을 여러 수준에서 몰입시키고 많은 개별적 형식적 요소들간의 관계의 다양성을 창조하고, 또 흥미 있는 형식적 유형을 창조하는 영화를 말한다.

영화의 독창성은 감독이 진부한 관습을 택하여 그것을 새롭게 만들거나 새로운 형식의 가능성을 창조하는 경우 미학적 견지에서 독창성을 평가할 수 있다. 그리고 통일성의 경우 한 편의 영화가 명료하고 독특하고 그리고 정서적으로 관객을 몰입시킬 경우에 해당된다. **예술 작품으로서의 영화에 대한 이해, 그러니까 특별한 방식으로 만들어지고, 일정한 총체성과 통일성을 지니며, 그것이 만들어진 당대의 역사와 세계에 대한 이해의 창으로 기능하는 것으로서의 영화에 대한 이해는 양식 체계에 대한 이해에서 비로소 출발**한다.

영화는 오락과 도덕을, 그리고 돈벌이와 예술을 양 축으로 삼아 걸려 있다. 인간에게는 유희적 본능이 있으며 이 유희적 본능은 예술이라는 또 다른 형태의 삶을 가능하게 했다. 노동이라는 일상생활의 활동 외에 인간이 예술을 필요로 하는 이유는 바로 예술이 **인간에게 세계를 이해하는 수단으로 기능**하기 때문이다.

무릇 다른 예술품이 그렇듯이 영화는 사람들에게 일상을 벗어나 즐거움을 통해 세계를 이해하도록 부추기는 창이다. 일상생활에서 사람이 일용할 양식을 얻고 물리적 삶의 환경을 개선해 간다면, 일상을 벗어난 즐거움이 담긴 활동을 통해 정신적 삶의 조건들을 풍요롭게 한다. 영화는 바로 이 즐거움에 의탁하고 있다.

그러나 영화는 단순히 즐거움이나 오락 기능에만 의존하지는 않는다. 모든 예술이 그렇듯이 영화도 그 수혜자인 관객들에게 삶에 대한 깨달음과 교화라는 교훈적 기능을 베풀고 있다. 영화는 관객들에게 그들의 삶을 비춰볼 수 있도록 하며, 그 비춰진 모습을 통해 그들의 삶과 사회에 대한 이해를 부추긴다. 바로 이러한 점에서 영화 따라잡기는 그저 영화보고 인상주의적 감상평을 확인하는 수준에 그쳐서도, 난해하기 짝이 없는 고도의 기술적 용어의 나열이나 연대 외우기 식의 현학적 분석 수준에 매달려서도 안 되는 근거가 도사리고 있다. 그렇다면 **영화 따라잡기란 한 편의 영화가 담아내는 의미를 추적함으로써 사람의 삶에 관한 교육**의 마당이어야 할 것이다.

1. 영화 골라 보기

영화는 그것이 만들어진 **특정 사회의 특정 문화 이데올로기를 교묘하게 위장하기 위해 배치된 일련의 기호들로 이루어진 볼거리**다. 사람이 만들어 낸 창작품 중 가장 대중적인 여흥의 수단인 영화는 계층과 인종과 성에 상관없이 전 세계인들이 가장 쉽게 접할 수 있는 예술이자 오락거리라는 점에 그 장점이 있다 하겠다.

영화를 관람하는 행위에는 친숙한 것과 독특한 것의 미묘한 역학이 작용하게 된다. 영화관을 찾는 관객들은 **영화를 통해 현실에서 가능하지 않았던 꿈이 이루어지는 대리 경험**을 한다. 영화에서 제시하는 현실은 의도적으로 왜곡되고 조작된 현실이다. 영화는 대중들이 보기를 원하는 현실을 보여주며, 그것도 몰래 훔쳐보도록 허용한다.

영화 관객들의 가장 큰 특권은 바로 **훔쳐보기**다. 어두운 방안에서 상영되는 영화는 실제로 보여주기 위해서 비춰지고 있으나 관객에게는 남의 사생활을 몰래 훔쳐보는 듯한 환상을 불러일으킨다. 다른 사람의 행위를 들키지 않고 몰래 엿보는 **관음증적 즐거움**은 일면 대단히 부도덕적이면서 가슴을 떨리게 하는 마력을 지니고 있다. 영화는 바로 이러한 훔쳐보기를 합법적으로, 그리고 도덕적으로 용인해준다. 관객들은 현실에서 막연히 동경했던 장면들을 안전하게 훔쳐보고 즐기기 위해 영화관을 찾는 것이다.

영화 골라 보기의 갈래들

무슨 영화를 볼 것인가라는 문제는 그 해답을 찾기가 결코 만만한 작업은 아니다. 또한 각자 나름대로 안내서나 참고 자료를 이용해 영화를 골라 보기는 하지만 이 작업 역시 자신의 취향과 개성에 맞지 않을 때는 곤혹스러움만 가중시키기도 한다. 그렇다면 단순히 많이 보는 것만으로 영화 골라보기는 해결될 수 있을까? 아니라면 어떻게 골라보아야 할까?

나 자신에서 출발하기

모든 사람은 자신의 입장에서 세상을 바라본다. 자신이 가장 원하는 방식으로 생각하고 자신이 가장 기대하는 방식으로 세상을 재단하려든다. 그리고 그러한 자신의 시각은 항상 변하고 흔들리며 새롭게 바뀐다. 말하자면 **개인은 사회적 역할과 개인적 역할들을 바꿔가면서 세상과 맞서고 견뎌낸다**고 할 수 있다.

영화 고르기도 이러한 틀에서 벗어나지 않는다. 어차피 영화 고르기와 감동 받기는 개인의 문제로 수렴될 수밖에 없는 것이어서 자신의 시각을 고려하지 않은 선택이란 그 생명력이 짧을 수밖에 없다. **영화 골라보기의 출발점은 바로 자신의 입장에서 고를 때 시작된다.**

알고 고르기 또는 고르고 알기

자신의 시각에서 영화를 골라볼 때도 여전히 만만치 않은 문제점이 도사리고 있다. 자신의 안목에 대한 불편함과 미덥지 못함도 있거니와 그 안목이 고착되어 다양한 고르기를 방해할 위험성도 간과할 수 없다. 그렇다면 비록 자신의 안목에 근거하여 영화 고르기를 시작한다 하더라도 그 안목을 교정해주고 닦아 줄 방책은 항상 구비해야 할 것이다.

첫째, 자신이 고른 **영화에 관한 이해를 거들 수 있는 평가를 귀담아 보아야 한다.** 영화 비평서나 안내 책자를 살펴보는 것은 가장 손쉬운 방법일 것이다.

둘째, 자신이 고른 영화에 대해 다른 사람과 대화하는 것이 필요하다. **문제 제기 토론을 통해 좀 더 다양한 의미 층위의 감상을 시도**할 수 있을 것이다.

셋째, 좀 더 전문적인 감상을 위해 감독이나 배우, **주제 및 장르 별로 구분**하여 고를 필요가 있다. 이러한 고르기 방식은 특정한 분야에 대한 안목을 배가할 뿐만 아니라 초보자라 하더라도 실패할 위험성이 적다는 점에서 반드시 시도해 볼 필요가 있다.

넷째, 영화의 특성 및 형식에 대한 이해를 위해 **영화 형식과 문법에 관한 개론서** 정도는 읽는 것이 필요하다.

장르별로 보기

예술 작품을 감상할 때 눈에 띄는 대로, 그러니까 닥치는 대로 무턱대고 감상할 때 그 감상자는 자신의 식견이나 안목을 정리하여 체계를 세울 수는 없을 것이다. 예컨대 재즈 음악에 대해 일정 수준의 안목을 갖추려면 적어도 일정량의 재즈 음악을 집중해서 들어보고 그에 관한 책을 읽어보아야 하지 않을까?

영화도 마찬가지다. 영화 작품을 갈래 별로 나누어 보면 영화란 무엇이며 좋은 영화란 어떤 것인지 파악하는 데 도움이 될 것이다. 물론 그렇다고 해서 영화의 본질에 정통하게 된다는 보장은 없지만, 적어도 많은 영화 관련자들이 갈래를 지어 온 장르 구별을 통해 영화의 특성에 접근할 수 있으며, 영화 문법에도 익숙해질 수 있을 것이다. 이는 **장르 영화들이 각 장르별로 특정한 영화 만들기 기법과 문법을 통해 한 무리로 묶여질 수** 있기 때문이다.

장르 영화

그렇다면 장르 영화란 무엇인가? 다음은 아마존 서점(amazon.com)이 인터넷에 올린 영화 장르 구분 목록과 최근에 판매되는 베스트 셀러 비디오 목록이다.

활극(액션) 영화: 〈스타쉽 트루퍼스〉, 〈콘 에어〉, 〈자칼〉, 〈골든 아이〉

모험(어드벤처) 영화: 〈아폴로 13〉, 〈트위스터〉, 〈도망자〉, 〈로빈훗〉

애니메이션 영화: 〈크리스마스 악몽〉, 〈만화광〉, 〈그린치는 크리스마스를 어떻게 훔쳤나〉

아동 영화: 〈주만지〉, 〈매리 포핀스〉, 〈스페이스 잼〉, 〈베이브〉

고전 영화: 〈사랑은 비를 타고〉, 〈뜨거운 양철 지붕 위의 고양이〉, 〈우리 생애 최고의 해〉

코미디 영화: 〈베이브〉, 〈스팅〉, 〈라이어 라이어〉, 〈겟 쇼티〉

드라마: 〈브라질〉, 〈잉글리시 페이션트〉, 〈카지노〉, 〈아마데우스〉

필름 느와르: 〈엔젤 하트〉, 〈L. A. 컨피덴셜〉, 〈블레이드 러너〉, 〈택시 드라이버〉

갱스터 영화: 〈L. A. 컨피덴셜〉, 〈펄프 픽션〉, 〈굿 펠라스〉, 〈스카페이스〉

공포(호러) 영화: 〈뱀파이어와의 인터뷰〉, 〈나는 네가 지난 여름에 한 일을 알고 있다〉

뮤지컬 영화: 〈지붕 위의 바이올린〉, 〈사랑은 비를 타고〉, 〈에비타〉

로맨스 영화: 〈매디슨 카운티의 다리〉, 〈잉글리시 페이션트〉, 〈시애틀의 잠 못 이루는 밤〉

아마데우스

SF 및 판타지: 〈블레이드 러너〉, 〈콘택〉, 〈제 5원소〉, 〈터미네이터 2〉

전쟁 영화: 〈플래툰〉, 〈멤피스벨〉, 〈지상 최대의 작전〉, 〈라이언 일병 구하기〉, 〈씬 레드 라인〉

서부 영화: 〈용서받지 못한 자〉, 〈추적자〉, 〈툼스톤〉, 〈와일드 번치〉

이 목록에서 확인할 수 있듯이 장르 구분이 엄격하게 나뉘어져 있는 것은 아니다. 중복되어 맞물려 있는 작품들을 통해 엿볼 수 있는 것은 바로 장르 구분이란 작품의 내재적 본질에 의해 분류되기보다는 **관객의 소비자적 취향에** 의존하고 있다는 점이다. 또한 영화 비디오의 상품성에 의해 분류되고 있음을 알 수 있다. 이는 영화가 지니는 **상업적 속성** 때문에 비롯된 것이다.

그러나 **영화는 상업적이기는 하지만 동시에 예술적**이기도 하다. 위에서 살펴본 장르 영화들은 각기 나름대로 **일정한 주제를 전달**하고 있으며, **소재, 형식상의 특징, 영상 처리 및 표현 방식에서 일정한 공통점을 지니고 있다.** 장르 영화의 갈래는 바로 이 점에서 출발한다.

18

장르 영화의 상업성

도대체 영화의 장르를 통해 무엇을 확인할 수 있는가. 바로 영화의 상업성이다. 영화란 태생적으로 고급 예술이라기보다는 **대중오락예술**일 수밖에 없다. 영화의 대중성과 오락성 및 상품성은 관객의 호응도를 측량하고 부추기는데 가장 중요한 요소였다. 따라서 한 편의 영화가 흥행에 성공하면 영화 제작자들과 감독들은 또 다른 흥행을 보장받기 위해 유사한 영화들을 만들어내야 했던 것이다. 말하자면 **상업적 이익과 관객들의 요구가 맞물려서** 장르 영화들이 계속해서 만들어지고 있는 것이다.

장르 영화의 특징

그렇다면 장르 영화의 특징은 무엇인가?

첫째, 장르 영화는 그 영화를 이해할 수 있게 하고 친밀하게 만든다. 관객들은 동일한 장르에 속한 영화를 대략 이전 영화와 견주어 봄으로써 **친근하고 편안하게 사건 진행과 그 결말을 이해할 수 있다.**

둘째, 장르 영화는 일정한 틀에 줄거리와 인물 구성만을 약간 수정하여 반복적으로 찍어내기 때문에 **상투성의 오명**에서 자유롭지 못하다. 그러나 영화는 상투성에만 의존할 수는 없다. 새로운 자극을 원하는 관객들의 호기심과 기대치를 외면할 수 없기 때문이다. 따라서 장르 영화는 비슷한 다른 영화들의 맥락 안에서 변용과 혁신을 시도한다. 관객들에게 유사한 많은 영화와 견주고 구별하여 어느 한 영화를 인식하도록 하는 이런 식의 틀은 **상호 텍스트성에 근거하여 관객의 기대 영역을 정한다.** 친숙함과 편안함이 장르 영화의 한 축이라면, 친숙함과 편안함에서 벗어난 변용과 혁신 및 독창성이 장르 영화를 지속시키고 발전시키는 또 다른 축이다.

셋째, **장르 영화의 고유한 틀은 영화의 결말을 돕는다.** 영화는 대중들의 일반적인 이해 정도에 크게 의존하는 예술이다. 장르 영화는 관객들의 이해 능력을 신뢰함으로써 영화적 결말에 도달할 수 있다. 이런 관습을 깨뜨리는 일부 영화들, 그러니까 관객들이 이해하기 어려운 결말들을 제공함으로써 실패하는 영화가 종종 있다.

넷째, 대개의 장르 영화들은 관객의 취향과 상업적 유행, 사회의 보편적인 가치 의식의 조건에 따라 생성되고 소멸된다. 바로 이 점 때문에 장르 영화는 **그 영화가 만들어진 시기의 문화, 사회상, 가치관 등을 확인하는 통로**로 기능하고 있다. 예컨대 동일한 전쟁 영화라 하더라도 〈머나먼 다리〉나 〈지상 최대의 작전〉이 세계 제 2차 대전에 참전했던 미국의 승리를 묘사해냄으로써 미국의 위상과 세계 평화 수호자의 역할에 대한 자찬의 색채를 띠고 있다면, 〈플래툰〉에 그려진 베트남 전쟁은 비록 백인의 시각임을 감안하더라도 민족 내부의 전쟁에 끼어들었던 한 젊은이의 눈을 통해 전쟁의 무모함과 파행성을 고발함으로써 당대 미국인들의 또 다른 자의식을 엿보게 한다.

한편 동일한 장르 내의 변모 외에 특정한 시기에 유행했던 특정 장르 영화를 통해 그 장르를 요구했던 사회상을 엿볼 수 있다. 예컨대 1930년대 유행했던 뮤지컬은 그 환상적 분위기와 소재를 통해 미국의 경제공황의 도피처로 기능 했으며, 한국의 90년대 전반기의 로맨틱 코미디 영화들은 중산층 관객들의 정치적 혐오증과 경제적 낙관론이 맞물려서 전혀 심각하지 않은 가볍고 낭만적인 소재를 요구했던 사회 현상의 투영이라고 볼 수 있다.

장르 영화의 유형

서사극(스펙타클 영화)

서사극은 대체로 장엄한 역사적 사건을 다룬다. 전투, 투쟁, 파괴, 그리고 죽음이 개입하는 기본적 틀을 유지하고 있으며, 막대한 제작비를 투입하여 정교한 세트와 화려한 의상으로 대별되는 물량공세가 두드러지며, 엄청난 인원이 동원된다. 흔히 **서사극에서 한 개인은 영웅적 인물로 묘사**되며, 그가 살던 시대의 흐름에 편승하지 않고 대항함으로써 인간의 위대함을 증명한다.

서사극은 헐리우드의 대표적 장르 영화로 충분한 재정적 지원으로 만들어지는 가장 미국적인 영화라고 말할 수 있다. 그리피스의 〈국가의 탄생〉이나 〈인톨러런스〉는 미국 서사극의 지평을 연 작품들이며, 셀즈닉 형제가 만든 〈바람과 함께 사라지다〉, 세실 B. 드밀의 〈십계〉, 빌리 와일러의 〈벤허〉, 데이비드 린의 〈아라비아의 로렌스〉와 〈의사 지바고〉 등은 헐리우드가 아니면

◀아라비아의 로렌스
▲닥터 지바고

불가능했을 작품들이다.

멜로드라마

영화 장르에서 멜로드라마는 다양한 형태의 영화를 가리키는 말로 폭넓게 쓰이는데, 범죄 멜로드라마, 심리 멜로드라마, 가족 멜로드라마 등의 구분이 있는가하면 여성이 주인공으로 나오거나 애정관계를 다룬 영화를 모두 멜로드라마의 범주에 포함시켜 언급하기도 한다.

여성 관객들을 겨냥해 화려한 세트와 분장, 미남과 미녀들, 성과 육체 그리고 애절한 사랑 이야기라는 구색을 갖춘 멜로드라마 영화들은 감상주의와 야합하여 대중들의 동경과 갈채를 모으는 데 성공했다. 멜로드라마는 1, 2차세계대전 이후의 현실에서 피폐해진 관객들의 마음을 달래주는 현실도피적인 감상에서 관객들을 탐닉하게 했다. 50년대 멜로드라마는 행복을 얻기 위해 애쓰는 여성의 모습을 담았는데, 여주인공들은 부르주아의 도덕률이나 신분의 차이에 묶여 자신의 행복을 단념하는 모습으로 그려졌다. 등장인물의 체념을 강조함으로써 기존 사회의 보수적인 가치에 동조하도록 부추기고 있다. 여성들은 연인을 위해 자신의 행복을 포기하거나 또는 거꾸로 자신의 행복을 위해 연인을 희생시키기도 한다. 삼각관계에 휘말려 고통받는가 하면, 자식을 향한 모성 때문에 모든 것을 희생시키기도 한다.

헐리우드 멜로드라마 중에서도 로버트 벤튼의 〈크레이머 대 크레이머〉 같은 위축되어진 가정의 위기를 경고하는 뛰어난 작품들도 있지만 〈귀여운 여인〉처럼 현실과는 동떨어진 퇴행적이고 솜사탕 같은 거짓말로 채워진 영화가 대부분이어서 멜로드라마는 **관객의 값싼 감상에 호소하는 통속 영화라는 오명**에서 자유롭지 못하다. 대표적 작품으로 마이클 커티즈의 〈카사블랑카〉(Casablanca, 1942), 끌로드 를로슈의 〈남과

여〉(Un Homme et Une Femme, 1966) 등이 있다.

갱스터 영화

범죄 영화인 갱스터 영화가 하나의 독립된 장르로
성립한 것은 보통 1920년대부터다. 사회적으로는 당
시 미국 전역에 걸쳐 시행되었던 금주령의 영향으로
밀주의 생산과 배급망을 조종하는 조직 범죄 집단이
급성장함으로써 일반 시민들은 범죄에 노출되기 시작
했으며, 영화 산업으로는 유성 영화가 등장함으로써
효과음과 대사가 화면에 첨가됨으로써 극적 사실성을
확보할 수 있게 되었다.

카사블랑카

거친 인물과 폭력이 수반되는 갱스터 영화는 미국
사회가 전원 사회에서 산업화 사회로 바뀌면서 도시
속에서 발생하는 범죄 행위를 기본 골격으로 삼고 있
다. 약육강식의 경쟁 원리 속에서 사회의 혼란을 틈 타
일군의 범죄 집단들은 무자비한 폭력과 살인, 그리고 탈법을 통해 정부의 무
력함을 비웃는다. 그들의 조직과 범죄 활동은 당시의 미국 경제적 상황과 환
경의 산물이었으며, 미국 사회의 법과 질서가 문란해지고, 실업과 생계 문제
가 심각했던 사회를 반영하고 있다.

초기 갱스터 영화들은 범죄 집단들의 야비한 사업과 조직에 초점을 두었지
만 이후 점차 조직보다는 개인에 초점을 맞추었다. 관객들은 주인공을 죽음에
이르게 하는 출세욕과 폭력성을 따라가면서 도시의 악몽을 목격한다. 검은 색
정장을 차려 입은 주인공이 출세욕에 사로 잡혀 산업화된 비인간적 도시에서
벌이는 총격전과 살인을 목격하면서 관객들은 **무법성에 대한 묘한 쾌감**을 느

대부 25주년 기념 포스터

낀다. 죽음을 향해 내달리는 주인공의 행위를 통해 일종의 카타르시스를 느끼며 교훈을 얻는다. 또한 주인공을 동정하는 여성을 기용함으로써 관객들로 하여금 **주인공에 대한 동정심과 이해심을 유발**하기도 하며, 주인공이 몰락할 수밖에 없는 **미국 사회에 대한 비판의 시각**을 담고 있기도 한다.

갱스터 영화는 1930년대 이후 영화 검열을 강화로 영웅의 역할을 범죄자에서 형사 또는 탐정으로 전이하게 되며 미국 현대 도시의 모호하고 불투명한 풍경을 헤쳐나가는 하드 보일드의 탐정 이야기로 변주되면서 필름 느와르의 씨를 뿌리게 된다. 갱스터 영화의 대표작으로는 마빈 르로이의 〈리틀 시저〉(Little Caesar. 1930), 하워드 혹스의 〈스카페이스〉(Scarface, 1932), 프란시스 코폴라의 〈대부〉(The Godfather, 1971), 브라이언 드 팔마의 〈언터처블〉(The Untouchable, 1987) 등을 들 수 있겠다.

필름 느와르

필름 느와르는 2차대전 후 프랑스에 소개되기 시작했던 일련의 헐리우드 영화들 중 주로 적은 예산으로 제작된 B급 영화이면서 어두운 분위기의 범죄 영화를 지칭한다. 2차 대전 후 프랑스의 영화 평론가들은 전시에는 상영 금지되었던 40년대 초반의 미국영화들이 한꺼번에 소개되었을 때, 그 어둡고 음울한 일련의 흑백 범죄 영화들을 필름 느와르라고 불렀다.

필름 느와르는 이야기틀을 하드 보일드 추리 소설에서 빌려왔다면, 시각스타일은 독일 표현주의의 영향을 받았다고 할 수 있다. 1930년대 말과 1940년대 초에 걸쳐 전쟁의 위협은 증대되고 유태인 학살이 계속되면서 수많은 유럽 영화감독들과 기술자들이 헐리우드로 건너왔고 이들 중 **표현주의 계열의 감독들**이 중요한 영향을 끼쳤다.

필름 느와르의 무대는 폭력과 범죄, 허무주의와 절망에 가득 찬 타락한 세계다. 이 어둠의 세계는 필름 느와르의 시각적 모티브로서 빛과 그림자의 강렬한 대비, 불균형, 불안정한 구도, 문, 블라인드, 유리창 등을 사용한 중첩된 화면 구도, 극단적인 클로즈업이나 대담한 부감 촬영 등을 통해 제시된다.

필름 느와르의 공간은 도시지향적이다. 이것은 대개 도시의 뒷골목, 탐정 사무실, 담배 연기 자욱한 술집, 가로등이 서있는 비에 젖은 거리가 극단적인 카메라 앵글에 잡힌다. 도시의 풍경은 위험과 부패로 얼룩져 있고, 중요한 사건들은 어두운 밤에 일어나며, 예정된 액션보다는 무엇인가 일어날 듯한 불길한 예감으로 영화의 긴장감이 유지된다.

인물들의 성격은 그들의 모습을 비추는 조명이나 프레임만큼이나 불분명하게 그려진다. 이런 것들은 전체적으로 악과 긴장에 대한 정서를 강조하며, 주인공의 얼굴에는 측면 조명이 비춰짐으로써 얼굴의 한쪽은 강조되고 다른 한쪽은 여전히 어둠 속에서 남게 되는데, 이는 주인공의 도덕적 모호성을 시각화하고 있다.

느와르 영화의 이야기 구조는 대체로 **'위험한 여자'** (femme fatal)의 등장과 그녀로 인해 몰락의 길로 빠져드는 주인공의 행로가 회상 형식을 통해 전개된다. **위험한 요부는 여성에 대한 남성들의 경멸과 두려움과 환상이 뒤엉켜서 만들어진 이미지다.** 고전적인 헐리우드 여주인공에게 부드럽고 아름다운 조명이 비추어졌다면 느와르의 여주인공은 어둡고 음습한 조명 속에 차가운 모습으

26

로 등장한다. 이런 여성상은 제 2차세계대전 이후 활발해진 여성들의 사회활
동에 대한 남성들의 시각을 반영한 것이었다. 느와르에 등장하는 여성들은 다
소곳한 존재가 아니라 활동적이고 지적이며 힘이 넘치는 존재지만 남성 중심
의 가치체계를 지키기 위해서는 반드시 파괴되거나 통제될 수밖에 없었다.

　느와르의 남성 주인공은 암흑가 두목, 그의 정부(위험한 여자)와 삼각관계
를 이룬다. 이러한 이야기 구조는 대부분 주인공이 악당의 고용인으로 설정되
며 악당의 정부가 가진 신비한 힘에 의해 배신할 수밖에 없는 상황에 이른다.
결국 주인공은 두목 손에 목숨을 잃는 최후를 맞이한다. 필름 느와르의 줄거
리에는 음모와 발전과 복선이 반드시 끼어있기 마련이며, 이점에서 보통의 갱
스터 영화보다 훨씬 복잡하고 다층적인 내러티브 구조를 지닌다.

　대표적 느와르 영화로서는 빌리 와일러의 〈이중 면책〉, 프리츠 랑의 〈빅 히
트〉, 오손 웰스의 〈악의 손길〉, 마틴 스콜세스의 〈택시 드라이버〉 등을 들 수
있다.

택시 드라이버

뮤지컬

　뮤지컬은 유성 영화의 출현과 함께
가능해진 장르다. 초창기의 뮤지컬들은
브로드웨이 뮤지컬들을 그대로 답습하
거나 재구성한 경우가 많다. 연극을 재
구성한 춤과 노래 사이에 간단한 줄거
리가 첨가된 버라이어티 쇼 형식이 대
부분이었으며, 인물의 성격 창조와 드
라마의 전개보다는 화려한 눈요기에 더

중점을 둔 코미디물들이었다.

이러한 경향은 1930년대 대공황기에
도피주의적 오락영화로서 대량으로 만
들어진 MGM 스튜디오의 뮤지컬들에서
극치를 보였다. 경제 공황 이후 암울했
던 미국 사회를 위로하고 국민들에게 낙
관적 전망을 주기 위해서는 밝고 명랑한
뮤지컬이 필요했으며, 또한 전쟁기에는
외로운 미국 병사들의 향수를 달래주기
위해서도 뮤지컬의 화려함과 경쾌함, 그
리고 도피주의가 필요했던 것이다.

사운드 오브 뮤직

1930년대 말에 이르러 뮤지컬은 〈오
즈의 마법사〉(1939)의 성공으로 아역 배
우들이 뮤지컬들에 등장한다. 1950년대에 들면서부터 영화 관객층의 기호가
일상 생활의 정서와 구체적인 현실의 묘사를 선호하는 쪽으로 바뀌고, 뮤지컬
의 제작비가 늘어남에 따라 대작 뮤지컬 제작은 급속히 줄어들었다. 〈사운드
오브 뮤직〉(1965) 이후 헐리우드는 볼만한 뮤지컬들을 만들어내지 못하고 있
다.

뮤지컬은 **춤과 노래라는 오락의 형태를 통해 관객에게 낙관적인 전망을 제시**
한다. 노골적으로 통속 취미에 영합하기도 하며 과도한 규모와 초현실주의적
발상으로 충격을 주는 노래와 춤 장면들이 관객들을 사로잡기도 한다.

서부 영화

황금이 있는 미지의 땅 서부는 미국인들에게 미국적 신화가 구현될 수 있는 땅이었으며, 미국적 신화와 서정성의 토대 위에 구축된 서부영화는 가장 미국적인 영화 장르였다. 서부 영화는 단순한 요소들, 그러니까 뚜렷이 대비되는 선과 악, 남자 주인공의 용맹함과 희생 정신, 잔인하고 비도덕적인 악당, 순진하고 예쁜 여자, 위협적인 존재로서의 인디언들, 코믹하고 단순한 동네 사람들이 등장하는 **권선징악의 멜로드라마**다. 과거 행적이 드러나지 않는 '고독한 서부의 사나이' 주인공은 역경을 헤치고 의리와 용기를 발휘하며, 극의 결말에 가면 반드시 악당을 죽임으로써 악은 사라지고 선이 승리하는 서사구조를 취한다. 신격화된 주인공은 사건을 해결한 뒤 다시 어디론가 떠나며, 일시적으로 위협받았던 질서는 회복된다.

1884년 에디슨에 의해 처음으로 인디언과 카우보이들이 카메라에 찍힌 이래 서부의 모습은 미국 영화의 가장 빈번히 등장했던 소재였다. 초기에는 로데오 경기의 스타들이 서부 영화에 주인공으로 발탁되기도 했으며, 윌리엄 하트, 톰 믹스, 켄 메이너드 같은 배우들이 20년대 서부 영화에서 활약했던 실제 로데오 스타들이었다. 20년대 후반 헐리우드는 실제 카우보이를 버리고 진 오트리라는 시카고 출신 가수 겸 무용수를 서부 영화에 출연시켜 노래하는 매력적인 카우보이 상을 만들어 낸다. 그리고 해리 케리를 거쳐 30년대 헐리우드는 존 포드 감독에 의해 그때까지 B급 영화에 출연했던 존 웨인을 발굴한다.

1950년대 텔레비전 등장으로 서부 영화의 스타들은 TV 화면 속으로 옮겨가게 되고, 서부 영화는 시련기를 맞는다. 물론 제 2차세계대전을 경험했던 미국인들은 악의 존재에 대해 실감했으며 그 악은 반드시 격퇴되어야 했기 때문에 서부극은 〈쉐인〉처럼 선과 악을 구체적으로 등장시켜 대결 구도를 그려

▲쉐인
◀내일을 향해 쏴라

내기도 했지만, 60년대 월남전과 신좌파 운동들을 거치면서 선이 존재하지 않는 잔혹한 마카로니 웨스턴으로 변질한다. 특히 세르지오 레오네는 헐리우드가 아닌 이탈리아에서 서부영화를 찍은 감독이다. 그의 서부영화에는 도덕이나 정의는 존재하지 않으며 탐욕과 시기와 복수, 그리고 살육만이 존재한다. 주인공은 현상금을 벌기 위해 총을 쏘거나 복수심 때문에 총질을 해대며, 위대했던 남북 전쟁은 물질을 탐하는 무법자들의 배경으로만 그려진다. 역설적인 점은 **변질된 서부영화**가 서부영화의 중흥을 가져왔다는 점이다.

정통 서부영화의 대부는 서부의 낭만과 도덕성을 주제로 한 〈역마차〉, 〈추적자〉 등을 발표한 존 포드 감독이며, 조지 스티븐스의 〈쉐인〉이 날렵한 총 솜씨를 지닌 신화적 영웅이 등장하는 정통 서부영화라면 심리적 공포와 두려움에서 벗어나지 못한 지치고 피로한 보통 사람을 퇴역 보안관으로 등장시킨 프레드 진네만의 〈하이눈〉은 수정주의적 시각의 서부영화다. 그런가 하면 세르지오 레오네의 〈황야의 무법자〉는 서부의 신비를 벗겨내고 서부를 탐욕과 폭력이 가득한 무법의 공간으로 묘사함으로써 미국의 서부를 조롱했던 이탈리아판 서부영화며, 조지 로이 힐의 〈내일을 향해 쏴라〉, 케빈 코스트너의 〈늑대와 함께 춤을〉, 클린트 이스트우드의 〈용서받지 못한 자〉는 **반 영웅적 주인공을 등장**시킨 서부영화다.

90년대 발표된 서부영화도 그 배경이 서부일 뿐 낭만적 정서나 위대한 영웅은 존재하지 않는다. 〈라스트 맨 스탠딩〉의 주인공은 자신의 총솜씨를 돈을 받고 팔며, 〈와일드 와일드 웨스트〉에서는 고전 서부 영화의 낭만적 영웅들이 희화된다. 한편 〈퀵 앤 데드〉나 〈나쁜 여자들〉이 출시됨으로써 남성적 세계였던 서부에도 여성들이 등장하기도 한다.

전쟁 영화

인간이 만들어 낸 모든 것 중에서 최악은 무엇일까? 전쟁이 아닐까? 전쟁은 개인의 야만이 집단적으로 표출된 광기다. 사람의 욕망을 극화하고 있는 영화에서 전쟁은 가장 적절한 소재 중의 하나였다. **헐리우드의 고전적 전쟁 영화 서사구조는 미국이라는 선과 이에 대항하는 적군의 대결**이다. 적군은 편협하고 잔인하며, 미군은 유머 감각이 있고 예쁜 여자들에게 인기가 있다. 잔인하고 비인간적인 독일군과 고문과 약탈을 일삼고 뿔테 안경을 쓴 일본군은 대표적 적군이었다. 이런 식의 헐리우드 전쟁 영화의 유형화는 관객들에게 적과 역사적 사실에 대해 왜곡된 시각을 심어주었다. 독일군과 일본군은 인간적인 면이 거의 없는 잔인한 민족이었으며, 미군은 선을 지키고 침략에 대항하여 싸우는 좋은 사람들이었다.

2차세계대전을 배경으로 한 〈머나먼 다리〉나 〈나바론〉 같은 영화는 아군과 적군을 확실하게 구분하고 적군은 섬멸되어야 할 악이었다. 공개적으로 광기가 허용된 전쟁터에서 수많은 적을 죽여야 영웅이 되는 이런 식의 영화에서 전쟁은 미화되었다.

그렇다면 미국이 공식적으로 패배했던 전쟁 월남전은 어떻게 그려지고 있는가? 헐리우드는 상반된 두 가지 모습으로 월남전을 그려내고 있다. 그 하나는 〈람보〉에서 보여주듯 실패한 전쟁을 되돌리고 싶은 **군국주의적 시각**에서 전쟁을 그려낸 영화다. 이런 류의 영화는 미국인들에게 패전의 기억을 영웅을 통해 대체함으로써 대리 만족을 경험하게 한다. 다른 하나는 〈플래툰〉처럼 **수정주의적 시각**으로 전쟁을 바라보는 영화다. 60년대의 미국의 정치, 사회적 풍토와 월남전을 연결함으로서 실패한 전쟁임을 인정하지만 월남인들의 시각은 철저히 배제한 채 백인의 시각으로만 전쟁을 바라보고 있다.

70년대 이후 전쟁 영화 감독들은 유형화된 틀을 벗어내고 있다. 군은 경멸의 소재로 폄하되기도 하며, 군대의 규율은 무시되거나 장교나 전쟁 영웅들이 비웃음을 당하기도 한다. 스탠리 큐브릭의 〈풀 메탈 자켓〉은 전쟁 기계로 조련되어 죽어가는 병사들의 모습을 통해 전쟁에 대한 냉소적 시각을 드러내고 있으며, 유태인 가족이 월남전을 거치면서 어떻게 파괴되는가를 그리고 있는 〈디어 헌터〉는 전쟁의 우매함을 고발하는 영화다.

그런가 하면 스티븐 스필버그의 〈라이언 일병 구하기〉는 한 사람의 병사를 구하기 위해 다수의 희생을 감행하는 미군들의 집단적 휴머니즘을 은밀하게 강조함으로써 전쟁 영화를 통한 음흉한 애국주의를 교묘하게 조장하고 있다. 또한 전쟁에 관한 시라는 평을 얻은 테렌스 멜릭의 〈씬 레드 라인〉은 긴박하고 사실적인 전투 장면과 전투에 참가한 병사들의 개별적인 기억들을 병치시킨 채 자신들의 의지와는 전혀 상관없이 죽어가는 병사들을 통해 전쟁의 **야만성과 폭력성**을 고발하고 있다.

코미디

코미디는 영화 역사의 초기 장르 중의 하나이다. 이는 스크린에 등장한 최초의 배우들이 주로 보드빌과 뮤직홀 쇼 출신들이었다는 점을 감안하면 놀라운 일이 아니다. 뤼미에르의 〈물 뿌리는 정원사〉에서 정원사가 물벼락을 맞는 장면은 영화에 삽입된 코믹함의 시초였다고 할 수 있다. 코미디는 억압된 긴장감이 안전한 방식으로 해소될 수 있는 장이거나 그러한 장을 제공한다는 점에서 사회적, 심리적으로 유용한 기능을 하는 장르이다.

무성영화의 최고의 스타는 찰리 채플린이다. 그는 자신의 대표작 〈키드〉 (1921), 〈황금광 시대〉(1925)를 통해 완벽한 곡예사의 모습을 보여준다. **개인적 상황뿐만 아니라 사회적 문제와 따스한 인간애까지 담아냄으로써 장르로서의**

코미디의 호소력과 생명력을 인식시켜 준 채플린은 무성 영화와 유성 영화 양쪽에서 인정받았던 위대한 희극 배우였다.

채플린을 통해 코미디 영화의 가능성을 찾아낸 헐리우드는 1920년대 슬랩스틱 코미디로, 30년대 낭만적인 스크루 볼 코미디로 그 전성기를 이어나 갔다. 40년대는 전쟁으로 인해 진지한 센티멘털 코미디가, 50년대에는 마릴 린 몬로를 기용한 로맨틱 섹스 코미디가 유행했다. 60년대 이후 코미디가 위트를 잃게 되자 블랙 코미디가 성행한다. 관객들, 특히 젊은 관객들은 신성시되던 **모든 권위에 대한 도전과 공격이라는 무거운 주제를 재치와 익살로 풍자했던 블랙 코미디**에 열광했다. 핵무기로 인한 대학살을 풍자한 스탠리 큐 브릭의 〈닥터 스트레인지러브〉(1964), 미국 중산층의 위선과 관습에 대한

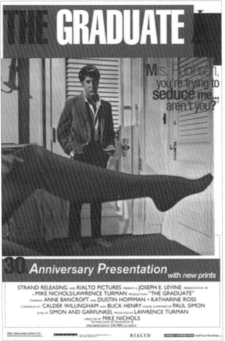

졸업▶
해리와 셀리가 만났을 때▶▶

신랄한 공격이었던 마이클 니콜스의 〈졸업〉(1967), 한국 전쟁시의 이동 야전 병원 직원들의 행태를 통해 전쟁, 성, 생명에 관한 냉소적인 비평을 가했던 〈매쉬〉(1970)는 블랙 코미디의 대표작들이다. 70년대는 우디 앨런식 코미디가 인정을 받는다. 그의 코미디는 지적이며 수준 높은 영화팬, 특히 대학생 측에 어필했는데, 검열에 의해 금지 당한 장면, 오래된 뉴스 영화 필름, 과거의 영화의 패러디 장면과 개그 동작, 그리고 조직된 인터뷰 등을 합성시켜 저질 개그의 수준을 높게 바꿔 놓았다.

80년대에 들어 와 〈고스트 버스터즈〉 같은 작품처럼 코미디는 SF와 만나면서 새로운 모습으로 발전하며, 90년대의 코미디는 〈해리가 샐리를 만났을 때〉와 같은 영화처럼 섹슈얼리티가 가미된 로맨틱한 내용과 결합한다. 그런가 하면 〈아담스 패밀리〉처럼 컬트와 결합한 코미디도 등장한다.

공포 영화

영화 장르 중 소수의 매니아들에게만 통용되었으며 주변부에 머물렀던 공포 영화는 최근에 화려하게 부활하여 이제 충분한 상업적 성공을 보장하는 중심부에 자리하게 되었다. 최근의 공포 영화는 십대들의 감성을 고스란히 담아내는 유형과 다양한 장르들을 혼용하면서 젊은 관객층을 사로잡고 있다. 80년대까지만 해도 주변부에 머물렀던 공포 영화는 그 장르적 성격상 포괄적인 관객층을 확보하는 데는 한계가 있었던 장르였다. 예컨대 무서운 것을 좋아하는 사람들의 수가 한정되었으며, 자연히 대중성을 확보하지 못한 관계로 저예산 자본으로 제작되기 때문에 B급 수준에 머무른 채 유사한 영화들이 반복적으로 출시되었다. 또한 상업성과 결탁한 시리즈의 남발과 반복되는 서사구조로 인한 식상함 때문에 공포 영화는 더 이상 발전하지 못했다.

그렇다면 90년대에 들어와 하위 장르의 오명을 벗고 극장가에 당당히 내걸리게 된 공포 영화의 이러한 흥행의 성공 비결은 무엇인가?

첫째, 십대 스타들을 기용하여 십대 관객들을 겨냥하여 그들의 감수성을 적절하게 담아낸 데 있다. 살인과 공포를 통해 십대들 특유의 현실과 미래에 대해 느끼는 불안감 및 양심의 가책 등을 전달하고 있다.

둘째, 과거의 공포 영화의 장르적 관습을 영화 속에서 의도적으로 언급하면서 동시에 이를 해체하여 패러디 함으로써 새로운 규칙을 확립한다.

셋째, 누가 진짜 범인이지 알 수 없게 하는 스릴러적 구조를 추가함으로써 영화의 긴장도를 배가한다.

넷째, 다양한 장르 영화의 규칙들을 혼성함으로써 공포 영화의 경계를 확장하고 있다.

사회 억압적 구조에 대한 분석과 직관이 탁월했던 웨스 크레이븐 같은 공포 영화의 대가는 90년대에 들어와 〈스크림 1, 2〉를 통해 80년대 〈나이트메어〉에서 시도했던 자신의 슬래셔 무비의 장르적 관습인 시점 샷, 기괴한 사운드, 잔인한 살해, 그리고 섹스의 혼합을 해체 재구성함으로써 새로운 유형의 공포 영화를 선 보였다. 또한 〈스크림〉 시리즈와 〈나는 네가 지난 여름에 한 일을 알고 있다〉를 통해 헐리우드 최고의 공포 영화 시나리오 작가로 인정받고 있는 케빈 윌리엄스와 손잡고 〈황혼에서 새벽까지〉 같은 혼성 장르적 공포 영화와 〈패컬티〉를 만든 로버트 로드리게스, 〈할로윈〉과 〈슬레이어〉, 〈H2O〉의 존 카펜터 등을 들 수 있다.

한국 영화로서는 일상성 뒤의 비정상성을 고발하고 억압적이고 폐쇄적인 공간인 학교에서 벌어지는 제도적 억압을 다룸으로써 과거의 한국 공포 영화의 단골 소재였던 추상적 한을 뛰어 넘어 현실 비판의 주제까지 담아내고 있는 작품인 박기형의 〈여고 괴담〉(1988), 우연히 발생하는 살인 사건과 이에

대처하는 가족들의 무능력함, 그리고 판단력을 상실한 채 지극히 주관적인 예단을 통해 현실과 직면하는 한 가족의 모습을 통해 우회적으로 경직된 사회를 조롱하는 김지윤의 〈조용한 가족〉(1998) 등이 90년대 공포 영화를 선도하고 있다. 특히 이들 영화들은 현실에서는 가능하지 않는 상상 속의 사건이나 인물들을 등장시켜 현실과 상상의 경계를 넘나드는 판타지 영화에 속한다는 점에서 공포 영화의 표현 지평을 확장하고 있다는 점에 주목할 필요가 있다.

세기말을 앞둔 지금 이 시점에서 공포 영화의 부활은 어쩌면 **사회 전반에 걸친 다양한 계층의 새로운 천년에 대한 막연한 공포가 반영**되고 있다고 보아야 하지 않을까? 또한 한 세기에 걸쳐 진행되고 축적된 **근대적 합리성에 대한 반발**이라고 볼 수도 있을 것이다. 실제로 근대적 합리성이 공고해진 반면 그 근대적 합리성의 영역에 포함시킬 수 없는 인간의 막연한 불안감, 욕망, 꿈, 상상력 등에 대한 표현 욕구 역시 그 만큼 팽창되었다고 할 수 있다. 왜냐하면 근대적 합리성이 강제되면 될수록 그 근대성이 견뎌내지 못하는, 그리고 합리성에 의해 억압된 내면의 욕망이나 불안감 등이 반드시 표출되려는 경향이 강해지기 때문이다.

SF(공상과학) 영화

일반적으로 공포 영화가 신화, 전설, 민담에서 소재를 구하는 면이 강하다면, SF의 주요 대상은 과학 기술 문명이다. SF 영화 초기의 예는 조르쥬 멜리어스의 〈달나라 여행〉까지 거슬러 갈 수 있지만 50년대 이전까지는 프리츠 랑의 〈메트로폴리스〉(1926)나 윌리엄 멘지스의 〈미래의 모습〉(1936) 정도 꼽을 수 있다. SF영화는 1950년대에 이르러서야 헐리우드의 장르로 형성되는데, 50년 이래의 주된 경향은 인간이 외계인의 침입으로 위기에 처한다는 쪽으로 바뀌게 된다.

50년대 미국은 냉전이 그 절정에 달한 시기였고 메카시즘에 의한 마녀사냥식 공산주의자 색출, 핵무기의 공포, 전체주의적 정권의 불안 등이 영화 제작에 반영되면서 외계인이 미국을 위협하는 이야기들이 유행했다. 60년대 SF 영화는 스탠리 큐브릭의 〈2001년 우주의 오딧세이〉(1968)가 대표적 작품으로서 테크놀로지에 대한 인간의 신뢰나 인간의 우위성에 대해 심각하게 의문을 제기하는 작품이다. 70년대 이후 SF 영화의 역사는 장르에 고유한 관습의 축적, 발전보다는 다른 장르와의 끊임없는 접합으로 이어진다. 〈스타워즈〉(1977) 이후 계속 변종이 만들어지는 액션-모험-SF 영화의 출현과 80년대 SF와 호러 장르의 결합 등이다.

장르 전체로 볼 때 SF는 테크놀로지에 대하여 두 가지 상반된 입장을 취한다. **첫째, 과학 기술이 궁극적으로 문명의 진보를 보장할 것이라는 낙관적인 견해와, 둘째, 과학 기술이 지닌 파괴적인 측면에 대한 경고다.** 대부분의 SF 영화들은 당대 사회에 대한 은유로 읽힐 수 있다는 점에서 문명비판적이다. 50년대 메카시 선풍과 냉전 시대의 불안이 외계인의 침략으로 그려진 것이나 7,80년대 평화의 시대에 맞춰 개별적 외계인을 향해 충분히 개방적인 태도를 가진 영화들이 속속 제작된 것이 이를 뒷받침한다.

토론할 문제

1. 장르 영화가 그 영화가 만들어진 시기의 문화, 사회상, 가치관 등을 확인하는 통로로 기능한다는 의미는 영화의 특성 중 어떤 기능을 강조한 것인가?

2. 헐리우드가 출시한 전쟁 영화중 가장 인상 깊게 본 영화는? 그리고 그 이유는?

3. 최근 한국 영화 시장에 판타지 공포 영화가 자주 출시되고 있다. 최근에 감상한 판타지 공포 영화에 대해 토론하시오.

4. 가장 미국적 영화 장르라고 볼 수 있는 서부영화의 특징과 시대별 변화 양상을 구체적 작품을 예를 들어 토론하시오.

2. 영화 읽기의 방법들

영화를 읽는 방법은 대체로 가장 초보적인 줄거리 위주 감상법부터 주연 배우의 연기력, 영상과 음향의 패턴, 색채와 음향의 이미지, 화면의 구도 및 오브제 배치, 카메라 각도 및 감독의 의도 확인에 이르기까지 참으로 다양하다. 아는 만큼 보이는 것처럼 **영화 읽기의 폭과 깊이는 감상자의 감상 도구가 얼마나 구비되어 있느냐에 따라 확장되고 깊어질 수 있다.**

특정 장르의 영화들을 집중적으로 감상하다보면 일정한 패턴의 줄거리를 확인할 수 있다. 특정한 구도와 주제의 변주들인 이러한 영화들의 줄거리는 다분히 상투적이어서 따라잡기가 어렵지 않다. 문제는 반복적, 상투적 줄거리라 결말을 분명히 알 수 있음에도 여전히 긴장감과 박진감을 주는 영화가 분명히 존재한다는 점이다. 또한 상투적 묘사나 흐름을 거스른 채 뒤집어 보여주는 영화가 존재한다는 점이다.

우리가 조금만 주의 깊게 들여다보면 주인공이 반드시 구출되리라는 믿음을 주면서도 스릴 넘치는 공포, 미스터리 영화가 있으며, 권선징악의 패턴을 존중하면서도 여전히 궁금증을 자아내게 하는 영화가 있음을 확인할 수 있다. 또한 분명한 결말을 제시하지 않으면서도 볼 때마다 다른 결론을 생각하게 하는 영화도 있다.

그런가 하면 이전의 동일한 범주의 장르 영화의 전형성을 의도적으로 벗어난 영화도 있다. 이런 영화는 대체로 우수한 영화라고 보아도 크게 무리가 없다. 그런 점에서 〈제 3의 사나이〉, 〈사이코〉, 〈어두워질 때까지〉는 훌륭한 미스터리 영화들이며, 〈택시 드라이버〉는 잘 만든 필름 느와르다. 또한 〈지옥의

묵시록〉은 전형성을 벗어난 전쟁 영화며, 〈접속〉은 90
년대 후반의 한국 젊은 남녀의 만남의 행태들을 통쾌
하게 조롱하는 새로운 애정 영화다. 그렇다면 고전적
서부극의 전형적인 영웅 — 과거를 밝히지 않고 홀연
히 등장한 외롭지만 멋진, 그리고 총 잘 쏘고 미남인
남성상 — 을 내세워 서부를 미화한 〈쉐인〉보다 전설
적 총잡이들이 기실 비겁한 무법자임을 고백하는 〈용
서받지 못한 자〉가 더 잘 만든 서부극이 아닐까?

사이코

반대로 보기

사물을 반대로 본다는 것은 말처럼 그리 쉬운 것은
아니다. 우리는 대체로 자신의 입장에서 보는 데 익숙
해져 있으며, 또한 다른 사람과 비슷하게 보는 데 익숙
해져 있다. 영화 보기도 이러한 입장에서 크게 벗어나
있지 않다. 오히려 단순한 오락이나 가벼운 시간 때우
기를 위해 영화를 보는 대다수의 젊은 학생들의 경우
반대로 보라는 요구는 다소 무리일지 모른다.

그러나 **영화는 오락이면서 창작품이라는 점에서 그것
을 만든 사람과 그것이 만들어진 사회의 특정한 시각이
반드시 들어있게 마련**이다. 그리고 그 특정한 시각은
대단히 교묘하게 위장되어 배어 있기 때문에 영화 감
상자들에게 그저 무방비 상태로 수용하도록 부추기는
노림수를 담고 있다.

용서받지 못한 자

반대로 보기는 바로 이러한 점을 전복하기 위한 전략이다. 반대로 보는 습관이나 태도는 영화를 즐기면서 동시에 덤을 얻을 수 있는 있다는 점에서 시도해 볼만한 작업이다. 예컨대 서부 영화의 주인공과 악당의 대결도, 백인과 인디언의 싸움도 악당이나 인디언의 입장에서 바라보면 전혀 다른 맥락의 사건들이 그 얼개를 드러낼 수 있을 것이다. 또한 주인공의 입장에 맹목적으로 동정하기보다는 주변인들의 시각에서 주인공을 바라본다면 사건의 원인과 그 해결책이 전혀 다른 모습으로 다가오기도 할 것이다.

이러한 것들이 다소 복잡하고 심란하다면 화려하게 치장된 주인공들의 결점과 부족한 점들, 혹은 그들이 간과하고 있는 문제점들을 추려보는 것도 하나의 방법이 될 수 있다. 외형적으로 화려한 인물일수록 반드시 그가 배려하지 않는 부분이 있을 것이기 때문이다. 이런 식의 **반대로 보기는 사건의 전체 지형도를 뜰 수 있는 가장 확실한 방법이다. 또한 특정한 시각에 함몰되는 위험에서 벗어날 수 있는 가장 손쉬운 방법**이다. 어차피 **영화가 사람살이의 문양들을 읽기 위한 창으로 기능** 한다면 영화보기의 매력은 바로 이러한 점에서도 찾을 수 있다.

견주며 보기

영화 보기의 편리한 방식 중의 하나는 견주며 보는 것이다. 견주며 보기 위해서는 견줄 대상이 있어야 할 것이며 그 대상은 실로 다양하다. 예컨대 한 영화 속에서 반복적으로 대립되어 나타나는 시간과 장소를 서로 견줄 수 있을 것이며, 특정한 장르에 속한 한 영화를 다른 영화와 견줄 수도 있을 것이다. 그런가 하면 특정 연기자나 감독의 작품들을 서로 견줄 수도 있을 것이다. 이런 식으로 한 영화 속에서 대립되는 대립항의 의미를 견주거나 **서로 다른 작품**

들을 견주며 보는 것은 영화 읽기의 시각을 넓히는 데 큰 도움이 된다.

영화 속 공간 견주기

영화가 특정한 시대, 사회의 사람살이의 모습을 담아내고 있다는 점에서 관객들은 특정 영화를 감상하면서 그 영화 속에 설정된 공간이 영화 속 서사의 시간적 배경 속에서 어떤 의미를 담고 있는가에 자연스럽게 관심을 쏟게 된다. 왜냐하면 **영화 속 공간의 의미는 보편적 일상적 공간의 의미를 뛰어 넘는 상징적 의미**를 담고 있는 경우가 많기 때문이다.

예컨대, 〈바보 선언〉이나 〈칠수와 만수〉〈개같은 날의 오후〉 같은 한국 영화 속에서 옥상은 80년대 한국 사회에서 소외당한 자들의 반항과 투쟁의 공간으로 그려지고 있다. 이들 영화 속에서 옥상으로 내몰린 인물들은 옥상이 강조하는 심리적 현기증과 무력감이 사회에 대한 현실적 반항과 고발이 맞물린 채 투쟁하는 인물로 그려지고 있다. 박광수의 〈칠수와 만수〉에서 옥상 위의 두 인물은 그들이 그려야 하는 대형 간판의 그림이 상징하는 자본주의 사회에서 내몰린 자들이며 옥상 위의 심리적 고립감은 그들의 목소리가 제대로 전달되지 않고 대화가 단절되었던 현실적 처지를 반영한다. 칠수와 만수가 차지하고 있는 옥상이라는 공간은 지상과 공간적 심리적 거리를 두고 있는 고립과 소외의 공간이자 사회적 모순이 집약된 공간이다.

그런가 하면 자유와 해방을 상징하는 공간으로서 일상과는 떨어진 세상의 끝이자 개방과 미지의 공간인 바다를 들 수 있으며, 이와는 반대로 세상과 이어지는 공간이자 세상 속으로 돌아오는 공간인 길을 들 수 있다. 여균동의 〈세상 밖으로〉에서 소외된 세 사람이 마지막으로 찾는 공간인 바다는 사회로부터 도피한 자들이 묻혀야하는 어두운 공간이면서 동시에 억압으로부터 해방의 공간으로 기능한다. 또한 장선우의 〈화엄경〉에서 길은 선재 동자가 삶 속으로 돌아오는 윤회의 공간이자 바다에서 깨달은 지혜를 실천하는 공간이며, 임권택의 〈노는 계집 창〉에서 길은 여주인공 영은이 남성중심주의와 천박한 물질주의가 합세하여 여성들의 성의 상품화가 가속화되고 있었던 80년대 이후 한국 현대사를 통과해야 하는 질곡의 길이다. 살아내기 위해 그녀는 그 길을 따라 가야 하며, 비록 반복적으로 그녀를 가로막는 제도적 장애물들이 돌출되지만 그녀에게 길은 포기하거나 외면할 수 없는 삶의 다층적 공간이다.

한편 페데리코 펠리니의 〈길〉(1954)에서도 대조적인 공간으로 설정된 바다와 길의 의미를 찾아볼 수 있다. 앤소니 퀸과 줄리에트 마시나를 기용하여 아카데미 최우수 외국어 영화상을 수상하기도 한 이 영화에서 펠리니는 젤소미나가 장 파노에게 보내는 따스한 인간애와 사랑을 통한 구원을 주제로 인간 내면의 심리를 섬세하게 그려내고 있다. 그들이 서커스 행각을 벌이기 위해 따라가야 하는 길을 현실 속의 삶의 길이면서 사랑이라는 정신적 구원을 찾아가는 길이다. 그리고 자신이 버린 젤소미나가 죽었음을 알고 찾아간 바닷가 해변에서 절규하는 장 파노에게 바다는 사랑의 힘의 깨닫게 하는 구원의 장소다.

관객들에게 비교적 쉽게 공간의 형식과 의미가 구분되어 전달되는 영화로 팀 버튼의 〈가위손〉(1990)을 들 수 있겠다. 이 영화의 공간은 잘 정돈된 길과 아담한 집들이 밝은 파스텔조 색깔들에 의해 채색된 마을과 어둡고 무거운 색조로 표현된 마을 밖 성으로 나뉘어진다. 그러나 밝고 화사한 마을에 살고 있는 주민들은 이기심에 가득 찬 사람들이며, 어둡고 침침한 성에 사는 에드워드는 순수하고 투명한 심성의 소유자다. 감독은 이 두 공간의 물리적 이질성을 마을 주민과 에드워드라는 인물의 심리적 이질성으로 확장하고 있으며, 얼음 조각을 만드는 예술가 에드워드의 모습을 통해 사회의 주변부에 머물러야

하는 영원한 타자로서의 예술가의 위치에 대해 말하
고 있다.

　이렇듯 영화 속에서 대립되어 설정되고 있는 공간
의 의미를 다양하게 견주어 봄으로써 영화 읽기의 폭
과 깊이를 확장할 수 있을 것이다.

가위손

패러디 영화 견주기

　영화 견주기에서 가장 효과적인 방식 중의 하나는
바로 서로 다른 감독들의 작품들을 견줘보는 것이다.
특히 **영화 속에서 이전 감독의 영화를 패러디하는 장면
들을 찾아내는 작업은 영화 보기의 즐거움이나 깊이를
배가하는 묘미**가 있다.

　후세 감독들에 의해 가장 많이 추종되고 패러디되
는 헐리우드 영화 감독을 들자면 아마 알프레드 히치
콕이 첫 손에 꼽힐 것이다. 브라이언 드 팔마를 위시하여 〈할로윈〉의 존 카펜
터, 〈베드룸 윈도우〉의 커티스 핸슨, 〈무언의 목격자〉의 앤소니 월러, 그리고
히치콕의 〈사이코〉를 그대로 복사한 구스 반 산트 같은 감독들은 히치콕의 스
릴러 수법들을 모방하고 차용하면서 패러디하고 있다. 특히 이들 중에서도 브
라이언 드 팔마 같은 감독은 심지어 히치콕의 영화들이 어휘라면 자신은 이를
이용해 문장을 만든다고 주장하기도 했을 정도로 그의 영화 속에서 히치콕의
영화 스타일을 자주 패러디하고 있다. 드 팔마의 〈드레스드 투 킬〉(1980)에서
여주인공 케이트가 샤워하는 장면은 히치콕 감독의 〈사이코〉에서 매리언이
샤워하는 장면을 인용하면서 동시에 자신의 출세작 〈캐리〉(1974)에서 주인공

46

캐리가 샤워하는 장면을 이중 인용하는 장면이며, 〈바디 더블〉(1984)에서 남주인공이 이웃집 여자를 훔쳐보는 장면은 〈이창〉과 〈현기증〉의 장면들을 인용하고 있다. 그는 히치콕의 사생아라는 비난을 받을 정도로 자주 히치콕을 인용하고 있지만 단순한 화면의 구도나 촬영 기법, 소재의 차용을 넘어서 성도착증이나 관음증, 살인, 혹은 성적인 모호성 등과 같은 인간 정신의 어두운 면을 심도 있게 분석하기 위한 것이었다. 그런가 하면 그의 〈언터처블〉(1987)의 계단의 총격 장면은 에이젠스타인의 〈전함 포템킨〉의 오데사 계단 학살 장면을 연상시킴으로써 이전의 거장들에 대한 그의 존경심을 엿보게 한다. **이런 식의 견주기는 영화 속에서 베끼기와 짜집기라는 포스트모던적 특징들을 건져 올릴 수 있다**는 점에서도 영화 읽기의 새로운 방식으로 추천될 만 하다.

장르 영화 변화 견주기

동일한 장르의 영화가 시대 속에서 변화해 온 양상을 추적하며 견주는 방법은 영화가 동시대의 사회상을 반영하는 거울이라는 점에서 영화 읽기의 시각을 넓히는 좋은 방법이라고 할 수 있다. 공포 영화의 하위 범주인 흡혈귀 영화는 이러한 견주기의 좋은 예다.

어두운 극장 속에서 정지된 이미지들에게 생명력을 불어넣는 영화와 어두운 지하실의 관 속에서 불멸의 생명력을 유지하는 흡혈귀는 어떤 점에서 은밀한 반영 관계를 유지한다고 볼 수 있다. 실제로 영화 역사를 추적해 보면 흡혈귀는 반복적으로 영화 속에 등장하면서 당대의 사회상을 반영하고 있음을 알 수 있다. 흡혈귀 영화의 주류를 차지하고 있던 1930년대 헐리우드 영화들은 유럽에서 건너 온 이방인 드라큘라라는 타자를 통해 당시 미국 사회를 휩쓸고 있던 사회적 불안과 경제적 공황 심리를 반영하고 있으며, 존 바담의 〈드라큘

라〉나 토니 스코트의 〈악마의 키스〉 같은 7, 80년대의
영화들은 감각적 화면 속에 어두운 밤거리를 배회하
는 나약하고 소외된 인간으로 흡혈귀를 묘사함으로써
거대화되는 사회 속에서 상대적으로 왜소해진 인간의
자의식을 반영하고 있다. 또한 닐 조단의 〈뱀파이어와
의 인터뷰〉(1994) 같은 90년대 이후의 흡혈귀 영화는
타자에 대한 공포보다는 소수 민족 문제나 페미니즘,
혹은 동성애 문제 같은 하위 문화를 담아내고 있으며,
흡혈귀 역시 객체가 아닌 주체로서 그려지고 있다.

뱀파이어와의 인터뷰

이데올로기 따져 보기

영화는 어떤 식으로든 당대 사회 조건을 불가피하
게 지지하거나 비판할 수밖에 없다. 이데올로기가 **모
든 문화에 내재하는 하나의 현실에 대한 이론**이라면 바
로 이 지점에서 영화의 이데올로기가 개입한다. 이데
올로기는 지극히 복잡하고 다양한 현실을 이항 대립
적으로 구분해 준다. 선과 악, 우리와 그들로 분리함
으로써 특정 사유를 지지하고 반복적으로 강조함으로
써 재생산하는 힘을 지닌다. 영화 속의 이데올로기에
대한 연구는 **문화의 의미 체계와 그러한 체계가 사회적
행위 속에 스며드는 방법에 대한 통찰력을 제공**한다.

영화 속의 이데올로기는 대단히 교묘하게 위장된
채 전개되기 때문에 **영화 전편에 걸쳐 도드라지는 사건**

48

투씨

을 뒤집어 읽어볼 필요가 있다. 예컨대 〈투씨〉에서 마이크가 도로시로 변장한 채 성공하는 현상은 과연 가부장적 남성중심 사회를 공격하기 위한 것인가, 아니면 남성이 여성보다 우월할 수밖에 없다는 것을 인정하기 위한 것인가? 또한 〈워킹 걸〉에서 여주인공이 임원으로 승진하는 마지막 장면에서 들려오는 승리의 음악소리와 카메라가 뒤로 빠지면서 익스트림 롱 샷으로 끝내는 감독의 의도는 자본주의의 덕목을 옹호하는 것인가, 아니면 자본주의의 비인간화와 소외를 고발하는 것인가?

또한 뉴욕의 한 이태리 피자가게 주인과 흑인들간의 갈등을 기본 줄거리로 흑백간의 갈등을 다룸으로써 흑인의 인권을 주장하고 인종 차별을 유발하는 폭력과 이에 대항하는 폭력의 차이점을 주장하고 있는 스파이크 리의 〈똑바로 살아라〉에서는 대단히 교묘하게 은밀하게 또 다른 소수 민족을 차별하는 감독의 시선을 읽어낼 수 있다. 흑인을 무턱대고 옹호하지는 않는 듯한 입장을 견지함으로써 찬사를 받았던 이 영화에서 감독은 백인과 흑인들 간의 갈등과 폭력을 그리고 있지만 흑인들의 경제적 곤궁함과 실직을 남미 이민자들과 한국인 이민자들이 끼어 들어와 생긴 것이라는 발언을 영화 속에 삽입함으로써 흑백 갈등의 원인을 소수민족들간의 마찰로 돌리고 있다. 인종 차별의 문제점을 다루면서 은밀하게 인종 차별의 시각을 드러내고 있지 않은가?

흑인 여성의 성장 과정을 연대기적으로 그려낸 스티븐 스필버그의 〈칼라 퍼플〉 역시 흑인 여성에 대한 애정의 시선을 담고 있는 듯하지만 흑인 남성들

쉰들러 리스트

을 지극히 무모하고 폭력적인 인물로 묘사함으로써 흑인 여성들의 고통과 슬픔을 단지 인종 내 문제 때문에 파생된 것이라는 인상을 심어주고 있다는 점에서 백인들에게 일종의 면죄부를 주는 영화로 읽혀져야 할 것이다. 또한 〈쉰들러 리스트〉 역시 역사 속의 사실을 그려냈다는 감독의 주장에도 불구하고 독일인에 대한 역사적이고 사실적인 해석을 배려하지 않음으로써 유태인 편들기로 일관된 영화로 볼 수 있으며, 또한 유태인들을 억압하는 나치는 현재 이스라엘을 괴롭히는 주변 아랍 국가들로, 더 나아가 미국에게 위협적인 아랍 국가들로 해석될 수 있다는 점에서 감독의 역인종 차별적인 시각이 음흉하게 감춰진 영화라고 볼 수 있다.

토론할 거리

1. 알프레드 히치콕은 헐리우드 영화 감독 중 후배 영화인들에게 지대한 영향을 준 감독으로 평가된다. 앞에서 언급한 브라이언 드 팔마 이외의 감독들에 대해 히치콕의 영향을 토론하시오.

2. 영화 속 공간의 의미를 추적하는 것은 영화 읽기의 한 방법이다. 영화 속의 도시의 이미지들에 대해 아는 대로 토론하시오.

3. 스티븐 스필버그는 〈쉰들러 리스트〉를 역사 속의 사실을 기록한 영화처럼 보이기 위해 어떤 수법들을 사용했는가?

4. 스파이크 리의 〈똑바로 살아라〉에서 흑백 모두 폭력을 행사하지만 감독은 흑인의 폭력과 백인의 폭력을 구별하고 있다. 어떤 점에서 그런가?

II
영화 역사 따라가기

영화의 시작

영화와 관련해 가장 먼저 기록에 올라있는 사람은 토머스 에디슨(Thomas A. Edison)이지만 영화의 대중성을 간과한 그는 한 사람씩 영화를 보도록 한 기계인 키네토스코프(kinetoscope)에 만족한 반면, 카메라로 피사체를 찍고 다수의 관객들을 대상으로 스크린에 투사한 영화인은 프랑스의 뤼미에르 형제(루이 뤼미에르 Louis Lumiere, 오귀스트 뤼미에르 Auguste Lumiere)였다. 1895년 12월 28일 뤼미에르 형제는 프랑스의 그랑 카페에서 최초로 스크린 투사 방식을 이용해 〈기차의 도착〉이라는 공개 영화 시사회를 열었다. 단순한 기록물에 지나지 않았지만 당시 사람들은 자신들을 향해 달려오는 기차에 놀라 카페에서 뛰쳐나갔을 정도로 움직이는 사진의 효과는 대단했다.

초기 성공 이후 사람들은 이 새로운 매체에 대해 대단한 흥미를 보였으며, 뤼미에르 형제도 좀 더 복잡하고 재미있는 화면을 만들기 위해 중요한 사건들과 이국적인 풍물들을 담아 내기 시작했다. 그들은 1905년에 영화 제작을 중단한다.

1896년부터 영화를 찍기 시작한 프랑스의 조르주 멜리에스(Georges Melies)는 간단한 특수 효과를 사용했으며, 자신의 스튜디오를 이용한 최초의 영화인이었다. 또한 극영화를 찍었으며, 자신이 시나리오를 쓰기도 했다.

키네토스코프

20세기 초 미국 영화

영화의 상업성을 확인한 에디슨은 1908년 영화특권회사(Motion Picture Patents Company)를 설립하여 시카고, 뉴욕, 뉴저지를 근거로 주로 미국 동부를 중심으로 활동했다. 또한 그리피스(David Lewelyn Wark Griffith,

1875-1948)를 위시한 많은 영화 감독들이 이 무렵에 자신들의 영화사를 설립했다. **1910년경부터 동부의 작은 영화사들이 영화특권회사의 횡포를 피해, 그리고 좋은 환경과 따뜻한 기후, 그리고 다양한 경관을 찾아 연중 촬영이 가능했던 캘리포니아로 이전하기 시작했으며 헐리우드라는 작은 마을은 미국 영화의 중심지로 성장**하게 된다. 1918년 영화진흥법을 통과시킨 미국 정부의 지원으로 1920년대 말까지 **영화 제작과 배급까지 통괄할 수 있는 거대한 영화사들이 등장**했다. MGM, 20세기 폭스, 유니버설, 파라마운트 영화사들이다.

1908년부터 영화를 만들기 시작한 그리피스는 미국 영화의 선구자였다. **영화 편집의 새로운 기법**을 도입한 그는 한 장면에 여러 개의 샷을 삽입했으며, 몇 개의 다른 장소를 교차해서 보여주기도 했다. 그의 편집 양식은 1920년대 소련의 몽타주 양식에 커다란 영향을 주었다. 이 시기에 역량 있는 또 다른 흥행 감독은 세실 B. 드밀(Cecil B. De Mille) 이었다.

무성 영화가 끝나가던 1920년대 후반에 이르면 헐리우드 영화는 거의 전통이 되고 있었다.

20세기 중반의 헐리우드 영화

1920년대 후반부터 헐리우드는 음향 시스템에 대한 투자를 시작했으며 디스크를 이용하다가 **필름 위에 음향을 삽입**하는 방식으로 발전했다. 이러한 방식의 음향은 커트와 함께 대사를 들려줌으로써 화면 밖의 공간까지 암시하고 시간적 연속성을 더욱 강화시킴으로써 연속편집체계를 더욱 발전시켰다.

1930년대 헐리우드는 당시 유행하는 순회극단을 대체할 **뮤지컬**을 선보였다. 초기에는 단선적인 서사 중간에 노래들을 삽입한 형태였으나 점차 짜임새 있는 서사구조를 확보하게 되었다.

▶십계
▼오손 웰스
(왼쪽) 시민 케인

1930년대는 또한 **천연색 필름**이 처음으로 사용된 시기다. 천연색 영화는 영화 제작을 한 단계 더 발전시켰으니, 조명과 의상, 세팅의 획기적인 발전을 가져 왔다.

1930년대 후반부터 헐리우드 영화는 딥포커스 촬영 방식을 선호하기 시작했으며, 배경까지 뚜렷이 찍어낼 수 있었던 이런 촬영 방식은 롱 샷과 롱 테이크를 선호하게 만들었다. 또한 딥포커스 촬영 방식은 화면 구석까지 세밀하게 비출 수 있는 밝은 조명을 요구함으로써 조명의 발전을 부추겼다. 1939년 존 포드(John Ford)의 〈역마차〉나 1941년 오손 웰스(Orson Welles)의 〈시민 케인〉은 딥포커스를 가장 효과적으로 사용한 작품이다.

인과율, 동기화, 시작에서 결말로의 발전 및 진전을 특징으로 삼고 있는 고전적 헐리우드 영화의 서사구조는 대체로 일정한 틀을 유지하고 있다. **영화적 서사를 촉발하고 진행시키는 중요한 요소는 개인적 욕망**이다. 주인공은 무엇인가를 원하며, 그의 욕구는 목표를 설정하고, 서사체의 전개과정은 그 목표를 성취하는 과정이다.

주인공이 원하는 목표는 즉각적으로 확보되지 않고 주인공은 갈등을 만드는 대항 세력에 의해 시련을 겪는다. 원인과 결과가 긴밀하게 얽히고 극중 인물들은 영화의 시작과 끝에서 확연히 다른 모습으로 등장한다.

헐리우드 고전적 서사 영화는 **강력한 완결성을 담보**한다. 관객들은 각 인물의 운명을 확인하고, 문제 해결을 목격하며, 갈등은 풀린다.

필름 느와르

필름 느와르는 그 이름이 말해주듯 '검은 영화'(film noir)를 의미한다. 1930년대 미국의 공황기에 제작되었던 일군의 낙천적인 밝은 영화들에 대한 반대 개념으로 사용되었으며, 그 전성기는 전후시대인 **1945년부터 컬러영화가 정착되는 1955년 사이**로 보는 것이 옳을 것이다 (1957년부터 아카데미 촬영상에서 흑백영화 부문이 없어진 현상은 컬러영화의 정착을 보여준다). 또한 1955년은 느와르 영화가 프랑스 영화전문인들로부터 그 공식 명칭을 선사받은 해이기도 한데, 서부영화와 더불어 가장 미국적인 장르로 알려져 있는 느와르 영화가 프랑스식의 이름을 갖고 있는 것은 그 때문이다.

느와르 영화는 간단히 말하자면, **미국식 사실주의**의 시작이라고 할 수 있다. 세계대전 이후 유태인 학살과 많은 인명을 앗아간 원폭투하는 인간성에 대한 많은 회의를 몰고 왔다. 게다가 공황, 전쟁으로 인한 극심해진 빈부격차는 관객들로 하여금 해피 엔딩이 보여주는 허상을 외면하고 보다 사실적인 영화에 대해 관심을 갖게 하였다. 이러한 관객의 요구를 가장 크게 반영한 것이 느와르 영화라고 할 수 있다. 기존의 스튜디오 중심의 촬영기법을 벗어나 **현지 촬영**을 시작하였고, 특히 도시 소시민들의 힘든 삶의 모습이 본격적으로 영상화되기 시작한다. 이것을 계기로 많은 영화들이 뉴욕과 시카고 등 대도시를 배경으로 촬영된다.

'빛의 예술' 혹은 **'그림자의 예술'** 이라고 불리는 느와르 영화의 진수는 도시의 밤거리를 배경으로 도시 뒷골목의 음모를 주제로 다루는 영상 스타일에서 찾아볼 수 있다. 도시 뒷골목에서 울리는 발소리, 정체를 알 수 없는 인물, 벽에 길게 드리워진 그림자의 움직임은 느와르 영화를 대표하는 장면이라 할 수 있다. 느와르의 시각적 특징은 가깝게는 30년대 중반 프랑스에서 나타난 시적 사실주의에서, 멀게는 20년대 독일의 표현주의에서 그 영향을 받아 이야기 중심의 헐리우드 영화와 합성된다.

느와르 영화의 이야기 구조에 대해 논할 때 빼놓을 수 없는 것은 내용의 핵심 이 되는 '사랑 이야기' 다. 소위 말하는 **'위험한 여자'** (femme fatal)의 등장과 그녀로 인해 몰락의 길로 빠져드는 주인공의 행로가 회상 형식을 통해 전개된다. 주인공은 항상 암흑가 두목, 그의 정부(위험한 여자)와 삼각관계를 이룬다. 이러한 이야기 구조는 대부분 주인공이 악당의 고용인으로 설정되며 악당의 정부가 가진 신비한 힘에 의해 배신할 수밖에 없는 상황에 이른다. 결국은 주인공은 두목 손에 목숨을 잃는 최후를 맞이한다.

느와르 영화를 이야기할 때 당시 미국에서 유행했던 탐정소설의 영향을 빼놓을 수는 없다. 30년대를 주름잡았던 어네스트 헤밍웨이(Ernest Hemingway)의 단편들, 레이몬드 챈들러(Raymond Chandler) 같은 작가들에 의해 탄생한 거칠면서도 냉소적인 탐정들은 느와르 영화의 주인공의 성격을 결정하는 데 지대한 공헌을 하였다. 모든 느와르 주인공들이 탐정은 아니지만(보험외판원, 영화 제작자, 신문기자 등등) 영화 내에서 이야기의 실마리를 풀어간다는 점에서 그들의 캐릭터는 탐정과 비슷하다.

주인공의 역할은 **보이스 오버(voice over)**라는 기법으로 강조된다. 보이스 오버란 과거에 발생한 사건을 현재 시점에서 주관적인 해석을 통해 설명하는 기법을 말한다. 즉, 이 기법은 얽혀있는 이야기를 쉽게 풀어나가기 위한 기술적인 이유도 있지만 동시에 과거에 대한 집착이라는 느와르 영화의 전반적인 주제를 강조하기 위한 방법이기도 하다. 주인공들의 과거는 현재를 조종하는 거부할 수 없는 힘의 원천으로, 미래를 꿈꾸는 것을 불가능하게 하는 악몽으로 자리잡고 있다.

1960년대 뉴 아메리칸 시네마

1960년대는 냉전체제의 비인간성에 대항하여 **젊은이들의 자유주의적 반항정신이 팽배했던 뉴웨이브 시대**였다. 기존 체제와 권위를 무시했던 히피족들이

60

웨렌 비티, 폴 뉴먼, 로버트 레드포드

등장했으며, 신 좌파들이 힘을 얻었던 시대였다. 젊은이들은 락 뮤직에 열광했으며, 제도권에 안주한 채 안락하게 엮어 가는 부르주아적 소시민의 삶은 치졸하고 위선적으로까지 평가되었던 시대였다.

60년대 헐리우드에는 기존의 메이저 영화사의 중심 주제였던 미국의 성공 신화와는 동떨어진 영화들이 등장한다. 아서 펜(Arthur Penn) 감독은 웨렌 비티(Warren Beatty)와 페이 더너웨이(Faye Dunaway)를 기용해 〈우리에게 내일은 없다〉에서 보니와 클라이드를 통해, 조지 로이 힐(George Roy Hill) 감독은 〈내일을 향해 쏴라〉에서 폴 뉴먼(Paul Newman)과 로버트 레드포드(Robert Redford)를 부치 캐시디와 선댄스 키드로 등장시켜 경쾌하면서도 가볍게 강도 행각을 벌이도록 배려했다. 또한 데니스 호퍼(Dennis Hoper) 감독은 〈이지 라이더〉에서 피터 폰다(Peter Fonda)와 함께 마약을 일삼는 히피 오토바이 폭주족을 연기해냈다. 그런가 하면 1967년 마이크 니콜스(Mike Nichols) 감독의 〈졸업〉은 세대차이와 권위에 대한 도전을 극화한 영화였다. 또한 스탠리 큐브릭의 〈롤리타〉(1962), 〈스트레인지 러브 박사〉(1964)가 보인 성적 규범과 전쟁에 대한 풍자는 당시 헐리우드 주류영화의 금기를 넘는 새로운 것이었다.

 비관습적인 영화, 실험영화, 예술영화, 기록영화의 등장과 함께 시작된 뉴 아메리칸 시네마는 허위의식에 사로잡혀 있고, 세련되며 호화로운 영화를 거부한다. 그들은 영화가 관객에게 자극과 문제의식을 주기를 바란다. 이에 청소년 비행문제, 항의 데모, 마약 문제, 시민의 권리투쟁, 경찰의 잔학상과 편협성, 빈민가를 영화의 소재로 삼았고 미국 사회의 혼란상을 그대로 보여준다. 사회문제에 대해 단순한 결론을 제시하는 주류 헐리우드영화에 대해 비판적이었기 때문에 **아메리칸 드림의 좌절을 주제로 한 영화 만들기**에 참여한다.

 뉴웨이브 시대의 영화 속 주인공들은 도시의 어두운 밤거리를 배경으로 심각하고 필사적으로 범죄를 구상했던 이전의 범죄자들이 아니었다. 밝은 대낮에, 탁 트인 야외에서 즐겁고 명랑하게 은행을 털고 기차를 터는 그들은 **낭만적이면서 재치에 넘치는 생활을 즐기는 젊은이들**이었다. 기동대가 등장하고 인디언들과 싸우면서 국경을 넓히고 신천지를 개척하여 정착민들을 보호했던 구역 서부는 이제 아무런 의식도 없이 그저 오토바이를 타고 가다 어이없이 죽는 지역으로, 강도 행각을 벌이다가 쫓겨 도망가는 스쳐 지나가는 곳으로 묘사되었다.

 미국의 서진 운동의 정당성과 자연과 황야를 굴복시켜 문명화시키는 것을 신에게서 부여받은 사명으로 생각했던 선배들의 서부 영화 주인공들은 조롱당하다 사라졌고, 무질서를 평정하고 정착지를 보호했던 법과 질서의 수호자들은 어디에도 없었다. 은행을 털고 기차를 털며, 마약을 먹는 이들 젊은이들

62

에게 준비해야 할 장래나 거창한 미래는 없었다. 그들은 자신들이 속한 사회 환경에 그저 대들고 도피하면서 즐기면 그만이었다. 삶이란 재미있는 게임이 었으며, 파멸에 대한 두려움도 그들에겐 없었다. 선배들이 천착했던 위대한 나라 건설이나 미국의 성공 신화는 위선 아니면 공허한 구호였으며, 그들은 **반체제적 삶을 즐기는 반 영웅들**이었다.

60년대 뉴 웨이브 감독들에게 헐리우드의 자본도 의탁하지 말아야할 기성 질서였으니, 그들은 **독립 영화사**를 통해 빈약한 예산으로 영화 만들기를 시도 했던 젊은 감독들이었다.

1970년대와 80년대 헐리우드 신보수주의 영화

1960년대 뉴웨이브 영화의 위력은 곧 바로 시작된 신보수주의의 반격으로 오래 가지 못한다. **70년대 헐리우드는 재난 영화의 시대**였다. 물론 〈택시 드라이버〉 같은 영화도 있지만.

택시 드라이버

〈포세이돈 어드벤처〉, 〈타워링〉을 시작으로 70년대의 재난 영화는 80년대에 이르러 가히 폭발적일 정도로 다양한 소재로 관객들에게 다가왔다. 열차, 비행기, 고층 빌딩 등에서 한가롭게 한담하거나 낙락함을 즐기던 미국인들에게 덮쳐오는 자연의 재앙이나 화재는 영화 관객들에게 그들을 구출해 줄 영웅이 필요하다는 것을 인식하게 했다.

빼어난 특수 효과로 다양하고 화려한 볼거리를 주면서 적당한 인본주의와 생명의 소중함을 섞어 만든 재난 영화는 자신들이 안전하다고 믿고 있는 미국 사회가 기실 수많은 위협에 노출되어 있다는 불안감을 주었으며, **체제 수호를 위해 강력한 지도자가 필요하다는 합의를 이끌어 내도록 부추겼다.** 영화 관객들은 60년대 식의 가치관의 혼란이나 기존 사회에 대한 반항이 얼마나 위험하고 무모한 행위인가를 절실히 깨달았으며, 자신들의 재결속을 통해 위대한 미국이 다시 이룩될 수 있다는 자신감도 느껴야 했다.

타워링

또한 〈조스〉를 필두로 전개되는 일련의 공포 영화, 〈스타워즈〉로 촉발된 공상 과학 영화도 미국 사회를 위협하는 음흉한 사유들 — 흑인 인권 운동이나 소수 민족 권리 주장, 혹은 여성주의 운동 등 — 의 물화된 악령들을 격멸하는 영화였다. 체제 수호의 신념으로 뭉친 영웅이 항상 필요했으며, 안정된 사회를 보호하거나 지탱해 줄 강인한 남성 지도자가 영화 속에서 항상 승리하도록 한 이들 영화는 바로 **백인남성중심사회 미국의 가치관**을 그대로 담아 냈던 영화들이었다. 미국인들의 삶을 조롱하거나 미국 사회에 도전하는 무리들은 우주인이건, 자연 재앙이건 반드시 격퇴되었으며, 미국인들의 세계 경영에 걸림돌이 될 수 있는 제 3세계 국민들은 교화되거나 격멸되어야 했다. 〈인디애나 존스〉, 〈람보〉, 〈로키〉, 〈스타워즈〉 등이 그 대표적 영화들이다.

80년대는 미국의 보수당인 공화당의 레이건이 두 번 재선되고 그를 이어서 부시 대통령까지 재임했던 시기였다. 이란 콘트라 사건이 있었고 리비아 폭격과 걸프전 참

조스

64

인디애나 존스

람보

전이 있었던 시기였다. 미국은 60년대에 시작해 70년대 중반에 이르기까지 강대국의 자존심을 망가뜨려야 했던 월남전의 기억들에서 벗어나야 했다. 〈람보〉와 같은 영화가 만들어지고 관객들의 정서에 부응할 수 있는 분위기가 형성된 것이다.

80년대의 신보수주의 여피들에게 대단한 인기를 끌었던 레이건이 집권했던 이 시대의 영화는 **미국의 힘에 대한 낙관주의와 위대했던 과거의 회상**으로 특징지을 수 있다. 이 시절의 미국인들은 월남전 이전의 미국적 꿈이 그대로 보존되어 있는 시절의 미국으로 되돌아가기를 원했다. **신분 상승을 목표로 성실하게 열심히 노력하는 남성과 승리를 위해 헌신하는 전쟁 영웅, 그리고 가정을 지키는 남성**이 미국인들이 갈망했던 남성상이었다. 사회 계층의 상승을 꿈꾸며, 혼자 힘으로 성공을 이루는 남성, 젊음을 잃지 않는 건강한 남성, 전쟁 영웅, 하나님을 두려워하는 남성다운 남자, 이러한 이미지가 바로 **미국적 꿈을 대표하는 이상형**이었다.

〈백 투 스쿨〉의 주인공은 다시 대학 캠퍼스에서 젊음을 회복하고 연애 사건을 일으키며, 〈꿈의 구장〉은 과거와의 접촉을 통해 현재를 극복하는 남성이 등장한다. 〈터미네이터 2〉에서는 미래가 현재로 돌아와 잘못된 사건들을 수정한다. 특히 〈터미네이터〉류의 영화는 강한 개성을 가진 남성, 강인한 남성이 주인공이라는 점이 특징이다. 한편 〈폴리스 스토리〉나 〈리썰

웨펀〉 식의 경찰 영화도 많이 등장했는데 법과 질서를 옹호하는 경찰의 동료애, 남성간의 우정, 가족의 중요성 등을 강조하고 **미국의 안전과 번영에 장애가 되는 상대, 즉 마약과 테러리즘에 대한 보복을 강조**하고 있다.

80년대의 영화는 비록 타락과 불법이 있기는 하지만 **자본주의 체제가 건재하다는 사실을 재확인**시킨다. 〈월 스트리트〉, 〈브로드캐스트 뉴스〉 등에서는 경제, 언론 등의 문제점을 고발한 다음 이런 문제점을 체제 자체의 문제점이라기보다는 그것을 운영하는 개개인들의 잘못이라는 쪽으로 몰고 가면서 미국이라는 사회의 건재함을 다시 확인시킨다.

미국을 지탱하는 사회 제도 중 군대만큼 애정과 증오가 복잡하게 뒤섞여 있는 단체도 드물다. 그러나 80년대 미국 영화는 군대의 문제점과 비인간성을 씻어내 명예 회복을 보장해준다. 〈사관과 신사〉와 〈탑 건〉 등의 영화는 마치 군대를 홍보하는 영화를 보고 있다는 느낌이 들 정도로 군대의 멋진 이미지를 미남 배우들을 등장시켜 만들어냈다.

60년대의 성해방과 페미니즘 운동, 70년대의 이혼율과 낙태의 증가 등으로 위협을 받았던 미국의 중요한 전통 가치는 바로 가족의 중요성이었다. 80년대의 영화에서는 **가부장적 권위의 회복이 두드러지게 눈에 띄며, 가족 구성원들의 화해**가 이루어진다. 또한 부모 노릇하기와 아이 키우기, 또 아이들을 주인공으로 한 영화들이 많이 등

터미네이터 3

월 스트리트

장하였는데 〈크레이머 대 크레이머〉, 〈세 남자와 아기 바구니〉, 〈아이들이 줄었어요〉 등의 영화들이 있다.

다양하게 전개되는 90년대 영화들

90년대에 들어서도 재난 영화는 여전히 헐리우드의 가장 인기 있는 장르 영화였다. 근육질의 남자 연기자들은 최고의 출연료를 보장받았으며, 초인적인 역량을 발휘하는 이들 주인공들은 산에서, 바다 속에서, 그리고 대도시의 땅 속에서 엄청난 사건들을 해결해내고 있다. 아놀드 슈왈츠네거, 브루스 윌리스, 스티븐 시걸, 해리슨 포드 등은 말할 것도 없거니와 젊은 영웅들인 키아누 리브스나 톰 크루즈, 장 끌로드 벤담 등이 뒤를 이어 해결사로 활약하고 있다. 심지어 〈더 락〉과 같은 영화에서는 술주정뱅이가 어울렸던 니콜라스 케이

지, 그리고 숀 코넬리 같은 늙은 배우들도 해결사로 등장시키고 있다.

90년대에 들어와 **헐리우드 블록버스터**라는 용어는 보통명사가 되었다. 원래 세계 제 2차대전 때 아파트의 한 블록을 파괴할 정도로 가공할 위력을 지닌 고성능 폭탄을 의미했던 블록버스터란 용어는 이제 북미 시장에서 치밀한 기획과 마케팅 전략을 바탕으로 1억 달러 이상의 흥행 수입을 올리거나 개봉 첫 주 4천만 달러 이상의 흥행 수입을 올리는 대작 영화를 지칭하는 용어로 사용되고 있다. 극장가의 여름 시장을 겨냥해서 만드는 이런 대작 영화는 헐라우드의 영화 산업과 긴밀한

함수 관계를 지니고 있다.

헐리우드가 지금의 전성기를 맞이하기까지 미국 영화 산업은 많은 우여곡절을 거쳤다. 특히 60년대에 들어서 오일 쇼크, 워터게이트 사건, 그리고 베트남전 같은 급진적 현상들이 영화 산업을 위축시켰다. 자구책을 마련해야 했던 헐리우드 영화사들은 대규모의 인수 합병을 통해 거대한 회사로 탄생했으며 영화 시장을 겨냥한 새로운 전략이 필요했다. 다양한 여가 산업의 등장으로 전성기를 놓쳐야 했던 영화는 텔레비전에 의해 잠식된 고전적 서사구조의 영화와 차별성을 지닌 새로운 스타일의 영화를 제시함으로써 고부가가치를 지닌 산업으로 환골탈태하려고 노력해야 했으며, 70년대 후반부터 조지 루카스와 스티븐 스필버그라는 흥행 감독을 앞세운 헐리우드는 영화 산업과 새로운 인력의 결합으로 단기간의 집중 배급 방식을 통한 집중적 흥행 수입을 올릴 수 있는 블록버스터라는 새로운 유형의 영화를 탄생시켰던 것이다. 80년대에 들어와 액션 영화 이외에 〈귀여운 여인〉이나 〈원초적 본능〉 같은 영화까지 가세시켰으며, 최근에 이르러서는 장 드봉이나 오우삼 같은 외국계 감독까지 포섭함으로써 새로운 영화들을 아우르게 되었다.

고비용, 고기술, 고위험이 합세하여 만드는 이런 헐리우드 블록버스터는 서사구조를 극도로 단순화시켜 관객들이 거의 다른 생각을 할 여유 없이 2시간 동안 오직 영화 속으로만 몰입하도록 한다. 블록버스터가 전 세계적으로 인기를 끌어 **흥행 수입을 올리기 위한 전략으로 사랑과 재난 극복이라는 보편적 주제, 상상 속에서나 가능했던 장면들을 고도의 특수 효과를 통해 현실화시키는 기술력, 안정된 흥행을 보장하는 스타의 기용, 그리고 복합 상영관 확보와 다양한 캐릭터 산업을 통한 소비의 극대화라는 마케팅 전략**을 들 수 있다. 90년대 들어와 한국 시장을 석권했던 〈사랑과 영혼〉, 〈원초적 본능〉, 〈다이 하드 3〉, 〈주라기 공원〉, 〈콘 에어〉, 〈더 락〉, 〈타이타닉〉, 그리고 최근의 〈아마게돈〉과 〈매트릭

고스트

원초적 본능, 주라기 공원, 타이타닉, 매트릭스

스)를 거치지 않고서는 헐리우드의 90년대 영화에 대한 언급은 상당 부분 공백으로 남게 된다.

　헐리우드 블록버스터의 흥행 전략은 대략 다음과 같다.

　첫째, 크기와 기세를 제압하라.
　둘째, 마케팅 비용을 아끼지 마라.
　셋째, 개봉 전 일주일 동안에 홍보에 전력을 다하라.
　넷째, 예고편에서 보여줄 건 다 보여주어라.
　다섯째, 가능한 많은 개봉관을 점령하라.
　여섯째, 관객의 눈과 귀를 쉬게 하지 마라.
　일곱째, 기회가 있을 때마다 재탕하라.
　여덟째, 영화와 관련된 캐릭터 상품 등을 개발하라.

　그러나 **헐리우드의 90년대는 다양한 소재의 다양한 장르의 영화들이 동시에 등장하고 경쟁하며 발전하는 시기**라고 볼 수 있다. 흑인들이 주인공으로 등장하기도 했으며, 여성주의 영화들도 지속적으로 영화관에 내 걸렸다. 전쟁 영화도 미국의 무조건적인 승리라는 단순한 플롯에서 벗어나고 있다. 우스꽝스런 인물들이 주인공으로 등장했으며, 컬트영화들이 당당히 장르 구별의 한 모퉁이를 차지하게 되었다. 전통적으로 남성들만이 활약했던 범죄 수사대나 군대에도 여성들이 중요한 역할을 맡기 시작했으며, 아이보기나 가정 꾸리기 같은 여성들의 영역에 남성들이 동참하는 영화도 지속적으로 출시되고 있다.

미국의 독립영화

헐리우드 영화의 상업성을 거부한 미국의 독립영화들을 배출하는 선댄스 영화제는 로버트 레드포드가 1984년에 설립한 선댄스 재단의 후원으로 매년 미국 유타주 파크 시티에서 개최되고 있다. 저예산 독립 영화들의 축제인 선 댄스 영화제는 백인 중심적 가부장제 사회인 미국에서 헐리우드 영화들이 결 코 자유로울 수 없는 문제들, 그러니까 여성 문제, 소수 민족 문제, 가족의 해 체 문제 등 대단히 진지한 주제들을 다루는 영화들을 발견해내고 헐리우드 영 화사들이 주목하지 않았던 새로운 감독들을 찾아냄으로써 상투성에 함몰된 미국 영화에 신선한 활력소 구실을 하고 있다.

선댄스 영화제를 통해 발굴된 감독들은 〈섹스, 거짓말, 그리고 비디오 테이 프〉를 만든 스티븐 소더버그, 〈저수지의 개들〉의 쿠엔틴 타란티노, 〈엘 마리 아치〉의 로버트 로드리게즈, 〈채이싱 아미〉의 캐빈 스미스, 〈어딕션〉의 아벨 페라라, 그리고 〈파고〉의 코헨 형제 같은 역량 있는 감독들이다. 저예산의 자 본을 투자해 맛있는 영화들을 만들어냈던 이들은 관객들에게 영화 보는 새로 운 즐거움을 안겨 주었으며, 상업성까지 인정받아 헐리우드 제작자들의 시선 을 끌게 된다. 물론 선댄스 영화제가 90년대 이후 헐리우드 저예산 영화들의 영화 배급망으로 이용함으로써 상업성에 오염되었다는 비난도 받고 있지만, 영화가 상업성을 외면할 수 없다는 측면에서 상업 제작자나 감독의 입장에서 는 자본과 스타를 확보하지 않고서도 관객들에게 호소할 수 있는 영화를 소개 하고 있다는 점에서 그리고 배급업자들로서는 새로운 영화들을 발굴해낼 수 있다는 점에서 이는 폄하될 일은 아닐 것이다.

저수지의 개들

　　최근 선댄스 영화제는 지나친 10대 편향성과 동성애 소재의 범람 등으로
고정된 소재에서 벗어나지 못한 채 답보 상태의 위기를 맞고 있지만 다양한
감독들의 자유로운 영화 창구로서의 기능을 계속하는 한 그 가치는 여전하다
하겠다.

소련의 초기 영화

　　1917년 러시아 혁명 이후 국가는 영화 제작을 통제하고 감독했으며, **국립영
화예술학교**를 설립해 체계적으로 영화인들을 양성하기 시작했다. 1920년에
세르게이 에이젠스타인(Sergei M. Eisenstein)은 노동자 극장(프롤레트쿨트)
에서 작업을 시작했으며, 프세플로드 푸도프킨(Vsevolod I. Pudovkin)은 연

극 배우로 데뷔한다.

　사회주의 국가를 건설했던 레닌에게 영화만큼 강력한 선전, 교육 수단은 없었다. 1922년부터 국가는 뉴스 영화나 기록 영화들을 지원했으며, 혁명 이후에 영화계에 뛰어든 젊은 감독들은 새로운 기법으로 영화를 만들기 시작했다.

전함 포템킨

　에이젠스타인은 1924년 〈파업〉, 〈전함 포템킨〉 같은 영화를 선보인다. 그를 비롯한 당시 소련의 젊은 감독들은 **영화란 개별 샷이 아니라 편집을 통해 배열하고 재 구축할 때 의미를 지닌다**고 믿었다.

　소련의 서사 영화들은 개인의 심리보다 사회적 힘들의 충돌에 포커스를 들이댄다. 인물들은 이들 사회적 힘들이 그들의 삶에 어떻게 영향을 미치는가 하는 관점에서만 주목을 받는다. 개인의 개성을 중시하지 않았던 그들은 새로운 배우들을 자주 기용했다.

프랑스 영화

　프랑스 영화의 공식적인 생일은 1895년 12월 28일, 뤼미에르 형제가 파리 시민들에게 〈기차의 도착〉을 상연한 날이다. 조르주 멜리에스를 거쳐 발전된 프랑스 영화는 제1차 세계대전 후 미국영화의 침투에 의해 침체에 빠지게된다. 1916~17년 사이에 프랑스에선 영화가 단지 오락적인 기구로써 흥미거리를 관객에게 제공해줄 뿐이었다.

　1920년대 초 프랑스 영화는 새로운 전기를 맞는다. 두 명의 영화 이론가가 중심에 서 있는 새로운 프랑스 영화가 관객들을 만난다. 그들은 〈제 7예술론〉을 주장한 리시오도 까뉴도(Ricciotto Canudo)와 씨네클럽 운동을 일으킨 루이 델뤽(Louis Delluc)이다.

루이 델뤽의 목적은 심리학적인 분위기를 창출해 내는 것이었는데 그의 작품 중 〈흥분〉(Fievre, 1921)과 〈홍수〉(L' Inondation, 1924)에서 가장 잘 표현되었다. 루이 델뤽의 특징적인 면은 '단순한 영화' 속의 '눈으로 보는 음악'을 추구했다. 그녀는 앙또냉 아르또(Antonin Artaud)의 대본에 기초를 둔 표현주의 작품 〈조개껍질과 성직자〉(La Coguille et Clergyman, 1928)를 만들게 된다.

1920년대 후반 예술계에 허무와 초현실주의가 발전함과 동시에 프랑스 영화계에선 **아방가르드(Avant-garde)**가 나타나게 된다. 주요 작품으로는 페르난드 레제(Fernand Leger)의 〈기계무용〉(1924), 만 레이(Man Ray)의 〈귀가〉(1923), 르네 끌레르(Rene Clair)의 〈동작개시〉(1924), 장 꼭도(Jean Cocteau)의 〈시인의 피〉(1930), 루이 브뉘엘(Luis Bunuel)의 〈황금시대〉(1930) 등이 있다. 그들은 비상업적이었으나 씨네클럽에서 널리 소개되었다. 그들에게서 감동을 받은 몇몇 상업주의 제작자들은 프로덕션과 결별하여 독자적 영화를 추구하기 시작한다.

1927~9년 사이에 프랑스는 **무성영화의 전성기**가 태동하기 시작한다. 많은 감독들이 영화적인 기법이나 배우들을 다루는데 있어서 세련된 수준을 자랑하였다. 1936년 앙리 랭글로와(Henri Langlois), 장 미트리(Jean Mitry) 등에 의해 '씨네마떼끄(Cinematheque Francaise)' 라는 필름보관소가 세워졌다. 1930년대 중반은 프랑스 영화 사상 가장 풍요로운 시대였지만 제2차세계대전은 이 황금기를 종지부 짓게 해버린다. 르네 끌레르와 장 르노와르는 프랑스를 떠나 헐리우드로 피난했다. 1940년 독일 통치하의 프랑스 영화산업은

점점 낙후되었고 새로운 검열 기준이 생겨났다.

1950년 프랑스 영화는 거대한 제작비로 일에 착수하는 1940년대의 감독들에 의해 확고한 상업주의 영화로 굳어져 갔다. 프랑스로 돌아온 장 르노와르는 〈프랜치 캉캉〉(French Can-can, 1955)과 〈엘레나와 남자들〉(Elena et les Hommes, 1956)에서 효과적으로 컬러 필름을 이용했다.

1951년 영화 비평가 그룹은 앙드레 바쟁(Andre Bazin) 주변인물들을 중심으로 변화를 요구하였으며 잡지 『까이에 뒤 씨네마』(Cahiers du cineme)를 그들의 캠페인을 위한 공개 토론회로 이용하길 원했다. 프랑스와 트뤼포(Francois Truffaut)는 '작가정책'을 발전시키는 데 앞장섰는데 그는 영화제작에 있어서 좀더 개인적인 접근을 요구하였다.

1950년대 대부분의 비평가들은 그들의 착상을 단편 영화 속에서 실현시키면서, 새로운 정부 보조의 도입과 진보적인 제작자에 의한 후원의 이점들을 이용하려 하였다. 트뤼포는 〈400번의 강타〉(400 Blows)에서 롱 샷과 이동 카메라, 롱 테이크 등 사실주의적 기법을 주로 사용했으며, 장 뤽 고다르(Jean-Luc Godard)는 〈네 멋대로 해라〉(A Bout de Souffle, 1960)를 통해 수평 크레인 샷을 롱 테이크로 잡아냄으로써 영상의 2차원성을 강조하였으며, 또한 점프 커트를 도입했다. 바로 **누벨 바그** 계열 감독들이다.

1968년 5월의 정치적 사건은 영화산업에도 영향을 끼쳤다. 깐느영화제도 포기되었고, 파리의 영화인들에 의해 영화산업의 국영화가 제안되었다.

앙드레 바쟁(Andre Bazin)과 미장센

앙드레 바쟁은 프랑스 태생의 영화 비평가로서 세르게이 에이젠쉬타인의 형식주의적 영화이론에 반대하는 리얼리즘 영화 이론을 펼친, 지금까지 가장 영향력 있는 영화이론가다. 바쟁은 제 2차세계대전 이후부터 영화 평론을 시작했으며 1951년 『까이에 뒤 씨네마』라는 잡지를 발행하면서 본격적으로 자신의 이론을 펼치기 시작했다. 또한 이 잡지에서 함께 활동했으며 자신의 제자였던 프랑스와 트뤼포, 끌로드 샤브롤, 장 뤽 고다르 등은 1960년대에 세계를 풍미한 누벨 바그 운동을 주도한다. 누벨 바그는 바쟁과 트뤼포를 중심으로 작가주의 이론을 내세우며 과거에 묻혀졌던 훌륭한 감독들을 재발굴한다.

영화에서 사실성을 중시한 바쟁은 의도적인 방법과 기술, 즉 인위적인 조명, 세트, 편집 등을 동원하여 영화의 의미를 전달하려는 것에 반대했다. 그는 꾸며진 상징성 및 몽타주란 현실을 그대로 보여 주지 않고 조작하는 것이라고 생각했다. 그래서 〈전함 포템킨〉류의 러시아 형식주의 영화나 〈칼리가리 박사의 밀실〉 등의 독일 표현주의 영화에 대해 논리적으로 반박했다.

그는 영화에서의 편집이나 인위적인 조명은 인간의 개입이라고 여겼으며 몽타주에 의한 영화 대신 **미장센에 의한 영화나 다큐멘터리식의 사실성을 강조한 영화**들을 중요시했다. 영화에서의 미장센은 단일한 샷이나 테이크, 그러니까 카메라가 장면을 찍기 시작하여 멈추기까지의 시간 동안에 화면 속에 담기는 이미지를 만들어 내는 작업을 가리키는 말이다. 그는 장 르느와르나 오손 웰스, 그리고 이탈리아 신사실주의 영화들에서 자신의 주장을 뒷받침하는 영상을 발견했다. 장 르느와르와 오손 웰스의 영화는 치밀한 구성으로 이루어지는데, 이것은 공간의 깊이감을 보여주는 딥포커스와 짧게 편집하지 않고 보여주는 롱 테이크로 영화를 만든다.

바쟁은 신사실주의에 나타난 **'영화 속의 현실감'**을 높이 평가한다. 신사실주의 영화들은 현지에서 직접 촬영되었기 때문에 조명을 거의 쓰지 않았고, 비직업 배우가 출연하며 영화에 생생한 사실감을 불어넣었다. 또한 그들은 전후 이탈리아의 처참한 현실을 보여 주기 위해 편집보다는 장시간 촬영에 의존했다. 이것은 바쟁이 중시한 리얼리티를 충실하게 재현해 낸 것이다. 이런 바쟁의 견해는 사실주의 영화 이론으로 명성을 얻었다.

하지만 사진적 이미지가 사실적인 효과를 낸다고 믿었고 그 때문에 사실주의 영화 이론을 편애했던 바쟁의 이론이 지금까지 막강한 영향력을 인정받고 있는 것은 아니다. 사진도 조작이 가능하고 다큐멘터리 영화나 사실주의 영화에도 만드는 사람의 개입이 이루어질 수 있다. 소재가 왜곡될지라도 사실성만 지니고 있으면 된다는 그의 시각은 현재 많은 의문점을 남겨 준다.

또한 몽타주를 강조한 에이젠스타인의 이론과 바쟁이 주장한 사실주의적 영화 언어가 동시에 구현되는 영화가 만들어지고 있기 때문에 초기의 영화 이론이라고 할 수 있는 바쟁의 이론을 전면적으로 수용해서 영화를 만들지는 않는다. 하지만 바쟁의 영향은 아직까지 다양한 감독과 영화 이론에 미치고 있다. 비록 바쟁의 이론에 직접적인 토대를 두고 있지 않더라도 미장센을 자신의 중요한 영화 형식으로 발견하고 실현한 감독들은 르느와르와 웰스를 비롯하여 안드레이 타르코프스키, 잉그마르 베르히만 등이 있다. 이들은 현대 영화에 자취를 남긴 위대한 감독들로 평가받고 있다.

누벨 바그

누벨 바그라는 명칭은 1958년 『렉스프레스』지의 여기자가 당시 새롭게 데뷔한 감독들을 "새로운 물결"(Nouvell Vague)이라 자칭하면서부터 영화계에 등장했다. 누벨 바그는 장 뤽 고다르, 에릭 로메로, 자끄 리베뜨, 아녜스 바르다, 로제 바딤, 루이 말과 같은 감독들의 영화를 포함하기도 한다.

누벨 바그 감독들은 씨네마떼끄 프랑세즈에서 뤼미에르 형제의 영화에서 부터 헐리우드 B급 영화까지 영화역사를 두루 섭렵하면서 새롭게 해석하고 교과서적인 영화보다는 앞으로 프랑스에서 나아갈 영화에 대해 논의하였다. 영화의 정체성에 의문을 제기했으며 영화 속의 현실에 대해 고뇌했던 그들은 감독의 창조적 개성을 반영한 영화가 진정한 영화라고 주장했으며, 영화 속에서 꾸준히 탐구하는 일관된 주제를 갖는 사람을 '작가'로 규정하여 영화계에 작가주의 논쟁을 불러일으켰다.

누벨 바그 세대들이 새롭게 내걸었던 영화 형식은 무엇인가? 그것은 **기승전결식의 양식화된 구성에서 벗어난 영화였으며, 저항과 변화를 전제로 기존의 문화 관습과 패러다임에서 탈피한 영화였다.**

첫째, 누벨 바그 감독들은 헐리우드 영화들이 스튜디오에서 잘 만든 세트 속에 잘 알려진 스타를 주인공으로 내세워 인공 조명을 사용해 영화를 찍는 것과는 달리 이탈리아 신사실주의 전통과 바쟁의 리얼리즘 이론에 영향받아 **스튜디오를 떠나 거리에서 동시 녹음**으로 영화를 찍었다. 누벨 바그 감독들은 현장에서의 경험 없이 영화를 보면서 영화를 만들었고 고전적인 헐리우드식의 잘 만들어진 영화보다는 일부러 엉성하고 낯선 영화들을 만들었다. 당대를 사는 젊은이들의 일탈과 반항을 즉흥 **연출과 인터뷰, 자막 사용, 단절된 이야기들을 모아 놓은 블록 구조, 관객에게 직접 건네는 대사** 등 전통적인 이야기 틀을 벗어난 화면 속에 담음으로써 헐리우드 영화에 도전했던 것이다.

둘째, **현장 촬영**을 선호하고, 들고 찍기 같은 현란한 카메라 움직임을 자주 사용했으며, **롱 테이크**를 특징으로 한 영화였다. 또한 인물을 쫓거나 장소를 보여주는 데 패닝과 트레킹이 자주 쓰인다. 트뤼포의 〈400번의 구타〉에서 주인공 앙뜨완느가 자신의 어린 시절을 고백하는 대목에서 미디엄 샷으로 앙뜨

완느의 얼굴을 롱 테이크로 잡아준 장면이나, 고다르의 〈주말〉의 첫 장면에서 자동차 사고 현장을 수평 크레인을 이용하여 카메라를 횡으로 이동시키면서 롱 테이크로 잡은 화면 등은 **관객들에게 영화 속 사건에 대해 냉정하고 객관적으로 판단하기를 요구**하고 있다. 이들은 카메라의 수평 이동을 통해 잡은 이동 화면을 통해 관객들이 배우가 아니라 주변 환경에 집중하도록 권유하며, **화면과의 거리두기**를 통해 스스로의 판단을 내리도록 돕는다. 따라서 관객들은 자신이 피사체를 선택해 관찰하며 화면 속에 나타나지 않은 장면들을 적극적으로 해석해 냄으로써 영화 화면에 비치지 않은 공백을 채워 가는 것이다.

셋째, 플롯의 인과론적 연결성은 더 느슨해졌으며, 행위의 뚜렷한 목적이나 동기를 확인할 수 없는 주인공들이 자주 등장한다. 이런 식의 사건과 인물은 **불연속적인 편집 기교와 맞물려 서사구조의 연속성을 파괴**하고 있다. 그들은 모호한 결말을 제시한다. 흔히 점프 컷으로 불리는 몽타주 컷을 도입해 동일한 인물이 처한 상황을 시간적으로 다르게 바뀌는 배경 속에 삽입함으로써 일관된 이야기의 흐름이라는 관객들의 기대치를 배반하고 **꾸며 낸 이야기의 인과 관계 대신 현실을 있는 그대로 반영**하고자 했다.

넷째, 그들은 **자유로운 영화를 지향**했다. 작가주의를 표방했던 그들은 영화 감독도 화가처럼 자유롭게 소재를 선택하고 화면이라는 캔버스를 조절할 수 있다고 믿었다. 때문에 트뤼포 같은 감독은 기록 영화를 삽입하여 영화의 영역을 확장하기도 했으며, 동일한 영화 속에서 화면의 크기도 변화를 주었다.

다섯째, **헐리우드나 유럽의 다른 영화**들을 인용한다. 이는 그들의 재치와 영화 매체에 대한 자의식을 엿보게 하는 특징으로서 영화 선배들에 대한 존경이기도 하며, 동시에 그들을 극복하려는 의지의 표현이기도 했다.

누벨 바그 감독들은 1968년 5월 학생 혁명을 계기로 결별했지만 영화가 무엇인지에 대해 끊임없이 질문하고 이에 대해 영화로 대답하여, 이론뿐만 아니라 실제에 있어서도 모범을 보였다. 일정한 틀에 머무르지 않고 끊임없이 새로움을 추구하는 그들의 실험정신은 다른 나라의 뉴 씨네마들에 많은 영향을 주었다.

누벨 이마쥬

프랑스 영화는 80년대 이후 20대 초반의 젊은 감독들이 등장하면서 크게 방향 전환을 했는데 1980년 장자끄 베네(Jean-Jacques Beineix)가 〈디바〉(Diva)를 내놓았을 때 프랑스에서는 누벨 바그가 등장했을 때와 같은 흥분이 일어났고 이어 뤽 베송(Luc Besson)의 〈마지막 전투〉(1984), 레오 까라(Leos Carax)의 〈소년이 소녀를 만나다〉(1984) 등을 보며 프랑스 영화계는 새로운 희망에 휩싸였다.

이들의 영화는 새로운 감각과 영화 매체에 대한 참신한 접근 방식 때문에 누벨-누벨 바그, 누벨 이마쥬 등 여러 가지 이름으로 불리웠으나 영화 평론가들이 이들의 영화를 논하는 글 속에서 누벨 이마쥬라는 단어를 많이 사용했고 TV에서 "영화를 향해 도전해 오는 새로운 매체들, 이것이 누벨 이마쥬다"라고 이들의 영화를 평가하면서 누벨 이마쥬로 통용되고 있다.

이들은 하나의 집단을 형성한 운동으로 나타난 누벨 바그에 비해 각자 전혀 다른 진영에서 혼자 자신의 직업에 몰두했다. 이들의 영화에는 **팝문화의 영향을 받은 음악과 세트 디자인, 의상** 등이 두드러지게 나타나지만 기본적으로 **'반(反)헐리우드 의식'**이 바탕에 깔려 있다. 이들은 **자신의 직관과 개성에 의존해 정치나 역사와는 무관한 영화**를 만들어 도피적이라는 이유로 비판받기도 하였다.

누벨 이마쥬의 포문을 연 장자끄 베네는 데뷔작 〈디바〉에서 청색과 황색이 주조를 이루는 스피디한 영상 위에 대중 문화의 여러 장르를 인용한 이미지들(광고, 락 뮤직, 팝 아트 등)을 현란한 조명과 세트에 담아 종래의 장르 개념으로는 분류할 수 없는 복합 영화라는 평을 얻어냈고, 그의 신선하고 충격적인 영상은 평론가들의 호평은 물론 관객들로부터도 큰 호응을 얻었다. 그러나 〈하수구에 뜬 달〉(1983), 〈베티 블루〉(1986), 〈로즐린과 사자들〉(1988) 등에서 그에게 많은 기대를 걸었던 사람들을 실망시키기도 했다. 베

베티 블루

네의 독특한 색채와 팝 문화적 감각 그리고 환상적인 인공 세트는 이후의 신세대 영화인들에게 큰 영향을 미쳤다.

국내에 영화가 가장 많이 소개된 뤽 베송은 영화 학교를 다니지 않고 스스로 영화를 만들었다. 학업을 중단하고 17살에 헐리우드에 가서 스텝으로 일하며 영화 기술을 익히고 프랑스로 돌아와 데뷔작 〈마지막 전투〉(1983)를 만들었다. 핵전쟁을 치른 3차 대전 직후 모든 인간 문명이 파괴된 세계를 감각적인 영상과 음악의 정교한 조화로 그려 실험성이 높은 영화로 평가받았다. 뤽 베송은 〈니키타〉, 〈그랑 블루〉, 〈지하철〉, 〈아틀란티스〉 등을 발표하여 누벨 바그 이후 새로운 프랑스 영화의 부흥으로 기대를 모았으나 최근 폭력을 액션 영화 〈레옹〉에 와서는 이전의 자신의 색채를 잊고 헐리우드 영화에 경도되었다는 비판을 받기도 한다.

누벨 이마쥬 감독 중에서 예술적인 측면에서 가장 높은 평가를 받고 있는 레오 까라는 '알렉스'란 이름으로 18세부터 『까이에 뒤 씨네마』 지에 영화

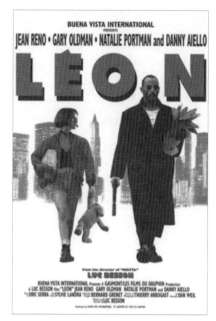
레옹

니키타

평론을 기고했고 파리의 씨네마떼끄 프랑세즈에서 영화들을 보며 자신의 영화관을 정립한 사람이다. 1984년 첫 번째 장편 영화 〈소년이 소녀를 만나다〉가 깐느 영화제에 소개됨으로써 화려하게 데뷔한 까라는 '고다르 이후 가장 주목할만한 영화 감독'이라는 평가를 받고 있다. 아름다운 영상 속에 젊은이들의 사랑의 절망을 담아 낸 〈소년이 소녀를 만나다〉 이후 〈나쁜 피〉, 〈뽕네프의 연인들〉을 발표했다.

프랑스를 비롯한 세계 영화계에 새로운 바람을 일으킨 누벨 이마쥬의 감독들은 **감각적 영상**으로 평론가와 관객의 찬사를 받았지만 **일정하게 묶을 수 있는 특징들을 공유하고 있는 것은 아니다.** 그러나 적어도 다음과 같은 점들을 지적할 수는 있겠다.

첫째, 그들의 작품들은 **강렬하면서도 자연스런 색채를 통해 표현되는 감각적인 이미지를 중시한다.** 스토리보다는 영상에 그려지는 이미지에 초점을 맞춘 이들 영화 속에서 시각적 이미지들은 **이야기 진행의 인위성에 저항하거나 나름대로 새로운 상징체로** 기능하기를 원한다. 실제로 뤽 베송은 〈니기타〉(1990)에서 금속성의 푸른 색 이미지를 통해 인간성이 매몰된 도시를 상징하게 하며, 부드럽고 따스한 느낌의 붉은 색의 이미지를 통해 진정한 인간성을 회복하려는 여주인공 니기타의 애절한 노력을 표현해내고 있다.

둘째, 이미지라는 형식을 중시하는 이들 영화 감독

들은 **서사구조의 단순화와 절제되고 삭감된 대사**를 사용한다. 관객들은 영화를 보면서 마치 시적 언어처럼 극도로 경제적으로 취사 선택된 대사들만을 듣게 되며 등장 인물들의 행위에 자연스럽게 시선을 향한다.

셋째, 사건이 진행되는 **공간의 뚜렷한 대조가 시각적 이미지들과 결합하게 함으로써 주제를 전달**하려고 한다는 점이다. 바다나 평원 같은 개방된 공간과 좁은 아파트, 산만하고 복잡한 부엌, 음침한 하수도, 지하철과 같은 폐쇄된 공간을 대비시킴으로써 주인공들의 주된 갈등이라고 할 수 있는 현실 세계에서의 고립감이나 자폐증과 자유와 해방을 향한 갈망의 대립과 충돌을 전달한다.

누벨 바그 이후 특징적인 양상 없이 무미건조하게 흘러오던 프랑스 영화계에 새로운 형태의 영화를 제시하고 있는 누벨 이마쥐 계열의 영화들은 프랑스인들에게 어떤 식으로든 헐리우드 영화에 대항할 수 있는 프랑스 영화의 자존심이며 대안이 되기를 원하고 있다.

이탈리아 영화

이탈리아에서 영화스튜디오가 설립된 해는 1905년이었다. 1910년대 중반에 이르면 가벼운 코미디물을 중심으로 한 사실주의 계열의 영화가 활발히 발표되며, 1930년대는 파시스트 선전 영화들이 강세를 띤다. 이탈리아 영화의 전환기는 1942년이라고 할 수 있다. 루치노 비스콘티(Luchino Visconti)의 〈강박관념〉(1942)을 시작으로 로베르토 로셀리니(Roberto Rossellini), 비토리오 데 시카(Vittorio De Cica) 같은 감독들이 **당대의 사회적 문제를 다룬 일련의 작품들을 발표하면서 신사실주의 영화들이 등장**한다.

1950년에 이르러 신사실주의는 쇠퇴의 길을 걷기 시작했으며, 독립을 포기해야만 했고 정부의 후원으로 제작을 하는 방법으로 되돌아가야 했다. 이탈리아가 전쟁으로부터 회복되자 상업적 제작자들은 다시 가벼운 코미디나 멜로드라마, 시대극 등을 제작하기 시작했다. 경제적 불안정에도 불구하고 영화사들은 다른 유럽 회사들과의 합작을 통해 미국의 영화사들의 공격에 대응할 수 있었다.

신사실주의의 리더 격이었던 로셀리니, 데 시카, 비스콘티 등은 여전히 활발히 활동했으며 페데리코 펠리니(Federico Fellini)와 미켈란젤로 안토니오니(Michelangelo Antonioni)는 서서히 평판이 나기 시작했다. 그러나 제작된 영화들의 중심부에는 대중적 흥행성을 노린 서사 스펙타클 영화가 차지하고 있었고 낭만적이고 외래 취향적인 작품들이 본류를 이루고 있었다. 전후 활동했던 이탈리아 여배우들은 실제 대부분이 미인대회에서 뽑혀 영화로 발을 돌린 이들인데 이들의 미모는 당시 세계 영화사의 관심을 끌었고, 그들 중 대표적인 인물들은 실바나 망가노, 지나 롤로브리지다, 소피아 로렌 등이다.

산업사회인 이탈리아에서의 부르주아 생활에 대한 비판이 잘 나타나 있는 베르톨루치, 벨로치오, 줄리니 등의 영화는 60년대 말부터 70년대 초까지의 정치·사회적 상황을 잘 반영해 주고 있다. 한 동안 침체기를 걷던 이탈리아 영화는 90년대 들어 와 다시 주목을 받는다. 주세페 토르나토레는 〈시네마 천국〉과 〈스타 메이커〉를 통해 90년대 전반 깐느와 아카데미에서 최우수 외국 영화상을 수상했으며, 이탈리아의 채플린으로 평가받고 있는 천재 영화인 로베르토 베니니의 〈인생은 아름다워〉가 99년 아카데미 최우수 외국영화상과 남우주연상을 수상하기도 한다.

찰톤 헤스톤과 소피아 로렌

인생은 아름다워

신사실주의

2차 대전 이전의 이탈리아 영화들은 무솔리니의 선전영화와 낙관적 부르주아 영화(일명 백색 전화 영화 White Telephone Films), 도피적인 코미디물과 뮤지컬 등이 주류를 이루고 있었다. 더구나 전후에는 전쟁을 치른 다른 나라들처럼 헐리우드 영화가 양적으로 엄청난 비중을 차지하게 된다.

이러한 가운데 이탈리아 영화의 정체성 확립을 위한 영화인들의 부단한 노력과 두 번에 걸친 대전에서의 패전 경험이 더해져 새로운 영화의 흐름이 일어난다. 루치노 비스콘티의 〈강박관념〉(1942)으로부터 본격적인 시작을 보게 된 이후, 움베르토 바르바로가 한 잡지에서 '신사실주의(네오-리얼리즘)'라고 불렀으며, 당시 파시즘의 몰락으로 인한 새로운 상황과 제반 사회 문제를 총체적으로 반영하는 영화들이 새로운 영화 형식으로 내걸고 발표되면서 중요한 영화 사조를 형성하게 된다.

비스콘티에 이어 신사실주의의 방법론과 형식을 완성한 사람이 로베르토 로셀리니다. 나치들의 잔혹성과 그것에 대항하는 인간적이고 단결된 투쟁을 그린 1945년작 〈무방비 도시, 로마〉는 신사실주의의 명성을 세계적으로 알린다. 그리고 비토리오 데 시카는 시나리오 작가 세자르 자파티니와 함께 1946년 〈구두닦이〉와 1948년 〈자전거 도둑〉을 발표한다. 데 시카는 전후 노동자들의 일상 생활과 궁핍한 현실을 소박하게 담아 내어 혼란스러웠던 당대 이탈리아의 모습을 사실적으로 드러낸 영화 작가로 평가받았다.

신사실주의의 특징적 스타일

　　첫째, 현장 작업(야외 촬영, 자연 조명, 즉흥 연출)을 중시했다. 전쟁으로 인한 제작 환경의 부실은 이들을 자연스럽게 거리로 내몰았고 거기서 야외 촬영과 자연광 선호의 전통이 싹트게 된다. 이것은 뒤에 나오는 다른 특징들과 함께 다큐멘터리식의 사실적인 영상으로 신사실주의를 규정짓게 하는 요인이 된다.

　　둘째, **비직업 배우를 기용**했다. 경제적인 이유도 무시할 수 없었지만 생생하고 사실적인 외모나 행동을 위하여 비직업 배우들을 다수 기용하였다.

　　셋째, **후시 녹음을 선호**했다. 이탈리아 영화의 관행이기도 한 후시 녹음은 저예산 소규모의 제작진으로 현장 촬영을 가능하게 했다.

　　넷째, **롱 샷과 롱 테이크**를 주로 채택했으며, 움직이는 인물을 화면 속에서 배경과 함께 흔들리지 않게 잡아내기 위해 **트래킹 샷**을 사용했다. 그들은 단순성과 자발성과 직접성을 최대의 장점으로 섬겼기 때문에 편집은 될 수 있으면 피하려고 애썼다.

　　다섯째, **느슨한 서사 형식이 특징**이었다. 이전의 전통에 반발하여 느슨한 서사 연결이나 열린 구조를 선호하였다. 신사실주의 감독들이 즐겼던 현장 작업은 느슨한 서사 구조를 허용했다. 영화 속 인물들은 경제적, 사회적, 문화적으로 구체적인 상황 속에 배치되지만 그들의 **삶의 모습은 지극히 단편적으로 그려지고 있으며, 그 어떤 해결책도 제시되지 않는다.** 당시 **미래에 대한 불확실함이** 영화 속에도 고스란히 담겨있었던 것이다.

이들의 영화는 **열린 결말 구조를** 취하고 있어서 꽉 짜인 플롯을 배제하고 있다. 시작과 중간 끝이 유기적으로 얽혀있는 작위적인 삶의 모습이 아니라 실제 삶의 한 단면을 제시하는 그들의 영화는 사람들의 삶과 결점에 대한 솔직한 시각을 수정 없이 드러내고 있다. 그들이 즐겨 다루었던 **주제들은 가난, 실업, 매춘, 속임수 등이며 그 배경은 빈민가가** 대부분이었다.

그들의 영화는 **거짓된 낙관주의나 감상주의를 배격한다.** 복잡한 문제는 풀리지 않은 채 미결의 상태로 남겨졌으며, 등장 인물들도 가난한 구두닦이 소년들이거나 실직한 가장이었으며, 집세를 내지 못해 쫓겨나야 하는 비참한 노인처럼 전후 이탈리아 사회 어느 곳에서나 흔히 만날 수 있는 지극히 **평범한 사람들**이었다.

신사실주의 계열의 감독들의 목적은 **삶의 일상성을 찬양하거나 주목받게** 하는 것이었다. 그들은 이전부터 그곳에 존재했지만 주목받지 못했던 삶의 모습들을 세부적 묘사를 통해 잡아냈다.

신사실주의 영화의 대표적인 시나리오 작가 세자르 자바티니는 신사실주의의 원칙들을 "사물을 있는 그대로, 허구보다는 사실을, 고상한 영웅보다는 평범한 사람을, 낭만적인 환상보다는 사회적 관계를 나타내는 것"이라고 말한다. 바로 이런 점에서 신사실주의 영화는 **타락한 사회 구조가 인간의 가치를 어떻게 타락시키는가를 보여주는 영화**며, 사회 고발 영화라고 할 수 있을 것이다.

신사실주의 영화의 공과는 무엇인가? 비판적 리얼리즘의 중요한 성격들을 구체화시켜 낸 신사실주의는 현실적인 이념을 바탕으로 당대 제문제의 본질을 밝힌 점은 인정받고 있다. 그러나 그 **시대의 현상들을 만들어 내는 원인을 총체적으로 밝히지 못하고 표면만을 드러내는 데 그치고 일관적이고 전망 있는 대안을 제시하지 못한 것들이 한계**로 지적 받고 있다. 1950년대로 접어들면서 신사실주의 계열의 작가들이 점점 실리적이고 개인적인 성격의 작품들을 만들게 되는 원인의 한 가지로 애초 그들의 **분명한 방향성 부재**가 지적되고 있는 것도 같은 맥락이라 할 수 있다.

1950년대 후반 이탈리아가 다시 경제적, 사회적으로 안정을 되찾고 풍족해지자 신사실주의 영화들은 밀려나기 시작한다. 감독들은 개인적인 관심사를 찾아 떠났으며, 일부는 종교 문제로, 일부는 사랑의 오묘함으로, 그리고 일부는 상류사회로 눈을 돌리게 된다.

1940년대 중반부터 거의 10여년 동안 이탈리아 영화계를 풍미한 신사실주의 영화 운동은 프랑스의 누벨 바그 영화를 비롯해 1950년대 미국 영화, 50년대 후반 이후의 영국 영화, 남미의 사실주의 영화들에 많은 영향을 주었다.

신독일영화

신독일영화는 이탈리아의 신사실주의나 프랑스의 누벨 바그 같은 특정한 양식을 지닌 사조는 아니다. 당시 활동했던 감독들 사이에 어떤 공통적인 양식상의 특색들을 발견할 수 없기 때문이다. **신독일영화는 1960년대 후반 전통적인 독일 영화계 변방에서 활동하던 일군의 감독들에 의해 침체에 빠져있던 독일 영화가 부흥하게 된 현상을 일컫는 용어다.**

1920년대 표현주의 영화 이후 나치즘의 대두로 영화 산업의 활력을 잃게 되었던 독일 영화는 전후 전범국가에 대한 연합국의 엄격한 검열 제도와 동·서독 분단으로 산업 전반에 걸친 생산 체계가 해체되면서 영화사들도 붕괴된다. 또한 무차별적으로 수입된 헐리우드 영화들에 의해 독일영화는 존폐 위기에 이른다. 바로 이런 위기의 시기에 전후 독일 영화계는 오버하우젠 단편 영화제를 중심으로 단편 영화를 제작했던 젊은 감독들에 의해 다시 부활한다.

국제적으로 인정받고 있었던 독일의 **단편 영화들을 토대로 기존의 산업적 관심으로부터의 자유, 상업적 고려에서의 자유, 특정 그룹의 지배로부터의 자유를 추구하는 새로운 장편 영화**들을 만들어내려 했던 이들 신세대 감독들은 정부와 TV방송국, 영화감독들이 공동으로 설립한 작가영화 제작사로부터 보조금을 얻어내 진보적인 상업영화를 만들기 시작한다. 1971년 빔 벤더스를 중심으로 한 작가영화사가 설립되었고, 국영 텔레비전에 독일 영화를 상영함으로써 독일 영화가 재정적으로 안정을 찾게 된다. 안정된 재정 지원은 상업성에 의존하지 않은 예술 영화들을 만들 수 있도록 하였으며 실험적인 작품들을 창작하도록 부추겼다.

정치, 경제, 사회적 비판의 시각이 가장 두드러진 이 새 조류는 강한 실험성으로 세계영화의 한 획을 긋는 영화운동으로 평가받는다. 알렉산더 클루게, 폴커 슐뢴도르프, 라이너 베르너 파스빈더, 빔 벤더스가 대표 감독이다. 신독일영화가 추구했던 비판적 독일영화의 전통은 베를린영화제를 지탱하게 하는 정신이다. 1970년대 후반에 이르면 신독일영화 감독들은 국제적인 명성을 얻어 해외로 진출하여 대중성까지 확보하게 된다. 벤더스는 미국에 건너가 〈빠리, 텍사스〉를 만들었고, 폴커 쉴렌도르프는 〈양철북〉으로 아카데미 최우수 외국영화상을 수상한다.

한국 영화

어느 민족이나 국가 혹은 어느 단체나 분야를 통해 보면 거기에는 반드시 흥망성쇠의 단계가 있으며 변혁의 계기가 있다. 이 계기가 역사의 시대적 구분을 갈라놓는다. 영화사의 경우도 이와 비슷하다. 한국영화사의 경우도 사회적 측면과 예술적 측면에서 아래와 같이 몇 단계로 구분할 수 있다. 단 한국영화의 경우 해방전 일제의 정치적 영향력과 해방 후 정부의 감시와 검열이 지속적으로 엄격하게 가해졌기 때문에 그 구분 또한 사회적인 측면의 고려가 많이 작용하고 있다.

제1기 : 1919년 한국영화의 탄생으로부터 1922년까지의 연속활동사진극시대(탄생기)

제2기 : 1922년부터 1926년까지의 본격적인 극영화제작을 모색하고 모작을 시도한 시대(모방기)

제3기 : 1926년부터 본격적인 창작극에 손을 댄 1935년까지의 무성영화성장기(무성영화시대)

제4기 : 1935년부터 발성영화가 실현되던 1938년까지의 전환시대(토키시대)

제5기 : 1938년 일제의 탄압정책이 점차 노골화되어 가면서 제작상황이 부진했던 1942년까지의 공백기

제6기 : 1942년에서 1945년 해방에 이르기까지의 한국영화 말살정책기(말살기)

제7기 : 1945년 광복으로부터 1950년까지의 한국영화 부활기

제8기 : 1950년 6.25 전쟁으로부터 1954년까지 전시 기록영화들이 쏟아져 나온 전시 영화기

제9기 : 1955년에서 1963년까지의 한국영화 중흥기

제10기 : 1964년에서 1970년까지 4·19혁명, 5·16군사 쿠테타 등의 영향으로 두 번의 영화법개정과 영화감독에 대한 입건선풍이 일어난 검열 통제시대

제11기 : 1970년에서 현재까지의 발전과 시련기

한국 영화의 시작

1919년 10월27일 김도산 감독의 〈의리적 구토〉(義理的 仇討)가 단성사에서 개봉되었다. 그해 3·1 독립만세 사건이 있었음을 감안한다면 정치적 독립 열기와 함께 예술적 독립 열기가 무르익었던 시기였다고 볼 수 있다. 작고한 부친의 유산을 탐내는 계모 일파를 혼내주는 일종의 권선징악을 주제로 삼고 있는 김도산의 〈의리적 구토〉는 연극과 영화가 혼합된 연쇄 활동사진극이었다.

필요한 야외 장면들을 미리 촬영해 두었다가 무대에서 연극과 함께 공연했던 이 최초의 한국 영화는 이후 〈시우정〉(是友情)과 같은 사진극과 〈경성전시의 경〉(京城全市의 景) 같은 기록 영화를 가능하게 했다.

최초의 극영화는 1922년 윤백남의 〈월하의 맹서〉다. 당시 연극단이었던 민중극단의 이월화와 권일철, 문수일 등이 출연했던 이 영화는 불과 30분 짜리 소품이었지만 이후 발표된 〈국경〉과 함께 극영화의 효시를 이루었던 작품이다.

한국 영화계의 선구자인 나운규는 가장 중요한 인물이다. 극본 뿐만 아니라 주연, 감독까지 맡아서 완성한 〈아리랑〉은 항일정신을 담고 있는 민족 영화로 예술적으로도 아주 뛰어난 작품이다.

유성 영화

1935년 10월 단성사에서 개봉된 〈춘향전〉은 한국 최초의 유성 영화였다. 홍난파가 작곡한 영화주제가가 삽입되었고, 제작자였던 이필우는 녹음을 했다. 춘향 역에 문예봉, 변사또 역에 한일송, 이도령 역에 박제행 등이 출연했던 이 영화는 당시로서는 혁신적인 영화 제작의 산물이었다. 경성촬영소에는 조명 기구와 현상 시설이 확장되었으며, 시설과 장비가 현대화되었다. 이 영화는 상업적으로도 큰 성공을 거두었다.

〈춘향전〉은 한국 영화 발전에 커다란 충격을 주었으며 변화를 가져왔다. 첫째, 각 영화제작사들은 시설의 현대화와 자본의 대형화를 모색하지 않으면 안되었다. 둘째, 영화 제작에 관련된 기술의 발전을 부추겼으며, 셋째 연기자들의 실력 배양을 촉구했다. 또한 동시 녹음 방식이었던 관계로 연기자들과 기술자들의 협력이 절대적으로 필요했으며, 이는 영화인들의 상호 협조와 격려를 신장시켰다.

한국 영화는 구미영화처럼 과학기술과 여러 예술들이 발달된 상황 아래서 만들어진 것이 아니라 **퇴폐적인 신파 극단의 손으로 예술적인 차원을 추구하는 것보다는 대중영합의 수단을 목적으로 제작**되기 시작했다는 비극성과 후진성을 발견할 수 있다.

해방후의 한국 영화

1945년 해방과 함께 한국 영화계는 새로운 질서를 찾기 시작하였고, 다시한번 한국영화의 전성기를 맞이하게 된다. 최인규의 〈자유만세〉 등 광복영화와 함께 한국민족 한국 민족의 순교자와 항일 투쟁사를 소재로 한 영화들이 대거 등장하였는데, 윤봉춘의 〈윤봉길 의사〉, 〈유관순〉, 전창근의 〈해방된 내고향〉 등이 이때 발표되었던 작품들이다.

　1948년 정부가 수립되면서 안정된 분위기 속에서 예술적 의도가 돋보이던 작품들을 생산하던 한국 영화는 한국 전쟁으로 인해 휴전협정 때까지 3년동안 거의 공백기에 가까웠으며, 영화계의 손실은 치명적이었다. 많은 영화인들이 좌, 우 분열 분위기에 휩싸였으며, 다수가 납북되거나 월북하였고, 그도 아니면 미국 등으로 건너가기도 하였다. 그뿐 아니라 전쟁으로 인한 기자재의 파괴와 필름의 유실, 그리고 턱없이 부족한 물자로 인해 민간 차원의 영화제작은 꿈도 꿀 수 없는 상황이 되었다.

　영화계는 50년대 중반에 이르면서 몇 가지 발전적인 현상이 일어났다. 국산 영화에 대한 면세 조치와 10만 관객을 동원한 이규환 감독의 〈춘향전〉(1955)이 이룬 디딤돌이 바로 그것이다. 이후 이병일 감독의 〈시집가는 날〉(1956), 이강천 감독의 〈피아골〉(1958)이 발표되었다. 이 시기에 가장 주목받는 영화 감독은 유현목이었다. 〈교차로〉(1956년)와 〈잃어 버린 청춘〉(1957년)에서 사변 후의 사회 현실을 예리하게 포착했던 그는 한국 영화사상 가장 걸작으로 꼽히는 〈오발탄〉을 1961년에 발표한다.

7, 80년대의 모색기

　하길종, 이장호, 김호선 등이 젊은이들의 풍속도를 그리며 새로운 상업주의를 전개시킨 70년대는 영화의 수준이 전반적으로 떨어지면서 60년대의 영광을 잃어 가기 시작하였다. 그러나 김기영 감독의 〈화녀〉, 하길종의 〈바보들의 행진〉, 이장호의 〈별들의 고향〉, 이만희의 〈삼포가는 길〉, 김호선의 〈겨울여자〉, 이두용의 〈피막〉 등이 나와 그 동안 위축되었던 우리 영화계에 큰 위안을 주었다.

1980년대에 접어들면서부터 한국 영화는 예술성과 오락성이 공존하는 기업의 가능성과 함께 철저한 프로 의식을 갖추어 나가게 되었다. 80년대의 수확으로는 임권택 감독의 〈만다라〉, 〈안개 마을〉, 〈길소뜸〉, 이두용 감독의 〈물레야 물레야〉, 하명중의 〈땡볕〉, 배창호의 〈깊고 푸른 밤〉, 이장호의 〈나그네는 길에서도 쉬지 않는다〉 등이 있다.

90년대의 시련과 도약기

90년대에 들어와 한국 영화계는 영화산업의 존폐의 위기를 겪게 된다. **미국 메이저 영화사들의 직배 체계가 도입**되면서 한국 영화는 더 이상 관객들의 소박한 애국심에 의탁하거나 호소할 수 없게 되었던 것이다. 다양한 소재를 개발해야 했으며, 새로운 시각과 감각을 지닌 젊은 영화인들을 발굴해야 했다.

엄청난 물량이 투입되어 제작된 현란한 헐리우드의 영상물들이 미국 현지와 동시에 개봉되었으며, 감각적인 영상과 과감한 소재에 익숙해진 한국 관객들은 한국 영화에 대해 좀 더 근본적인 변화를 요구하기에 이르렀다. **일본 영화 수입** 및 년간 최소 106일-146일의 한국 영화 상영이라는 **스크린 쿼터**의 하향 조정까지 불거진 90년대의 한국 영화계는 시련의 시기였다. 97년 300편에 가까운 헐리우드 영화를 수입함으로 세계 10위의 헐리우드 영화 수입국이 되었으며, 년간 총 4000만 명이 헐리우드 영화를 봄으로써 한국 영화 관객의 4배를 넘은 현실 속에서, 그리고 아직도 효율적인 전국 배급망이 확보되지 않음으로써 안정적이고 지속적인 한국 영화 소개 및 배급이 이루어지지 않고 있는 현실 속에서 한국 영화의 자리는 과연 어느 만큼이어야 하는가는 90년대 말 한국 영화계의 피할 수 없는 화두가 된 것이다.

그러나 이러한 시련에도 불구하고 영화 제작자들과
감독들은 적극적인 응전의 태도를 보임으로써 한국 영
화는 조금씩 새로운 가능성을 엿보기도 한다. 90년대 중
반 이후 한국 영화계는 헐리우드의 블록버스터의 전략
에 관심을 보이게 되며, 98년 개봉된 〈퇴마록〉은 다양한
특수 효과와 화려한 볼거리로 헐리우드 블록버스터의
특징들을 차용한 영화라고 평가받고 있으며, 99년 개봉
되어 그 이전 해 전국 400만을 동원했던 헐리우드의 〈타
이타닉〉의 기록을 깨뜨림으로써 한국 영화 시장에서 흥
행 신기록을 수립한 강제규의 〈쉬리〉 역시 헐리우드 블
록버스터와 견줄 수 있는 영화를 표방했던 작품이다. 그
러나 하루 평균 10만 명을 동원했던 〈쉬리〉를 비롯한 이
들 영화가 채택한 블록버스터적 전략은 수십 개의 전국
극장에서 동시 개봉이라는 마케팅 전략이라고 볼 수 있
을 것이다. 물론 헐리우드 영상물과 견줄 수 있는 통쾌
한 액션 장면들, 나름대로의 탄탄하다는 평을 받고 있는
구성력, 그리고 액션과 멜로의 절묘한 결합으로 인해 20
대 여성들에게 강한 호소력을 발휘 한 점 등을 들 수 있
을 것이다.

이들 흥행에 성공한 한국 영화는 비록 헐리우드의 블
록버스터와는 견줄 수 없는 규모와 영상, 서사구조라 하
더라도 한국 영화의 새로운 가능성을 보여주었다는 점
에서 그 의의를 찾을 수 있다. 이들 작품에 뒤 이어 〈유
령〉, 〈자귀모〉, 〈인정 사정 볼 것 없다〉 등이 계속해서

퇴마록

자귀모

94

쉬리

흥행에 성공하고 있다는 것은 새로운 기술과 아이디어, 그리고 상업적 전략이 맞물린다면 한국 영화 산업의 발전 가능성이 모색될 수 있다는 점에서 관심을 갖고 지켜볼 필요가 있을 것이다.

물론 이에 대한 반발도 만만치 않다. 예컨대 〈쉬리〉 같은 작품이 한정된 규모의 한국 영화 시장을 잠식하여 다른 영화들이 들어 설 자리를 빼앗는다는 비판이다. 다양한 영화 제작을 차단하고 소비 시장의 불균형을 야기하여 결국 한국 영화 산업의 위축을 초래할 것이라는 이런 식의 주장에도 충분한 근거가 있을 것이다. 반면 이런 영화를 제작하여 배급함으로써 냉담한 관객들을 극장으로 불러들인다면 결국 한국 영화 시장이 확대된다는 주장도 가능할 것이다. 또한 영화가 상업적 이익을 무시할 수 없는 산업이라면 어차피 한국 영화계가 흥행 수입을 올릴 수 있는 블록버스터 영화에 무관심할 수는 없을 것이라는 점도 분명하다.

그렇다면 막대한 제작비를 투자해 한정된 한국 시장만을 겨냥해서 출시되는 영화의 한계를 극복해야 한다는 결론을 내릴 수 있을 것이다. 헐리우드 영화들이 세계 시장을 겨냥해 취했던 전략처럼 한국 영화도 한국 시장을 뛰어 넘어 세계 시장에서 통할 수 있는 전략의 개발, 그러니까 보편적 소재 확보와 좀 더 효과적인 기술 개발에 노력해야 할 것이다.

90년대 한국 영화의 가능성을 보여 주었던 작품으로

는 〈서편제〉를 필두로 〈접속〉, 〈여고 괴담〉, 〈8월의 크리스마스〉, 〈퇴마록〉, 〈은행나무 침대〉와 〈쉬리〉, 〈아름다운 시절〉, 〈인정사정 볼 것 없다〉, 〈유령〉, 그리고 〈자귀모〉를 들 수 있으며, 이들 영화는 다양한 장르별로 각기 다른 소재를 감독 특유의 시각이 담긴 새로운 영상으로 담아냄으로써 소재와 표현 형식에서도 이전까지의 영화들과 차별성을 보였으며, 다양한 관객층을 확보할 수 있었던 작품들이다.

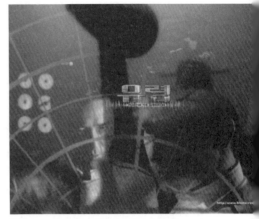

유령

해방 후 한국 영화 속의 여성 이미지들

한국 영화 속에서 여성들은 가부장제에 순종하는 전통적 여성들이 대부분이었다. 해방 후 60년대까지 한국 영화 속의 여성들의 모습은 과거의 관습과 자신에게 씌워진 운명의 굴레 속에서 순종적이고 희생적으로 살아야 했던 비운의 여성들이 대부분이었다. 물론 성과 경제적 측면에서 남성들에 대한 의존적 태도에서 벗어나 적극적인 자립을 추구하는 파격적인 여성들이 등장하기도 했으나 그들은 대부분 파멸의 길로 들어서야 했다.

예컨대 한형모의 〈자유부인〉(1956)에서 향락과 육욕에 젖어 가정에서 일탈하는 여성인 오선영은 당시 소비와 향락을 추구했던 부유층 여성들의 부정적 모습이어서 사회와 가정 모두로부터 버림받는 여성으로 그려지고 있다. 또한 김기영의 〈하녀〉(1960)에 등장하는 아내 역시

인정사정 볼 것 없다

서편제

가부장제의 굴레 속에서도 가정을 지키기 위해 대담하고 적극적으로 행동하는 여성이지만 파멸에 이름으로써 남성에 대항하는 적극적인 여성을 인정하지 않았던 당시 시대상을 보여준다.

이에 반해 신상옥의 〈사랑방 손님과 어머니〉(1961)에서는 봉건적 관습과 자유 연애 감정 사이에서 번민하다 결국 자신의 운명만을 탓하며 주저앉고 마는 젊은 과부 정숙의 수동적 여성상을 그리고 있으며, 〈빨간 마후라〉(1964)에서도 전쟁 미망인 지선 역시 철저하게 남성에 의존적이고 남성의 보호를 항상 필요로 하는 여성으로 등장한다.

60년대 이후 한국 영화에 지속적으로 등장하는 또 다른 여성의 모습은 정진우의 〈초우〉(1966)에서처럼 하층 계급의 여성들이 신분 상승을 꾀하기 위해 남성에게 접근하고 의존하지만 좌절됨으로써 산업화 과정에서 당시의 많은 하층 계급의 여성들이 겪었던 사회적 절망, 그러니까 우리 사회에서 신분 상승이 원천적으로 불가능하다는 것을 대변하는 인물들이다.

70년의 영화에 등장하는 여성들은 고향을 떠나 도시로 올라오지만 불행에 빠지고 마는 불행한 여성들과 당시 암울한 사회상과는 전혀 무관한 듯이 개인적 쾌락의 삶을 추구하는 여대생들의 모습으로 대별된다. 김호선의 〈영자의 전성시대〉(1975)를 필두로 일련의 호스티스 영화들은 대도시에서 창녀로 전락하는 여성들의 모습을 그리고 있으며, 하길종의 〈바보들의 행진〉(1975)에서 영자는 영화 속의 남자 대학생들이 시대의 아픔을 겪고 있는 모습과 달리 발랄하지만 전혀 현실에 대한 고민이나 아픔도 없이 그저 개인적 즐거움이나 결혼 같은 사소함에 몰두하는 가벼운 여대생으로 그려지고 있다. 한편 70년대 여성상 중에서 김호선의 〈겨울여자〉(1977)에 등장하는 이화는 이전의 남성 의존적 여성과 구별된다. 남성들과 자유로운 성관계를 통해 자신의 정체성을 깨달아 가는 파격적인 여성으로 등장하는 이화는 남성들과의 관계에서 항상 상처받는 이전의 여성상에서 벗어나 한 인간으로 성장해 가는 새로운 여성상으로 그려지고 있다.

80년대 검열 제도의 완화는 정인엽의 〈애마부인〉(1982)을 필두로 여성들을 더욱 성적 상품화로 내몰고 여성의 욕망을 볼거리로 전락하게 하지만, 이장호의 〈바보선언〉(1983)은 창녀 혜영을 상류층 남성들에 의해 철저히 파괴되고 죽음에 이르는 모습으로 그림으로써 당시 사회의 비인간성과 물질주의의 천박함을 고발하고 있으며, 배창호의 〈깊고 푸른 밤〉(1984)에서는 한 여인의 죽음을 통해 개인의 상처를 치유해주지 못했던 80년대 사회의 비정함을 고발하고 있다.

90년대 영화 속의 여성들의 모습은 다양하게 그려지고 있다. 신세대 전문직 여성들이 등장하며, 그들은 적극적으로 자신들의 삶을 꾸려나가려고 한다. 동시에 여전히 남성들과의 관계에서 의존적인 모습에서 완전히 벗어나지 못하는 한계도 드러내고 있다. 김의석의 〈결혼이야기〉(1992)에는 전문직에 종사하며 자기 주장을 굽히지 않는 한 여성의 적극적인 삶의 모습을 그려지고 있으며, 이광훈의 〈닥터 봉〉(1995)에서는 일과 사랑에서 적극적이고 개방적이면서 동시에 모성애도 보여주는 신세대 여성이 그려지고 있다. 그들에게서 어두운 모습은 발견되지 않는다. 반면 박광수의 〈그들도 우리처럼〉(1990)에서 탄광촌의 다방 종업원은 과거의 상처와 어두운 그늘에서 아직 벗어나지 못하는 하층 계급의 불행한 여성으로, 이창동의 〈초록물고기〉(1977)에서는 비록 순수한 영혼을 지니고 있지만 사회의 어두운 구석에서 빠져 나오지 못하고 있는 여성으로 그려지고 있다. 바로 이런 점에서 한국 영화 속 여성들이 이미지가 아직은 중심에 있지 못하고 보조적 역할에 머무른다고 말할 수 있을 것이다.

한국의 독립 영화

다른 예술보다 자본의 압력을 많이 받는 영화는 자본과 배치되거나 자본의 논리에 위배될 때, 그러니까 체제 고발적이거나 흥행성이 없을 때, 심각한 저항에 부딪힌다. 영화가 지닌 이러한 **상업성으로부터 자유로워지려 할 때 독립 영화가 탄생**한다. 한국의 독립 영화는 체제 비판적인 운동권 영화에서 출발했다.

운동권 영화는 90년대 이전의 억압적 사회에 대항하는 중요한 매체로써 자신의 정체성을 드러내고 있다. 기존 사회체제에 대한 강한 비판과 더불어 새로운 사회의 전망을 모색하려 했던 운동권 영화의 대표작은 '장산곶매'의 〈파업전야〉(1989)다. 전국에서 30만 이상을 동원하는 상업적 성공까지 거둔 이 작품은 대중들에게 충무로 밖에도 영화를 만드는 사람이 있다는 것을 알리는 계기가 되었다. 〈파업전야〉의 성과는 '청년'의 〈어머니, 당신의 아들〉, '장산곶매'의 〈닫힌 교문을 열며〉로 이어진다.

이런 집단적인 작업의 성과 외에 순수한 개인 예술을 지향한 배용균 감독의 〈달마가 동쪽으로 간 까닭은?〉(1989)은 〈파업전야〉와는 또 다른 축으로써 커다란 의미를 지니는 독립 영화계의 사건이었다. 이런 움직임은 90년대 중반을 넘어서면서 정치상황의 변화에 따라 새로운 모습의 영화를 요구하였고, 이젠 권력으로부터의 독립이라는 의미보다 자본으로부터의 독립의 의미가 강한 영화들이 등장하기 시작했다. 이 가운데 몇 개의 단편 영화들은 상업 영화에서도 잘 보여지지 않은 완성도를 보이고 있다. 이재용, 변혁 감독의 〈호모 비디오쿠스〉(1992)가 해외 단편 영화제에서 수상을 하게 됨으로써 독립 영화는 해외 영화제를 통한 보급이라는 새로운 전망을 갖게되었다. 그 뒤 단편 영화 최고의 제작비가 투입된 김성수 감독의 〈비명도시〉(1993)가 등장했는데 완성도에 있어서 상업 영화를 능가하는 것이었다. 또한 1994년 삼성 나이세스에서 주관한 서울 단편 영화제가 생겨나면서 단편 영화에 대한 위상이 제고되고 단편 영화 제작붐이 일어나고 있다.

1999년 한국 단편 영화는 일약 화려한 전성기를 맞이한다. 무려 스무 편이 넘는 단편 영화들이 각종 해외 영화제에 출품되거나 초청 받아 한국의 영상을 선 보였다. 국제 시장에서 한국의 단편 영화는 이미 질적으로 국제적 수준으로 인정받고 있으며, 소재의 다양화와 다기화를 통한 우리 삶의 영상적 표현을 통해 새로운 가능성을 향해 달리고 있다. 제 52회 깐느 영화제 경쟁 부문에 〈소풍〉(송일곤), 〈집행〉(이인근), 〈동시에〉(김성숙), 〈영영〉(김대현)이 진출하여 〈소풍〉이 심사위원 대상을 수상했으며, 〈집행〉은 제 14회 발렌시아 영화제에서 동상을 수상하기도 했다. 그 외 세계 최고의 수준을 자랑하는 끌레르몽 페랑 영화제에 〈소년기〉(임필성)와 〈동창회〉(최진호)가, 끌레르몽 페랑 영화제와 함께 세계 단편영화제 양대 산맥으로 평가받고 있는 오버하우젠 영화제에 〈은실〉(김지훈)이, 세계 최대 단편영화제인 함부르크 영화제에 〈체온〉(유상곤)이, 세계 최고의 역사를 자랑하는 몬테카를로 영화제에 〈액체들〉(고은기)이, 안시 국제 애니메이션 영화제에 〈덤불 속의 재〉(이성강)가 참가 한 것을 비롯 다양한 한국 단편 영화들이 국제 영화제에서 평가받고 있다. 이들 한국 단편 영화들은 이야기 구조보다 간결하고 정제된 이미지를 중시하고 있다는 점이 특징이다.

그렇다면 최근의 한국 단편 영화가 이렇게 성공을 거둔 이유는 무엇인가?

100

첫째, **시선의 다양성과 작품의 질적 완성도**를 들 수 있다. 이러한 성과의 배후에는 80년대부터 지속되어 온 다양한 단편 영화 제작의 역사와 역량이 도사리고 있다.

둘째, 작품의 완성도는 열악한 조건에도 불구하고 과거 오랜 기간에 걸쳐 **지속적으로 작품을 발표해 온 감독 개인의 역량**에 의존하고 있다.

셋째, 최근에 이르러 **단편 독립영화 전문 배급회사가 등장**했다는 점일 것이다. 이들 배급회사는 세계 시장에 한국의 단편 영화를 소개하고 체계적인 배급을 위한 적극적인 마케팅 전략을 통해 단편 영화의 상업성을 확보하여 확대 재생산을 꾀함으로써 감독들에게 안정된 작품 활동 기반을 마련해주고 있다. '인디스토리'나 '미로비전' 같은 전문 배급회사의 등장은 과거 개별 감독들의 간헐적이고 개인적인 노력에 의해 단편 영화들이 소규모로 배포됨으로써 열악함을 벗어나지 못했던 단편 영화 시장을 개척하고 확장하는 데 큰 몫을 하고 있다.

넷째, **1998년부터 시행된 영화진흥위원회의 소형 단편영화 사전 제작비 지원**을 들 수 있다. 최소한의 경제적 보상을 위해 시작된 이 사업은 작지만 단편 영화 감독들의 창작 의욕에 도움을 주고 있다. 또한 비디오 전문회사인 '영화마을'이 추진하고 있는 제작비 지원도 단편 영화의 활성화 가능성을 높이고 있다.

그렇다면 이런 식으로 조성된 한국 단편 영화의 지속적인 진흥 방향은 무엇일까? 한국 단편 영화가 작은 성과에 만족하지 않고 좀 더 성숙하려면 어떤 과제를 풀어내야 하는가? 그것은 **단편 영화의 지속적인 재생산 구조의 확보**일 것이다. 그러기 위해서는 적어도 다음과 같은 문제가 해결되어야 할 것이다.

첫째, 단편 영화 보급 채널이 안정되어야 한다. 현재 활동하고 있는 전문 배급회사들의 철저한 시장 개발과 소개가 요구된다.

둘째, 단편 영화 상영을 위한 전용관 신설이 필요할 것이다. 현재 단편 독립영화가 당면하고 있는 가장 큰 문제는 독립 영화의 대다수를 이루는 단편 영화가 적절한 국내 상영 공간을 가지고 있지 못하다는 점일 것이다. 독립 영화가 상업영화만큼의 제작 편수를 자랑하고 있는 현실 속에서 많은 대중예술 작품이 대중을 만나지 못하고 사장된다는 것은 엄청난 손실이 아닐 수 없다. 그나마 1999년에 들어와 일부 공간이 마련된 점은 다행한 일이지만, 영화 인구의 저변 확대와 한국 영화의 질적 비약을 위해서 현재 '동숭아트센터'나 '아트선재센터'가 시도하고 있는 간헐적이고 행사적인 단편영화상영에서 벗어나 다양하고 지속적인 **단편 영화 상영을 위한 일상적인 상영 공간의 확대**가 마련되어야 할 것이다.

셋째, 90년대의 훌륭한 단편들을 발굴해 냈으면서도 4회로 중단된 서울단편영화제의 예에서 확인할 수 있듯이 현재 부산 국제영화제나 부천영화제 외에도 다양한 단편영화제가 개최되어야 할 것이다.

넷째, 소재의 다양화를 인정하는 풍토 조성이다.

다섯째, 영화진흥위원회의 사전제작 지원팀의 활동이 좀 더 활성화되어야한다.

마지막으로 영화인들의 노력이 필요하다. 일부 영화인들에게서 확인되는 자아도취성에서 벗어나 좀 더 전문적이고 완성도 높은 영화 만들기 기술의 개발과 독창성을 바탕으로 자유로운 창작 의지가 발휘되어야 할 것이다. 왜냐하면 단편 영화는 이제 개인적인 습작품이나 창작물을 뛰어 넘는 문화 상품이기 때문이다.

한국 애니메이션 영화

최근 한국 영화계에 〈돌아 온 영웅 홍길동〉, 〈헝그리 베스트 5〉, 〈아마게 돈〉, 〈누들 누드〉 등과 같은 몇 편의 장편 애니메이션이 등장함으로써 한국 애니메이션 산업은 새로운 전기를 맞이하는 듯하다. 작품 제작 조건이 다분히 자본집약적이어서 영세성을 벗어나지 못했던 한국 애니메이션 산업이 일부 대기업 자본이나 방송사 자본이 투입됨으로써 헐리우드와 일본의 요청에 따라 그림만 그려주던 하청 산업의 모습을 조금씩 벗어나고 있다. 미국과 일본식의 체계적인 제작 공정 확립과 녹음에서의 스타 시스템을 도입함으로써 시장성을 확보하고 있는 것이다.

그러나 한국 애니메이션의 현재 모습은 아직은 그리 밝지 못하다. 기 발표된 작품들에 대한 관객들의 반응이 기대에 못 미쳤기 때문이다. 이는 자본 동원력이나 기술력에서 선진국에 크게 뒤질 게 없는 한국 애니메이션계에 작품 전체를 감각적으로 읽어낼 수 있는 전문 제작 인력이, 그 중에서도 독창적 안목을 지닌 작가들이 실제로 현장에 그리 많지 않다는 점에 그 원인의 일부를 돌릴 수 있겠다. 문화 산업이 자본만으로 이루어지지 않을진대 장기간에 걸친 풍성한 문화적 배경과 토양이 구축되지 않는다면 한국 애니메이션의 미래도 간단하지 않을 것이다. 그렇다면 이에 대한 해결책은 없는가? **한국 애니메이션도 극영화의 경우처럼 새로운 소재와 표현의 유입이 필요하며, 그 공급원은 독립 단편 애니메이션 작가들의 활동**에서 발견되어져야 할 것이다. 또한 대규모 극장 상영이 어차피 시장성 때문에 그 한계가 있다면 **다른 매체를 통한, 예컨대 텔레비전을 이용한 지속적 상영 시간 확보**가 보다 효과적일 수 있겠다.

실제로 '퓨처 아트'를 위시하여 문화 예술적 가치를 지닌 단편 애니메이션 작품들을 발표해 온 창작 집단들의 최근 활동은 눈여겨볼 만 하다. 95년 제 1회 서울 국제 애니메이션 영화제에서 대상을 차지한 나기용의 〈Subway〉와 현재 단편 애니메이션 영화제 중 최고의 권위를 자랑하는 히로시마 국제 단편 애니메이션 페스티벌에서 한국 최초로 본선에 입선한 정동회의 〈Open〉과 같은 단편 애니메이션은 단순한 볼거리나 여흥의 대상으로서가 아니라 그 독창적 표현 방식과 시각의 다양화로 애니메이션의 새로운 가능성을 열어 놓은 작품들이다. 메시지가 강하고 실험성이 돋보이는 이들 단편 애니메이션은 현재 일부 매니아들 사이에서만 통용되고 있지만 치열한 작가 의식과 실험성을 바탕으로 진행되고 있는 이들 애니메이션이 좀 더 많은 대중들에게 다가설 때 한국 애니메이션은 좀 더 깊고 넓게 발전할 수 있을 것이다. 탁월한 상상력을 바탕으로 풍부한 시각적 이미지를 통해 사물에 생명을 불어넣는 애니메이션 작가들이야말로 바로 새로운 영상 시대를 열어 가는 사람들이 아니겠는가?

한국 영화 산업의 미래

새로운 천년을 눈앞에 둔 세기말 한국 영화는 향후 과연 어떻게 성장할 것인가? 영화 개개의 작품인 소프트웨어의 발전만으로 한국 영화가 경쟁력을 갖출 수 있을까? 한 나라의 문화 예술의 척도로 평가받고 있는 영화가 과연 어느 정도 자생력을 지니고 있는 것일까? 한국 영화에 관심 있는 자라면 의당 심각하게 되물을 수밖에 없는 문제들일 것이다.

어차피 영화가 산업일 수밖에 없고, 국제 경쟁 시장에서 상품성을 인정받아야 살아남는 문화품이라면, **영화 산업에 대한 국가적 차원의 관심과 지원은 필수적**일 수밖에 없다. 이는 영화 선진국인 프랑스와 일본 뿐 아니라 세계 시장을 석권하고 있는 미국의 경우도 마찬가지다. 실제로 미국은 전미영화협회(America Film Market Association)라는 조직을 통해 체계적이고 지속적으로 세계 영화 시장을 조사하고 자국 영화를 소개하고 있으며, 정부에 대해 각종 압력을 행사하고 있다. 또한 프랑스의 경우 방송과 연대하여 자국 영화의 일정 상영 비율을 강제하고 있으며, 일본의 경우 전국 주요 도시에 일본 영화 전용관을 설립, 지원, 운영하고 있다. 한국 영화가 경쟁력을 갖추기 위한 정부의 최소한의 지원책이 구비되어야 하는 것도 바로 이 때문이다.

현재 정부가 계획하고 있는 문화산업진흥책은 년간 500억 이상 영화 산업 지원, 영화 산업의 투명화와 건실화를 위한 통합 전산망 구축, 현행 스크린 쿼터제의 유지 등으로 요약될 수 있다. 그러나 99년 후반기 현재 그 어떤 분야에서도 가시적인 성과를 엿볼 수 없다. 또한 대기업의 자본이 빠져나가고 있는 현 시점에서 방송 자본의 유입과 방송 프로그램과의 연대를 통한 한국 영화 의무 상영 기준도 하루 빨리 제정되어야 할 것이다.

일본 영화

일본 영화가 서양을 처음으로 정복한 것은 구로자와 아끼라의 〈라쇼몽〉이 1951년 베니스 영화제에서 대상을 수상했을 때다. 이 작품 이후 이전까지 서양의 관객들에게 알려져 있지 않던 구로자와를 위시한 미조꾸지 겐지, 오즈 야스지로, 기누가사 데이 노수께, 이찌가와 곤 등의 일본 감독들이 창작력이 풍부하고 감동적인 영화들을 발표하기 시작한다.

일본 영화는 서양의 영화들보다 10년 정도 늦은 상태에서 시작한다. 시기적으로 뒤늦은 점 외에 일본 영화가 지니고 있던 자체 문제도 영화의 발달을 지연시켰던 요인으로 작용한다.

1920년대 중반까지 일본 영화에는 여자가 등장하지 않았다. 여자역은 오야마라 불리는 남자배우가 대신했다. 이런 식으로 **자연스러움을 희생**했던 일본 영화는 연극적 전통에 묶여 있었으며, 1905~1915년이라는 기간 동안 서양 영화와 달리 자연성과 자발성을 회복하려는 움직임은 찾아 볼 수 없었다.

둘째로 일본영화는 항시 관객에게 영화를 설명해주는 해설자를 두었다. **벤시(辯士)**라 불리는 해설자의 존재는 즉흥적이고 가변적이라는 장점도 있었지만 영화 그 자체의 문법과 수사학을 무시했다는 한계를 지니고 있었다. 영화 밖에서 사람이 말하기 때문에 영화는 자신의 고유한 독특하고도 강력한 어휘로 말할 필요가 없었던 것이다. 이에 반해 그리피스나 에이젠스타인 같은 초기의 서구 영화의 거장들은 모두 순수하게 영화적인 시각 언어로 영화 문법을 개척해 나갔다. 일본영화에 사운드가 발을 내린 것은 서양보다 10년이 늦은 때였다.

반면 일본 영화 산업은 상업적, 기술적, 정치적으로 동등한 시기에 세계의 영화들과 경쟁 할 수 있는 이점도 지니고 있었다. 우선 일본 영화는 **스튜디오 시스템에서 제작**되었다는 점을 들 수 있겠다. 1912년 창설되어 30년간 크나큰 실적을 올린 오즈의 스튜디오인 '쇼시구', 1930년에 설립되어 몇몇 소규모 회사를 합병한 구로자와의 스튜디오이자 〈고지라〉와 같은 괴물영화의 개척, 그리고 자체적으로 와이드 스크린의 일종인 도호스코프를 개발해 낸 '도호', 그리고 전시중에 설립되어 〈라쇼몽〉의 제작을 맡았고 미조구찌의 후기작품들을 제작한 '마이에이' 등이 주요 회사들이다.

이러한 스튜디오 시스템의 성과는 양적으로 증명된다. 일본 영화사들은 매년 정기적으로 400편 이상의 영화를 제작하여 헐리우드의 스튜디오 황금시대에 비견될 수 있었으며, 1950년대에는 미국에서 제작된 편수를 넘어섰다. 이러한 **대량생산**은 질적으로 낮은 영화들이 양산된다는 점과 함께 매년 중요한 영화들이 나와 영화 예술을 발전시킨다는 측면도 있다.

일본 스튜디오 시스템의 장점으로는 시스템이 제작자나 배우들이 아닌 감독들에 의해 설립되었다는 점이다. 일본의 프로듀서는 헐리우드의 선임 조감독, 그러니까 제작자의 조수로서 비교될 수 있다. 제작도중 자질구레한 일은 다 맡지만 결정을 내리지는 못한다.

일본 감독들은 영화 속의 스타들보다 관객들에게 더욱 인기가 있다. 일본 영화를 보면 배우들보다도 먼저 감독의 이름이 나온다. 결과적으로 일본 영화의 스타들은 서양의 스타들보다 돈도 적게 벌고 막강한 지위를 누리지도 못한다. **일본 감독들은 자신의 제작회사에서 가부장적인 위치**를 가진다. 곧 일본 사회의 반영과도 같다.

그러나 헐리우드보다 편하고 덜 경쟁적이라는 장점에도 불구하고 이와 같은 시스템의 단점으로는 첫째, 오랜 기간 숙련기간을 거쳐야 한다는 점, 둘째, 가부장적인 시스템은 평범함이나 무능함을 고착시킨다는 점을 들 수 있다. 평범하다고 해서 가족 구성원에서 제외되는 것은 아니기 때문이다.

일본영화가 다루는 주제는 미국영화의 주제와 대단히 유사하다. 일본영화는 분명한 장르로 나뉘어진다. 지다이게끼라는 일본 시대극과 젠다이게끼라는 현대극이다. 이 두 가지 장르 밑에 많은 하위 장르가 있다. 우선 시대극만 해도 도꾸가와 시대, 명치 시대 등으로 구분되고, 현대극도 서민극(중류계층으로 다룬 코미디), 모정 영화(어머니와 그 자식들간의 관계를 다룬 영화), 마루라 영화(여성에 있어서 결혼의 어려움), 넌센스 영화(소극), 젊은이들 영화(1950-60년대 헐리우드 영화의 대표적 장르와 비슷한 류) 등으로 나뉜다.

일본의 대표적인 영화들은 하나같이 한 가지 집중주제를 다룸에 있어 경제적이다. **집중성과 대칭성**이다. 플롯의 모든 사건, 모든 등장인물, 모든 시각적 이미지 그리고 대사들을 영화의 단 한가지 주제적인 질문을 던지기 위해 연결되며, 대칭성에 근거한 연관되고 유기적인 구성이 특징이다.

일본의 인디 영화

한 동안 침체를 면치 못했던 일본 영화는 90년대에 들어와 다시 부활한다. 그리고 그 뒤에는 20년 이상 지속된 일본의 독립 영화 운동이 있었다. 일본의 메이저 영화사들이 헐리우드 영화의 수입과 배급을 위주로 사업 영역을 바꾼 것과 달리 연간 250~300 편이 제작되는 일본의 독립 영화는 일본 영화를 새로운 방향으로 이끌었다.

1996년 일본 흥행 1위를 차지했으며, 다음 해 미국에서도 개봉되어 천만 달러 이상의 수입을 올린 영화 〈Shall We Dance?〉는 인디 영화 작가 스오 마사유끼의 작품이다. 또한 개성적 색채와 독창적 화면 구성, 절제된 대사, 사진 같은 영상으로 일본의 영화를 세계에 알린 〈하나비〉도 독립 영화 감독의 전형이라고 할 수 있는 기타노 다께시의 작품이다.

일본 독립 영화의 발전에는 적어도 두 가지의 조건들이 충족되었기 때문이다. 하나는 **단관이라 불리는 초미니극장을 통한 독립영화들의 상영**이다. 전국적으로 흩어져 있는 40~250 석 규모의 단관을 통해 일본의 독립 영화들은 상업적 영화에 식상한 관객들과 만날 수 있었고, 감독들에게는 자신들만의 독창적인 영화를 만들 수 있게 하였다. 다른 하나는 **일본 위성 방송을 통한 일본 영화 고정 상영**이다. 일본 영화의 메카라고 할 수 있는 가부키초 거리에는 수십 편의 일본 영화가 매일 상영되고 있을 정도로 일본 영화는 다양한 분야에서 새롭게 부활하고 있다. 〈원령 공주〉와 〈실락원〉이 서로 공존하며 흥행에 성공했으며, 이마무라 쇼헤이의 〈우나기〉는 97년 깐느에서 대상을, 기타노 다께시의 〈하나비〉는 베니스에서 황금사자상을 수상했을 정도로 해외에서도 인정받고 있다.

컬트영화

주로 독립 영화 제작자들에 의해 만들어지고 소수의 영화광들에 의해 선택되는 컬트영화는 명쾌한 정의를 내리기가 쉽지 않은 유형의 영화를 말한다. **그러니까 컬트영화는 주류에서 벗어난 반 장르적, 혹은 탈 장르적 영화들을 뭉뚱그려 지칭**한다고 볼 수 있겠다.

영화 역사가들이 평가하는 최초의 컬트영화는 초창기 무성 영화 시대에 전혀 엉뚱한 상상력으로 만들어 낸 조르주 멜리에스의 〈달나라 여행〉(1902)이다. 이후 1차 세계대전 이후 독일의 표현주의 영화를 시작으로 3,40년대의 실험 영화를 거쳐 5,60년대에는 미국의 지하 영화들이 컬트영화의 맥을 이어간다.

거칠고, 난폭하며, 날카롭고, 익살스러우며 엉뚱했던 이들 영화들의 배경에는 제도권에 반항하는 당대의 신세대들의 사유, 그러니까 **자유주의적이며, 탐닉적이고, 반전 의식과 정체성 상실 등과 같은 의식**들이 깔려 있었다. 60년대의 대표적 컬트영화는 이제는 전통의 흐름 속에 합류했지만 당시로서는 파격적이었던 미국의 뉴웨이브 영화들 중에서 데니스 호퍼의 〈이지 라이더〉를 꼽을 수 있다.

1970년대로 접어들면서 컬트영화는 **시각적, 청각적, 공감각적으로 더욱 현란하고 화려하며, 동시에 앞뒤가 맞지 않는 우연이 남발되는 플롯과, 다양한 이질적인 장르가 혼합된 정체 불명의 탈장르적 영화**로 발전한다. 짐 셔먼 감독의 〈럭키 호러 픽쳐 쇼〉(1975)나 데이비드 린치의 〈이레이져 헤드〉(1977)가 그 대표적 영화라고 할 수 있다. 충격적이고 도발적인 영상을 통해 전쟁과 인종 편견, 권위주의를 비판하고 반전, 반체제적 성향을 노골적으로 드러내며, 개인의 선택과 가치를 최우선으로 삼고, 꿈과 현실의 모호한 공존을 초현실적으로 표현하는 등 영화 서사의 고정 관념이나 상식, 형식 등을 거부하고 있기 때문에 젊은 세대들의 감각과 잘 맞아 떨어졌다.

컬트영화는 항상 변한다. 지난 시대의 컬트는 전통으로 귀속되기 때문에 평범하지 않고 일상적이지 않으며, 상투적인 아닌 길을 찾아다녀야 하는 컬트영화는 이런 식의 운명을 지닌 영화일 것이다. 영화광들이 공감할 수 있는 소재를 찾아 헤매야 하며, 흥행의 유혹에 빠지지 않아야 한다. 사회의 정치적, 도덕적, 종교적 금기 사항을 항상 건드리고 파괴해야 하며, 동시에 영화광들의 찬사도 받아야 한다. **항상 변하고 미래를 지향하는 영화, 딱 잘라 말할 수 없는 이상한 영화, 문명 비판적 영화, 그리고 이단의 영화며 자유로운 영화가 컬트영화다.**

토론할 거리

1. 비토리오 데 시카의 〈자전거 도둑〉에 나타난 이탈리아 신사실주의 영화의 특징에 대해 토론하시오.

2. 미국 정부가 주장하는 스크린 쿼터제 폐지가 한국 영화에 미칠 영향을 장점과 단점으로 구별하여 토론하시오.

3. 헐리우드 블록버스터와 경쟁하기 위해 최근 한국형 블록버스터 영화들이 등장하고 있다. 한국형 블록버스터가 한국 영화 발전에 어떤 영향을 주고 있다고 생각하는가?

4. 한국 애니메이션의 시장성과 활로에 대해 토론하시오.

III
영화헤쳐보기

THE GINGKO BED 은행나무침대

A FILM by KANG JE GYU

이 책의 서두에서 영화의 예술성에 대한 언급이 있었지만 이제 영화의 예술성을 따라잡기 위해 어떻게 영화를 분석하고 해쳐보아야 하는지를 살펴보아야 할 것이다. 영화를 통해 우리가 목격하는 것은 실제 대상은 아니다. 영화는 만들어지는 것이다. **영화의 예술성에 대한 이해는 한 편의 영화가 인간의 노력에 의해 가공되는 것이라는 인식에서 출발**해야 한다.

예술 작품을 얘기할 때 우리는 평가를 내린다. 즉 그 작품의 좋은 점과 나쁜 점에 대해 주장한다. 물론 이 경우 개인적 선호도가 깊숙히 개입한다. 그러나 앞에서 이미 언급한 것처럼 영화의 질을 평가할 때 개인적 선호도만으로는 충분하지 못하며, 더욱이 평가의 기준이란 많은 작품을 판단하는 데 적용되어야만 한다. 어떤 사람들은 영화가 현실에 대한 그들의 관점과 일치하는가의 여부, 그러니까 사실주의적 기준에 의거하여 영화를 평가하기도 한다. 그러나 예술작품들은 때때로 현실 법칙을 위반하면서 그 자체의 내적 규칙에 의해 지배되기도 한다.

또한 영화를 평가하는 데 도덕적 기준을 이용하기도 한다. 이 경우 영화의 형식체계 내에서 전후맥락을 떠나 영화의 양상들을 판단함으로써 편협한 평가이기 쉽다. 그렇다면 사실주의적, 도덕적 평가 기준과는 별개로 **영화를 예술적 통합체로 평가하는 기준이 있어야 할 것이며, 그러한 기준은 영화 형식을 가능한 한 많이 고려할 수 있는 것이어야** 할 것이다.

우리가 예술 작품을 통해 기대하는 것은 무엇인가? 우리는 왜 음악에서 일정한 형식을 기대하고, 영화에서 일정한 형식을 기대하는가? 다시 말해서 우리는 왜 **특정한 예술 작품이 어떤 식으로 구조화되기를 요구**하는가? 음악을 듣다가 갑자기 그칠 때 실망하는 이유는 무엇인가? 그렇다면 예술 작품에 대한 우리의 경험이란 어떤 형식으로든 유형화되고 구조화되어 있는 것은 아닌가?

어떤 예술 작품에서든 형식은 가장 중요하다. 음악은 단순한 소리가 아니며, 소설은 단순한 언어 기호일 수 없다. 한 편의 그림은 선과 색채와 모양과 결을 이용하여 감상자에게 특정한 신호를 보내고, 감상자는 이를 지각하여 특별한 행위로 발전시킨다. 따라서 **예술 작품에 사용되는 재료들은 무작위로 던져지는 것이 아니라 체계적으로 선별되고 배치됨으로써 나름대로의 형식을 유지**해야 한다.

영화도 마찬가지다. 관객들은 영화를 볼 때 개별 단위들이 아니라 전체로서의 영화 작품 한 편을 감상한다. 그리고 그 특정 작품 한 편의 이해가 궁극적 목표일 때 감상자는 그것을 이해하는 데 필요한 접근 방법을 갖고 있어야 한다. 바로 영화라는 형식이 의존하는 영화 양식 체계들에 대한 지식이다. 영화 형식의 문제가 영화 매체의 특질을 이루고 있는 기법들에 대한 이해와 연결되는 것은 바로 영화 작품 한 편의 전체 형식 내에서 기능하는 것이 바로 이 같은 기법들이기 때문이다.

우리가 회화를 분석하려면 색깔, 형태, 그리고 구성에 대한 지식을 구비해야 하고, 소설을 분석하려면 언어에 대한 이해가 선행되는 것처럼 영화를 읽어내려면 영화가 의존하는 양식체계들을 알아야만 한다. 훌륭한 영화 작품에 대한 기준으로 **복합성, 독창성, 통일성**을 들 수 있다. 영화의 복합성이란 관객의 인식을 여러 수준에서 몰입시키고 많은 개별적 형식적 요소들간의 관계의 다양성을 창조하고, 또 흥미있는 형식적 유형을 창조하는 영화를 말한다. 영화의 독창성은 감독이 진부한 관습을 택하여 그것을 새롭게 만들거나 새로

베를린 영화제

칸느 영화제

116

제1회 부산 국제영화제

운 형식의 가능성을 창조하는 경우 미학적 견지에서 독창성을 평가할 수 있다. 그리고 통일성의 경우 한 편의 영화가 명료하고 독특하고 그리고 정서적으로 관객을 몰입시킬 경우에 해당된다. **예술 작품으로서의 영화에 대한 이해, 그러니까 특별한 방식으로 만들어지고, 일정한 총체성과 통일성을 지니며, 그것이 만들어진 당대의 역사와 세계에 대한 이해의 창으로 기능하는 것으로서의 영화에 대한 이해는 양식 체계에 대한 이해에서 비로소 출발한다.**

1. 미장센

영화 예술의 기법 중 관객들에게 가장 익숙한 것은 미장센이다. 한 편의 영화를 본 뒤 편집이나 카메라 움직임, 심지어 음악까지 기억하지 않을 수 있으나 영화 속 특정 장면들은 거의 확실히 기억하는 경우가 많다. 특정 장면 속에서 주인공의 표정, 그가 입었던 의상, 걸음걸이, 주인공과 다른 인물들의 관계, 그리고 이 모든 것을 아우르는 전체적 분위기 등은 오래도록 기억할 수 있다.

"무대 위의 배치"라는 글자 그대로의 의미처럼 미장센은 연극에서 "연출"과 "무대장치"를 혼합한 의미로서 연출가에 의해 사건을 무대화하기 위해 한 장면에 배치되는 등장 인물들과 그 배경까지 아우르는 개념이다. 따라서 영화에서도 연극 무대 구성 기법들을 주로 이용하여 화면에 담아내는 방식을 의미하며, 감독이 **카메라에 담아내는 화면 구성, 배경 설정, 조명, 의상, 색채, 그리고 등장 인물의 행위까지 포괄하는 의미로** 사용된다.

영화적 화면 구성은 회화와 영화가 맞물리는 지점이다. 관객들은 감독이 화면의 각 정지된 일련의 그림 속에 무엇을 어떻게 담아내느냐를 이해함으로써 그 장면을 통해 무엇을 강조하는가를 읽어낼 수 있다. 따라서 **장면 구성은 미학적/수사적 장치면서 동시에 주제를 전달하는 틀**로 기능한다.

118

공간의 상징성

영화 장면 구도 속의 특정 부분은 상징적인 의미를 지니고 있다. 따라서 감독은 특정 부분에 배우나 대상물을 배치함으로써 그 배우와 대상물에 대한 자신의 주장을 담아내게 된다. 연극의 무대가 구역 별로 특정한 정서를 전달하듯이 영화 화면의 공간들, 그러니까 가운데, 위, 아래, 가장자리는 각각 특유의 의미를 지닌다.

화면의 가운데는 가장 강력한 시각적 효과를 지니고 있어서 그 장면의 중심이 되는 경우가 많다. 마치 사진을 찍을 때 사진의 중심에 인물을 담아내듯이 감독들도 가장 중요한 시각적 정보를 화면 중앙에 배치한다.

화면의 위 부분은 힘을 상징한다. 따라서 위 부분에 배치된 인물들은 화면 아래에 놓여 있는 인물들이나 대상물들을 통제하는 것처럼 드러나며, 그 곳에 배치된 인물들은 권위와 장엄함을 부여받고 있다. 또한 위 부분은 시각적으로 무거움을 암시하기 때문에 화면의 균형을 유지하기 위해서는 화면의 밑 부분에 비중을 두어 무게 중심을 낮게 유지해야 안정된 화면을 확보할 수 있다.

화면의 아래 부분은 무력함과 나약함, 그리고 굴종을 상징한다. 따라서 같은 화면에 비슷한 크기의 두 사람이 등장한다면 화면 아래에 배치된 인물은 위쪽에 배치된 인물의 지배를 받거나 그 사람에게 의존하고 있는 인물임을 암시하고 있다.

화면의 변두리는 미약함, 어두움, 미지의 것, 그리고 부적응을 상징한다. 예컨대 한 사람이 등장하는 화면에서 그 사람을 중앙에 배치하지 않고 변두리에 두고 촬영함으로써 감독은 그 인물의 부적응성을 암시할 수 있다.

화면의 좌우도 무게가 다르다. 연극의 무대 구역 정서에서도 확인할 수 있듯이 왼쪽은 가볍고 밝은 느낌을 주며, 오른쪽은 무겁고 어두운 느낌을 준다. 이는 무지개의 분광이 밝은 색에서 어두운 색으로 나뉘는 것과 같은 이유에서다. 실제로 우리는 그림을 감상할 때나 방안을 둘러볼 때 화면이나 장면의 구성 요소가 그 중요성에서 차이가 없을 때 왼쪽에서 오른쪽으로 보게 되며, 그 이유는 사람들의 시선이 일반적으로 가볍고 밝은 곳으로 먼저 향하기 때문이다.

등장 인물이 화면에 잡히지 않고 목소리만 들리거나 카메라의 패닝이나 트레킹을 통하여 화면에서 빠져나갔다가 다시 잡히는 경우도 있다. 등장 인물의 공간적 불안정성을 표현하는 이런 식의 화면 구성은 등장 인물이 그가 속한 사회나 조직에서 적응하지 못하고 소외되고 있다는 점을 보여준다.

공간의 크기

화면 속에서 공간의 크기도 상징성을 띤다. 일반적으로 가까운 샷(shot)일수록 피사체는 더 갇힌 것처럼 보인다. 이에 반해 먼 거리 샷인 경우 자유로움과 평화를 암시한다.

예컨대 〈쇼생크 탈출〉에서 감독은 감옥 장면들은 주로 클로즈업이나 미디엄 샷으로 찍고, 주인공이 탈출에 성공한 뒤 비를 맞으며 환호하는 장면이나 마지막 장면의 해변의 풍경은 먼 거리 샷으로 잡아줌으로써 주인공의 정신적 해방감과 자유를 공간의 크기를 통해 표현하고 있다.

공간의 크기는 또한 **관객과 화면 속의 배우와의 심리적 원근감을 결정**한다. 개인적이고 은밀함을 느낄 수 있는 친밀한 거리는 가까운 샷을 통해 확보되며, 사회적인 거리는 미디엄 샷과 풀 샷에 의해, 그리고 공적인 거리는 롱 샷과 익스트림 롱 샷에 의해 표현된다.

예컨대 화면 가득 한 인물이 클로즈업 될 때 관객들은 그 인물과 친근한 관계에 놓이는 것을 느끼며 ─ 물론 혐오감을 주는 인물이라면 그가 관객의 공간을 침입했다는 느낌 때문에 더욱 불안해지지만 — 멀리 찍힌 인물과는 정서적으로 중립을 유지할 수 있게 된다. 예컨대 〈서편제〉의 가장 유명한 롱 테이크 장면에서 익스트림 롱 샷으로 잡아 준 세 사람의 노래 가락을 관객들은 편안하게 감상하다가 점점 가까운 거리로 접근해 옴에 따라 그들의 애틋한 심정을 마치 자신들의 일처럼 느끼게 된다.

구도

화면을 구성할 때 감독은 **중심 인물의 자세와 위치**를 어떻게 설정함으로써 관객들의 시선을 집중시킬 것인가에 대해 연구해야 한다. 배우의 자세가 열려 있으면 있을수록, 그러니까 배우가 관객을 정면으로 바라보고 있으면 있을수록 그 인물은 관객의 주의를 보다 많이 끌게 된다.

일반적으로 관객을 정면으로 대하고 있는 자세가 가장 강하고, 그 다음이 사분의 일 정도 관객으로부터 돌아 선 자세, 옆얼굴, 사분의 삼 정도 돌아 선 자세, 그리고 관객에게 완전히 등을 돌린 자세 등의 순서로 배우가 관객을 향하고 있는 각도에 따라 관객의 시선을 끄는 강도가 결정된다. 또한 서 있는 자세는 앉아 있는 자세보다 우세하며, 꼿꼿한 자세는 웅크린 자세보다 관객의 시선을 많이 끌게 된다.

움직임

영화(movie)라는 말 자체는 영화의 움직임을 강조하고 있다. 또한 시네마(cinema)라는 영어 단어 역시 "운동에 관한"(kinetic)이라는 의미에 그 기원을 두고 있다. 이처럼 영화에서 움직임은 영화라는 예술의 가장 골격이 되는 요소로서 감독들은 특정한 움직임이 담아내는 의미를 적절히 배치하여 주제를 효과적으로 전달하고 있다.

상하 움직임

화면의 특정 구역이 지니는 정서와 마찬가지로 화면 위로 움직이는 동작과 아래를 향해 움직이는 동작은 그 의미가 다르다. 예컨대 부감 앵글로 잡고 있는 화면에서 한 인물이 계단을 달려서 올라가고 있는 동작은 그의 탈출 열망이나 자유를 향한 행동으로 비치며, 앙각 앵글로 잡아 준 화면에서 엘리베이터를 타고 내려오는 인물의 모습은 주위를 억압하는 인상을 주는 움직임이다.

좌우 움직임

사람의 시선은 대체로 좌에서 우로 움직이기 때문에 화면 속에서 **왼쪽에서 오른쪽으로 사람이 움직일 때 대단히 자연스럽게 비친다.** 반대로 오른쪽에서 왼쪽으로 달려갈 때는 긴박하거나 불안에 휩싸인 심경을 드러내 준다. 주인공들의 움직임은 왼쪽에서 오른쪽으로, 그의 적수의 움직임은 오른쪽에서 왼쪽으로 배치되는 경우가 많다.

접근과 퇴각 움직임

피사체가 카메라로 다가오는 움직임은 이를 지켜보는 관객에게 대단히 강한 시각적 인상을 준다. 그 인물이 우호적인 사람이라면 관객은 황홀감이나 매력을 느낄 것이며, 반대로 적대적인 사람이라면 자신의 영역을 침범 당하고

122

있다는 느낌 때문에 불안하고 두려워 할 것이다. 카메라에서 멀어지는 동작은 이와는 반대의 느낌을 준다.

움직임의 강도

감독이 화면 속의 피사체를 어떤 샷으로 잡아내느냐에 따라 움직임의 강도가 달라진다. 흔히 극단적으로 먼 거리에서 피사체를 잡아줄 때 피사체의 움직임이 강조되는 것 같지만 사실은 그와 반대일 경우가 더 많다. 오히려 클로즈업 장면에서 화면 가득히 얼굴을 담아낼 때 광범위하고 풍부한 움직임을 전달할 수 있다.

선

화면 속의 선들은 모두 운동 방향이 있다. 수직선과 수평선은 정지한 것처럼 보여도 실제로 관객들은 그 운동을 느낄 수 있다. **수평선은 왼쪽에서 오른쪽으로, 수직선은 아래에서 위로 움직이는 경향**이 있다. 사선은 좀 더 역동적이어서 팽팽한 사선으로 이루어진 영상은 인물의 내면적 초조감을 효과적으로 전달할 수 있다.

화면 속의 인물 배열에서 가장 효과적인 것은 삼각형의 배열이다. 이 경우 관객의 시선은 양쪽 끝의 인물들 사이로 오가다가 삼각형의 정점에 위치한 인물에게 집중하게 된다. 또한 삼각 구도는 시각 요소들을 활성화시키고 그 균형을 계속 파괴하며, 소재를 변화 있게 만드는 효과를 준다. 일반적으로 홀수 단위의 구도는 대체로 이런 효과를 낸다.

의상

배우의 의상은 연기자가 직접 착용하는 것으로 시각적으로 연기자와 의상은 가장 밀접한 관계를 이룬다. 등장 인물이 착용하는 의상은 그 사람의 외형적 장식을 넘어서 내면의 심리까지 전달하는 이미지며 메타포로 기능한다. 또한 의상은 영화 전체의 효과에 **색채, 형태, 질감, 상징**들을 부여한다.

개인이 선택하고 착용하는 의상은 바로 그 사람에 대한 정보를 다른 사람에게 전달하는 기호로 작용한다. 실제로 의상은 그 착용자에게 상징적 기호로서 기능한다. 예컨대 젊은 사람들이 착용하는 밝은 색의 평상복은 그들의 자유분방함을 나타내며, 전문직에 종사하는 사람들이 입는 짙은 감색 양복은 그들의 보수적 성향 및 권위적 사고 방식을 나타낸다. 또한 여성의 치마는 일상 활동에서 신중하고 조심할 것을 강조하며, 남성의 바지는 활달하고 적극적인 활동을 강조한다. 법관의 법복은 위엄과 지혜를 나타내기 위한 색깔과 형태를 취하고 있으며, 군인의 군복은 절제와 일사불란한 통제 및 소속감을 나타내기 위해 착용된다. 이렇듯 개인의 착용하는 의상은 그의 **신분, 지위, 성별, 직업, 성격** 등을 나타낸다.

의상 소도구 역시 등장인물의 성격과 그 성격으로 인한 영화 서사구조의 진행 양식까지 나타내준다. 예컨대 페데리코 펠리니의 〈달콤한 인생〉의 주인공 마르첼로가 즐겨 착용하는 검은 선글라스는 주인공의 성격, 그러니까 그가 외부세계로부터 자신을 감추려고 하며, 세상을 보는 시각이 왜곡되어 있음을 보여주는 소도구다.

의상에 이용되는 선은 시대와 국가에 따라 다르며, 수직선은 수평선과 전혀 다른 느낌을 주며, 직선은 곡선과 정 반대의 느낌을 준다. 또한 의상의 색깔은 등장 인물들의 성격이나 지위를 나타낼 뿐만 아니라 인물 상호 관계를 나타낸다. 그리고 따스한 색과 차가운 색, 밝은 색과 어두운 색의 대조를 통해 극중 인물들의 관계를 전달할 수 있다.

분장

의상처럼 영화에서 분장도 등장 인물의 **나이, 건강 상태, 인종, 직업, 심리적 특징** 등을 전달하는 기능을 수행한다. 분장의 역사는 영화의 역사와 같이 한다. 영화 초기에는 필름의 낙후된 질 때문에 배우들의 얼굴이 잘 잡히지 않았던 관계로 분장이 필요했으며, 점차 화면 위에 다양하게 변모된 모습을 담아내기 위해 분장의 수요가 증가했다.

방송과 영화에 사용되는 분장이 일반 화장과 가장 크게 구별되는 점은 바로 조명과 화면을 통해 분장이 평가된다는 점일 것이다. 또한 최근의 특수 효과를 사용하는 영화 제작의 증가와 더불어 특수 분장이 자주 사용된다는 점을 들 수 있다. 채색을 위주로 하는 순수 분장이 주로 사용되는 무대 위 연극과 견줄 때 영화는 용모의 변경이나 특수한 모습을 덧붙이는 특수 분장의 효과가 뚜렷하다. 특히 상업 영화를 위주로 제작되기 때문에 관객의 시선을 끌어들여야 했던 헐리우드 영화에서 특수 분장에 대한 필요성은 대단히 컸다.

한국 영화에서도 특수 분장은 최근 그 중요성이 계속 증대되고 있다. 다양한 영화 소재가 발굴되고 있는 최근 한국 영화계에서 〈은행나무 침대〉를 비롯해 〈구미호〉와 〈퇴마록〉을 거쳐 〈자귀모〉에 이르기까지 현실과 상상의 경계를 넘나드는 판타지 영화가 연이어 발표되고 있는 실정을 감안한다면 우리 영화계에서 특수 분장의 필요성은 그 어느 때보다도 높다고 볼 수 있다.

조명

영화에서 조명은 단순히 피사체를 비춰주는 기능만을 수행하는 것은 아니다. 사진사가 카메라의 렌즈를 통해 피사체를 잡을 때 가장 중요하게 고려하는 것이 바로 빛의 강도와 각도인 것처럼 화면 속의 밝고 어두운 영역은 관객의 시선을 특정한 대상이나 행위로 이끄는 것 외에 화면의 총체적 구성을 새롭게 창조한다. 촬영기사는 하나의 연속적인 장면 내에서 모든 움직임을 계산해내야 한다.

조명의 적절한 사용은 모든 대상을 장식화고 극화시킬 수 있다. 무대 미술가 고든 크레이그가 '조명 감독은 무대 감독과 달리 **빛으로 무대를 칠할 수 있다**'고 말한 맥락은 영화에도 그대로 적용된다. 대상물의 색조, 형상, 질감에 따라 빛의 반사나 흡수의 정도가 달라진다. 한 영상의 심도가 깊어질 경우 (딥 포커스의 경우) 조명 또한 그에 맞게 심도가 깊어져야하므로 많은 양의 조명이 필요하게 된다.

조명의 방식은 영화의 주제, 분위기와 연관성이 있다. 코미디와 뮤지컬의 경우는 밝고 균등한 조명이 주로 사용되고, 비극이나 멜로드라마는 강렬한 광선과 뚜렷한 대조를 주는 조명을 쓴다. 공포영화나 느와르 영화 등은 확산된 암명과 분위기가 있는 빛으로 음울한 분위기를 자아낸다.

영화 조명은 방향을 조절함으로써 피사체에 전혀 다른 질감과 분위기를 창조한다. 정면 조명은 영상을 단순하게 보이게 하며, 측면 조명은 피사체를 입체적으로 드러나게 한다. 후면 조명은 피사체를 배경과 분리시킴으로써 깊이를 강조한다. 하부 조명은 피사체의 모습을 왜곡시키며 극적인 공포 효과를 나타낸다. 수직 조명 역시 하부 조명과 같은 효과를 나타낸다. 또한 조명의 색채를 이용한 분위기 조성은 관객들에게 강력한 인상을 주기 때문에 관객은 색채와 관련된 정서를 읽어낼 수 있어야 한다.

126

고전적 헐리우드 영화에서는 최소한 세 개의 광원을 피사체에 비추었다. **주광과 보조광 그리고 역광**을 비춤으로써 주요 등장인물이 입체적으로 보이도록 하고 있다. 일반적으로 밝은 부분과 어두운 부분 사이에 낮은 명암 대비가 이루어지도록 비추는 **명조광은 사실주의적**이며, 강한 명암 대비와 선명하고 어두운 부분이 두드러져 보이게 하는 **암조광은 표현주의적**이다.

색채

영화 속에서 따뜻한 색채는 관객에게 접근하는 느낌을 주며, 보라색에서 초록에 이르는 차가운 색은 멀어지는 느낌을 준다. 따라서 따뜻한 색채는 의상이나 전경 요소들을 위해 사용되고, 차갑고 창백한 색채는 배경의 영상 면을 위해 사용한다.

색채 이미지들을 살펴보자. 낭만적인 분위기는 부드럽고 꿈결같은 다정한 이미지로 나타내는데 주로 엷고 부드러운 청색계와 백색계를 배합하여 맑은 이미지를 자아낸다. 화려하고 고급스런 이미지는 주로 깊이감이 있는 색조를 이용한 색상배색을 통해 장식적인 감각이 전달된다. 자연미를 추구하는 이미지는 친숙하고 소박한 이미지를 전달한다. 온화하고 부드러운 감각을 바탕으로 노랑 계열과 초록계열의 색상을 사용한다. 격정적이고 활력적 이미지는 대담하며 강렬한 힘을 느끼게 하는 이미지로서 화려한 색상으로 강한 대비 효과를 표현한다.

박광수의 〈그들도 우리처럼〉의 검은 산과 물로 표현되는 탄광촌이나 광부들의 검은 색 얼굴은 관객들에게 그들이 흔히 만나는 일상적 삶의 환경이나 주변 인물들과 전혀 어울리지 않는 외진 낯선 곳이나 얼굴로 비쳐지게 함으로써 감독이 의도하는 사회의 부조리와 불평등 고발이라는 주제를 적절히 담아내고 있다.

뤽 베송의 〈니기타〉(1990)에서 엿볼 수 있듯이 누벨 이마쥬 계열의 감독들에게 색채가 주는 이미지는 주제를 효과적으로 전달하기 위한 도구였다. 이 영화에서 뤽 베송은 푸른 색 이미지를 통해 인간성이 매몰된 도시를 상징하게 하며, 부드럽고 따스한 느낌의 붉은 색의 이미지를 통해 진정한 인간성을 회복하려는 여주인공 니기타의 애절한 노력을 표현해낸다.

색채를 통해 주제를 표현하는 데 탁월한 솜씨를 지닌 감독으로 크쥐스토프 키에슬롭스키를 꼽을 수 있다. 그는 주인공들의 대사에 의해 주제를 전달하는 평면적 방식을 지양하고 색채와 사운드의 영화적 양식을 통해 주제를 전달한다. 색채에 관한 이미지는 다수의 영화 속에서 발견된다. 〈사랑에 관한 짧은 필름〉(1988)의 붉은 색은 사랑의 욕망을, 그리고 흰색은 영혼의 순수함을 표현하고 있으며, 〈베로니끄의 이중 생활〉(1991)의 필터를 통한 단조로운 색조는 주인공 베로니끄의 꿈과 현실의 모호한 의식 세계를 표현하고 있다. 또한 〈블루〉에서 파랑 색은 주인공 줄리의 내면의 고독과 과거에 대한 집착을 나타내고 내면의 집착에서 벗어남으로써 자유를 얻을 수 있다는 주제를 전달하고 있다. 〈화이트〉의 흰 색은 도미니끄와 까롤의 억압된 상태를 벗어난 해방감을 표현하고 있으며, 〈레드〉의 붉은 색은 희생당하고 배신당하는 이미지를 통해 사랑으로부터 버림받은 발렌틴의 슬픈 내면 세계를 표현한다.

영화 속에서 색채를 찾아내 그 의미를 주제와 결부시키는 작업은 흑백 영화에서도 가능하다. 주제와 빛과 색채의 관계를 잘 보여주는 흑백 영화로 스웨덴 감독 잉그마르 베르히만의 〈제 7의 봉인〉을 들 수 있겠다. 중세기 십자군 전쟁 후 전쟁터에서 고향으로 돌아 온 한 기사가 겪는 신과 죽음에 대한 이야기를 다룬 이 영화에서 베르히만은 죽음에 대한 인간의 원초적 공포와 신의 존재에 관한 문제들을 빛과 어두움, 흑과 백의 뚜렷한 명암의 대조를 통해 그

128

리고 있다. 화면은 밝은 하늘과 어두운 대지, 죽음의 사자가 입고 있는 검은 옷과 기사 블로크의 하얀 머리, 그들이 두고 있는 체스의 하얀 말과 검은 말 등 흰색의 밝은 부분과 검은색의 어두운 부분으로 끊임없이 분할됨으로써 지식과 무지, 삶과 죽음, 구원과 파멸, 신과 인간의 대립항들을 이분법적 화면 구성을 통해 표현하고 있다.

그리고 흑백의 화면 속에 컬러를 삽입함으로써 감독이 관객들의 시선을 붙들어 두는 경우도 있다. 스필버그는 〈쉰들러 리스트〉에서 흑백으로 처리된 유태인 군중들 사이로 유독 붉은 색 코트를 입은 한 어린 소녀를 걸어가게 한다. 관객들에게 그 소녀의 모습은 마치 진흙 속에 핀 연꽃처럼 화사하게 비치며 관객들은 그 소녀가 사라진 뒤에도 그 모습을 기억하게 된다. 그 소녀가 살해되어 수레에 실려 가는 모습이 풀 샷으로 잡힐 때 그 죽음의 비극성과 처참함은 최고조로 강조된다.

시간

감독들은 각 샷이 얼마나 오랫동안 화면 속에 정지해야 하는 지를 결정해야 한다. 이 때의 시간은 사건의 전체적인 리듬과 밀접한 관계를 지닌다. 긴박하고 경쾌한 사건은 빠른 장면 전환과 리듬 위에 구축되며 차분하고 일상적인 사건은 느린 리듬 위에 작은 움직임들로 표현된다.

모든 샷은 어느 정도의 적절한 화면 지속시간을 지닌다. 영화가 등장한 초기에는 대체로 긴 지속시간에 의존했으며, 1910년대는 연속 편집이 가능해지면서 샷의 길이가 짧아졌다.

감독은 하나의 신을 하나 또는 몇 개의 테이크로 표현할 수 있다. 이 경우 롱 테이크는 롱 샷이나 미디엄 샷으로 주로 담아 내며, 관객은 특별히 흥미 있는 부분을 찾아 살펴 볼 수 있다. 최근에는 클로즈업으로 촬영되고 테이크가 짧아지는 경향이 있는데 텔레비전의 영향 때문이다.

1시간 30분 정도의 영화는 평균 600~700개의 샷으로 구성되기 때문에 평균길이가 대략 8~9초에 해당된다. 대부분의 상업영화는 이 수준을 지키고 있지만 몇몇의 영화 작가는 몇 분 단위로 길이를 따져야 할만큼 비정상적으로 긴 롱 테이크를 사용한다. 인간은 5초면 스크린이나 영상에서 정보를 획득하기 때문에 영상이 커트 없이 지속될 경우 대부분은 지루함을 느낀다. 그러나 일정한 시간이 흐른 뒤에는 다시 롱 테이크의 의미를 찾기 위해 화면의 정보 사냥에 몰입하게 된다. 즉 정서적 몰입이 아닌 이성적 몰입을 통해 의미를 찾게 된다. 따라서 이 경우 관객은 이미지나 줄거리를 수동적으로 받아들이는 존재가 아니라 영화를 체험하는 존재, 재해독하는 존재가 된다.

롱 테이크의 가장 대표적인 예로 안드레이 타르코프스키의 〈희생〉의 첫 장면과 짐 자무쉬의 〈천국보다 낯선〉의 첫 장면이 꼽힌다.

2. 샷과 앵글

　연극이 무대 위의 사람을 그 본래 크기대로 보여주며 관객의 상상력과 주의력을 자극하고 시험하는 예술이라면, 영화는 관객들에게 보여주고 싶은 크기대로 조작해 보여준다. 감독은 영화 속의 사람들을 가까이 찍어 확대하기도 하고, 들고 찍어 흔들리게도 하며, 멀리 찍어 졸아들게도 한다.

　렌즈로 피사체를 잡을 때 사용되는 렌즈의 종류는 크게 세 가지로 나눌 수 있다. 광각렌즈, 표준렌즈, 그리고 망원렌즈다. 초점길이가 35mm 이하인 광각렌즈는 초점길이가 짧은 렌즈로서 화면의 깊이를 과장한다. 광각렌즈로 찍힌 화면 속의 인물들 사이의 거리는 훨씬 깊어 보인다. 또한 수직선과 수평선도 기울기가 왜곡되어 나타난다. 표준렌즈는 초점길이가 35~50 mm 인 렌즈로서 화면의 깊이를 왜곡하지 않는다. 망원렌즈는 화면의 깊이를 감소시키고 압축시킴으로써 공간을 평면적으로 보이게 한다. 야구 경기 중계화면에서 포

수, 타자, 그리고 투수가 거리감 없이 한 화면에 잡을 수 있는 것과 영화 화면에서 실제로 멀리 떨어져 있는 인물들이 아주 가까워 보이는 것은 망원렌즈를 사용하기 때문이다.

　렌즈를 통해 피사체를 잡는 영화에서 영상에 대한 심도 관계의 통제는 영화 감독에게 가장 중요한 문제다. 렌즈의 초점 거리를 통제함으로써 감독은 영상으로 표현된 내용에 대한 관객들의 지각 반응을 조정하고 통제할 수 있다. 따라서 영

화 감독이 내려야 하는 가장 기초적인, 그러나 중요한 결단은 **피사체를 어떤 샷으로 잡아줄 것인가** 일 것이다. 이는 한 구도 안에 포함되는 공간의 양은 이를 바라보는 관객의 반응에 큰 영향을 미치기 때문이다.

특정 사회에서 모든 **개인은 저마다 일정한 약속에 의해 공간 감각**을 지니고 있다. 실생활에서 특정한 공간 내의 대상물에 대한 개인의 반응은 바로 그 사람의 삶의 다양한 정보의 축적이다. 무의식적으로 형성된 공간에 대한 이러한 반응은 바로 영화화면 속의 피사체에도 적용된다.

감독은 카메라로 피사체를 잡으면서 카메라의 움직임을 중단하지 않고 작동하여 촬영함으로써 하나의 테이크를 얻어낸다. 촬영장에서 "액션"하는 감독의 지시와 함께 카메라가 돌기 시작하고 "컷"하는 지시와 함께 카메라가 멈출 때까지 찍혀지는 내용이 샷이고 하나의 테이크다. 그러니까 카메라의 멈춤 없이 단 한 번에 찍혀지는 내용을 말한다. 보통 촬영 중에는 여러 개의 테이크를 시도하는데 완성된 화면을 만들기 위해서는 그 중 하나를 선택하여 커트되지 않은 하나의 화면을 확보하며 최종 영화 화면에서 이를 하나의 샷이라 한다. 따라서 샷(shot)과 테이크(take)는 기본적으로 유사한 의미로 쓰인다.

또한 샷은 카메라와 피사체의 관계를 나타낸다. 하나의 샷에 의해 포착되는 영역이 넓어지면 화면은 웅장함을 드러내며, 좁아지면 섬세함을 드러낸다. 서사적인 영화의 경우 먼 거리 샷을 자주 사용하며, 심리 묘사에 중점을 둔 표현주의 영화들은 가까운 샷을 주로 채택한다.

영화 찍기에서 하나의 샷은 카메라와 피사체간의 거리에 따라 익스트림 롱 샷부터 익스트림 클로즈업 사이의 장면들로, 카메라 움직임에 동원된 기재에 따라 이동차나 크레인 샷으로, 촬영 각도에 따라 조감부터 앙각까지 분류된다. 카메라와 피사체의 거리 구분에는 대체로 일곱 개의 기본 범주가 있는데 익스트림 롱 샷(extreme long shot), 롱 샷(long shot), 풀 샷(full shot), 미디

132

엄 샷(medium shot), 클로즈업(close-up), 익스트림 클로즈업(extreme close-up), 그리고 딥포커스 샷(deep focus shot)이다.

익스트림 롱 샷

익스트림 롱 샷은 흔히 한 시퀀스(sequence, 이야기의 한 덩어리)의 첫 부분에서 주위 배경이나 상황을 설명할 때 사용되는 구축 샷을 말한다. 또한 익스트림 롱 샷은 촬영되는 인물이 처해있는 고립된 상황 등을 표현할 때 사용된다. 잔 매든이 감독한 〈셰익스피어 인 러브〉 마지막 장면은 난파선에서 홀로 살아 남은 바이올라가 백사장을 걸어가고 있는 모습을 익스트림 롱 샷으로 잡아내고 있다. 엔딩 크래딧이 올라가지 전 3분 이상 지속되는 롱 테이크 샷에서 감독은 전체 화면을 거의 수평으로 2 등분하여 파란 하늘과 하얀 백사장을 잡아주면서 하얀 백사장을 걸어가는 바이올라의 모습이 작은 점이 될 때까지 카메라를 고정시키고 있다. 그런가 하면 이광모의 〈아름다운 시절〉의 롱 테이크로 잡은 익스트림 롱샷들은 창희네 가족이 살아내야 했던 시절의 어려움을 지루하게 보여줌으로써 힘겨운 인생의 무게를 표현하고 관객들에게 그것을 느끼게 하는 효과를 내고 있다.

이 같은 샷의 가장 효과적인 사용은 서사적 필름에서 볼 수 있다. 서부 영화, 전쟁 영화, 전기 영화 등이 그 대표적이다. 이런 종류의 샷을 즐겨 사용한 대표적 감독은 존 포드, 데이비드 린, 세르게이 에이젠스타인, 구로자와 아끼라 등이다.

롱 샷

연극에서 무대와 관객의 거리에 해당되는 장면을 잡아내는 샷이다. 사실주의 계열의 감독들이 즐겨 사용한 샷으로 사람의 몸 전체뿐만 아니라 그를 둘러싼 주변까지 적당히 담을 수 있기 때문이다. 미장센을 중시하는 감독들은 롱 샷을 선호한다. 롱 샷은 특별한 심리적 효과가 수반되지 않기 때문에 일반적인 이야기 진행에서 사용되는 샷으로서 익스트림 롱 샷에서 할 수 없는 세부묘사와 클로즈업에서 할 수 없는 주위 정황에 대한 설명이 절충 샷이다.

반지의 제왕

풀 샷

사람의 몸 전체를 담아낼 수 있는 거리에서 찍는 샷을 말한다.

미디엄 샷

사람의 무릎이나 허리 위에서 얼굴까지 잡아내는 샷이다. 움직이는 장면이나 대화 장면에서 주로 사용된다. 또한 먼 거리 샷과 클로즈업을 연결하는 샷으로 사용된다. 어깨 너머 샷(over-the shoulder shot)은 미디엄 샷의 변형으로 한 사람은 정면으로 카메라를 보고 다른 사람은 등을 대고 있는 구도를 말한다. 이러한 촬영 수법은 두 사람간의 관계를 강조하는 경우에 주로 사용된다. 즉 한 사람이 말할 때 그 얘기를 듣는 사람을 같은 화면에 잡아줌으로써 두 사람 사이가 밀접한 관계를 유지하고 있음을 보여준다. 이 경우 카메라와 가까운 거리에 있는 뒷모습의 인물이 정면으로 보고 있는 사람보다 우월하거나 주도권을 쥐고 있는 인물이며, 관객은 카메라를 응시하고 있는 인물의 표정을 통해 두 사람의 관계를 읽어낼 수 있다.

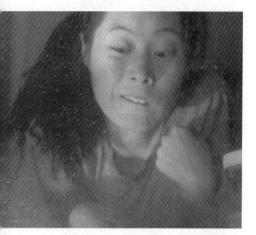

오아시스

클로즈업

피사체의 크기를 확대하여 얼굴 전체나 작은 사물들을 화면 가득히 찍는 샷이다. 감독이 피사체의 크기를 확대해 찍는 것은 특별한 의미를 가진 피사체에 관객의 시선을 모으기 위해서다. 또한 클로즈업은 관객에게 집중의 효과와 함께 주관적인 감정을 전달할 수 있는 효과를 낸다. 클로즈업을 사용하기 전에 감독은 이미 상황의 진행에 대해 관객에게 충분히 알려주어야 한다. 최근에는 이러한 효과를 역이용해서 어떤 사물을 거의 뭔지 알아볼 수도 없을 정도로 가깝게 찍고 나서 점점 카메라를 물러나게 함으로써 피사체의 실체를 보여주기도 한다. 관객의 호기심을 자극하기 위해서다.

익스트림 클로즈업

얼굴의 일부분, 눈이나 입과 같은 특정 부분을 화면 가득히 담아내는 샷이다.

딥포커스 샷

딥포커스 샷은 광각렌즈를 이용하여 화면의 심도를 깊게 구축하는 샷이다. 렌즈 초점이 맞는 범위가 넓은 광각렌즈는 맨 앞의 전경과 후경의 깊숙한 공간 모두가 초점이 맞아 선명하게 잡을 수 있다. 딥포커스는 대상의 한 부분에 대한 특별한 환기를 요구하지 않고 모든 대상들을 좀더 균등하게 보여준다. 공간의 통일성을 유지하는 데 효과적이며, 관객들은 가까운 피사체부터 먼 피사체까지 시선을 움직이며 전체를 관찰할 수 있으며 그 장면을 통해 사건의 인과관계를 짐작할 수 있다. 공간적으로 거리가 있는 인물들을 화면의 전경과 중경, 그리고 후경에 시각적으로 동시에 담아냄으로써 관객들은 능동적으로 화면 속에 담긴 정보를 확보할 수 있고 감독은 장면의 객관성을 전달할 수 있다. 딥포커스는 주로 짧은 커트로 처리되지 않고 롱 테이크로 찍힘으로써 관객들의 판단에 도움을 주며 장면의 사실성을 높여준다.

문제는 동일한 소재를 취해 영화를 만들더라도 감독이 지향하는 **주제의 폭과 결에 따라 그가 주로 사용하는 샷의 종류가 다르다**는 점에 관객들은 유의해야 한다. 예컨대 〈햄릿〉은 그 좋은 본보기다. 지금까지 여러 명의 감독들이 셰익스피어의 〈햄릿〉을 연출했지만 로렌스 올리비에(Laurence Olivier)가 1948년 감독과 주연을 겸한 〈햄릿〉과 1990년 프랑코 제피렐리(Franco Zeffirelli)가 감독하고 멜 깁슨이 주연을 맡은 〈햄릿〉의 경우를 비교해 보면 극명한 차이를 알 수 있다.

로렌스 올리비에, 멜 깁슨(아래)

올리비에의 작품은 기본적으로 서사적 색채를 깔고 있어 롱 샷이 주로 쓰이고 있는 데 반해 제피렐리의 〈햄릿〉은 주로 심리적인 탐구로서 클로즈업과 미디어 샷이 많이 쓰이고 있다. 올리비에 영화의 롱 샷은 우울한 배경을 강조하며, 햄릿의 행동에 다양한 외부 요소들이 개입하고 있음을 보여 준다. 대부분의 장면들은 햄릿에게 일정한 정도의 행동의 자유를 부여하고 있지만 햄릿의 우유부단함에 의해 그는 행동을 거부하고 어두운 구석으로 숨어 들어간다. 이러한 모습들은 주로 롱 샷에 의해 포착되고 있다.

제피렐리는 멜 깁슨을 주로 꽉 찬 프레임 속에 가까운 샷으로 잡아주고 있다. 멜 깁슨을 포위하는 듯한 구도는 그의 격렬함 때문에 터질 듯한 느낌을 준다. 올리비에의 우유부단한 햄릿과 달리 멜 깁슨은 다분히 충동적이고 과격하며 성급하기까지 하다. 감독은 그의 격렬한 동작을 심지어 들고 찍은 카메라로 잡아내 줌으로써 그 빠르기와 속도감을 한층 강조하고 있다.

카메라 움직임

피사체의 움직임을 잡아내는 데는 카메라를 고정시키고 피사체를 움직이게 하는 방식뿐만 아니라 카메라 자체를 이동시킴으로서 피사체의 상호 관계 및 그 움직임을 제시하는 찍기 방식이 있다. 1910년 이전까지 영화에서 카메라는 그저 고정된 채 카메라 앞에서 진행되는 사건들을 기록했지만 이후 카메라의 움직임을 조절함으로써 다양한 표현이 가능해졌다.

일반적으로 **카메라 움직임은 그 자체로서 의미를 창조**한다. 카메라가 서사 구조에서 중요한 무엇인가를 드러내기 위해서 인물로부터 물러나거나, 극중 인물이 등장하게 될 공간을 미리 설정하기 위해 움직일 때 관객들은 화면 속의 공간을 인식하는 방식에 영향을 받는다. 카메라가 빠르게 사건으로부터 지나쳐버리면 관객은 어떤 일이 일어났는가에 대해서 알고 싶어할 것이다. 또한 카메라가 갑자기 물러나서 관객들이 전혀 기대하지 못했던 무엇인가를 보여 준다면 관객들은 놀라게 된다. 그런가 하면 카메라가 특정한 세부로 천천히 다가가면서 점차로 그것을 확대하되 관객의 기대를 충족시키지 않고 있다면 이 카메라 움직임은 서스펜스를 유도한다. 카메라의 움직임에 의한 촬영 기법 으로는 파노라마 샷(패닝 샷, panning shot), 크레인 샷(crane shot), 달리 샷 (dolly shot, 혹은 트레킹 샷)으로 구분할 수 있으며, 이의 변형으로 핸드 헬드 카메라 찍기나 공중 샷이 있다.

파노라마 샷(패닝 샷)

한 장면을 수평 혹은 수직으로 카메라로 훑어 찍는 샷이다. 일반적으로 화 면 안에 피사체를 계속 잡아둘 때 사용한다. 화면의 광대함을 강조하는 서사 적 영화에서 주로 사용되는 익스트림 롱 샷으로 찍은 파노라마 샷이 그 대표 적이다.

파노라마 샷은 흔히 등장 인물의 시점과 연계된다. 서부극에서 총격전의 서막은 숨어 있는 총잡이나 겁에 질린 주민들이 사라지는 거리를 천천히 훑어 준다. 이런 식의 샷은 서스펜스를 지속시키고 주인공의 **고립감과 취약함**을 강 조함으로써 관객의 감정을 극대화시킨다.

또한 **피사체의 유대감과 친밀감**을 강조할 때도 사용되는데 한 화면 속의 인 물들을 커트로 보여줄 때와 파노라마 샷으로 보여줄 때 그들의 관계는 다소 다르게 나타난다.

크레인 샷

피사체의 공간적, 심리적 변화나 상호 관계를 암시하거나 인과 관계를 강조할 때 사용된다. 공중에서의 달리 샷이라고 할 수 있는 이 샷은 관객이 피사체를 여러 각도로 훑어보게 함으로써 외적인 환경부터 내면의 심리까지 전지적으로 알아차리게 하는 효과를 준다.

달리 샷

움직이는 이동차에 카메라를 싣고 이동하면서 피사체를 잡아주는 샷으로서 트레킹 샷(tracking shot)으로도 불린다. 달리 샷에는 **수평 트레킹과 수직 트레킹**이 있는데 그 효과는 대단히 다르다. 수평 트레킹은 카메라가 피사체와 일정한 거리를 유지하면서 이동하며 피사체를 잡아주는 샷을 말하며, 수직 트레킹은 화면 속의 인물의 시점에서 다른 인물에 다가가거나 그 인물로부터 멀어지도록 촬영하는 샷이다.

수평 트레킹은 의도적으로 영상의 입체적 3차원성을 부정하고 평면적 2차원성을 강조하는 샷으로 고다르나 짐 자무쉬 같은 감독은 이를 롱 테이크와 맞물려 활용함으로써 관객들에게 그들이 보고 있는 장면이 영화 속의 장면이라는 점을 의도적으로 강조하기도 했다. 카메라의 수평 이동을 통해 잡힌 이동 화면을 통해 관객들은 배우가 아니라 주변 환경에 시선을 집중하게 되며 **화면과의 거리두기를 통해 스스로의 판단을 내린다.** 관객들은 자신이 피사체를 선택해 관찰하며 화면 속에 나타나지 않은 장면들을 적극적으로 해석해 냄으로써 영화 화면에 비치지 않은 공백을 채워 가는 것이다.

수직 트레킹은 주로 화면 속의 특정 인물의 주관적 시점을 통해 관객들의 궁금증과 호기심을 자극하거나 전지적 시점의 효과를 높이기 위해 사용된다.

실제로 관객들은 한 인물을 카메라로 직접 따라갈 때 그렇게 따라가면 무엇인가 발견하리라는 기대감을 갖는다. 이 경우를 시점 샷(view-point shot)이라고 할 수 있는데 등장인물의 눈이 보는 것을 카메라가 촬영해 감으로써 관객들은 등장인물과 자신을 동일시하게 된다. 시점 샷은 공포영화의 긴박한 장면 등에서 흔히 사용된다. 클로즈업이 갑작스럽게 사건의 변화를 드러내는데 반해 수직 트레킹 샷은 **관객들의 호기심을 자극**하여 무엇인가 중요한 결과를 예상하게 하는 효과를 주기 때문에 천천히 단계적으로 발전하는 심리 묘사를 강조하기 위해 감독들은 이러한 샷을 애용한다.

핸드 헬드 카메라 찍기

트레킹 샷이 카메라를 궤도 위에 올려놓고 피사체를 잡아줌으로써 움직임은 있되 비교적 안정감 있는 화면을 얻을 수 있는 데 비해, 핸드 헬드 카메라 찍기는 끊임없이 움직이는 화면 때문에 **관객들에게 긴장감과 불안감, 그리고 긴박감을 느끼게 하는 효과**가 있다. 또한 관객들은 화면 속의 장면들에 실제 참여한 듯한 착각을 느끼며 사건 속으로 빨려 들어가는 느낌을 받는다. 실제로 〈쉰들러 리스트〉에서 스필버그는 독일군이 유태인들을 학살하는 광장 장면에서 관객들에게 마치 기록 영화를 보는 듯한 느낌을 받도록 핸드 헬드 카메라로 촬영했다. 충격적이고 생생한 장면들이 흔들리는 카메라에 잡히기 때문에 관객들은 이 장면들을 허구라기보다는 실제 있었던 사건들이라는 인상을 받는다. 또한 총을 맞고 피를 뿜으며 쓰러지는 유태인들의 모습을 커트로 처리하지 않고 한 샷으로 잡아주기 때문에 현장성과 박진감은 배가된다. 한국영화 속에서 핸드헬드카메라가 가장 효과적으로 사용된 장면은 유영길이 촬영한 정지영 감독의 〈하얀 전쟁〉의 마지막 장면을 꼽을 수 있다.

140

앵글

감독들은 피사체와 카메라의 거리를 조정하는 샷 외에도 양자 사이의 각도를 선택함으로써 특정한 의도를 드러낸다. 영화에는 다섯 가지 기본 앵글이 있다. 조감 앵글(bird's-eye angle), 부감 앵글(high angle), 눈 높이 앵글(eye-level angle), 앙각 앵글(low angle), 그리고 사각 앵글(oblique angle)이다.

조감 앵글

타이타닉

피사체의 바로 머리 위에서 촬영한 조감 앵글은 피사체를 가장 낯설게 보이게 하는 앵글이다. 피사체를 조롱하고 우스꽝스럽게 비치게 하는 효과가 있기 때문에 숙명적인 결말을 중시하는 감독들은 이런 앵글을 채택하는 경우가 있다. 제임스 캐머런의 〈타이타닉〉에서 타이타닉호의 침몰 장면을 조감 앵글로 잡아주고 있는 감독의 의도는 무엇일까?

부감 앵글

조감 앵글이 피사체의 머리 위에서 찍는 것이라면 부감 앵글은 그 각도가 다소 완만한 앵글이다. 부감 앵글은 피사체의 무력함, 억눌림, 왜소함, 혹은 덫에 걸린 듯한 느낌을 강조한다. 이때 각도가 높으면 높을수록 화면의 의미는 그만큼 더 숙명적이다. 또한 부감 앵글로 잡은 화면 속의 피사체의 움직임은 보통 느리게 느껴지며 동작 역시 상대적으로 작게 보이게 된다. 따라서 하이 앵글은 지루함을 나타내는데 효과적이다. 프레드 진네만은 전통적으로 영웅시되었던 서부극의 주인공들과 달리 〈하이눈〉에서 결투를 앞둔 주인공 케인의 무력감과 공포심을 보여주기 위해 텅 빈 거리를 혼자 걸어가는 케인을 부감 앵글로 잡아준다. 부감 앵글 역시 일상적인 사물들을 낯설게 하는 효과가 있다.

눈 높이 앵글

눈 높이 앵글은 카메라가 사람의 눈 높이에서 수평적으로 피사체를 촬영하는 것을 말한다. 눈 높이 앵글은 우리가 일상생활에서 항상 사물을 쳐다보는 앵글이기 때문에 이런 앵글로 촬영된 장면에서 관객은 카메라의 존재를 인식하지 못한다. 눈 높이 앵글은 다른 앵글들과 달리 감독의 감정을 드러내지 않으므로 사실주의적인 경향을 가진 감독들이 즐겨 사용한다. 카메라는 피사체와 일정한 거리를 유지하면서(주로 롱 샷과 미디엄 샷을 사용) 평범한 앵글로 등장인물들을 잔잔하게 지켜볼 따름이다. 감독의 개입을 자제함으로써 관객들이 스스로 화면에서 일어나고 있는 일들을 해석하고 받아들일 것을 요구하기 때문에 매우 중립적이고 객관적인 앵글이라고 할 수 있다. 또한 동시에 관객의 적극적인 해석을 유도하는 앵글이다.

앙각 앵글

앙각 앵글로 촬영된 화면은 일반적으로 부감 앵글과 반대의 느낌을 준다. 그러니까 피사체가 화면을 통해 관객을 내려다봄으로써 관객은 피사체로부터 위압감, 공포감, 당당함, 경외심, 영웅성, 힘, 권위 등을 느끼게 된다. 앙각

142

앵글은 피사체를 실제보다 더 크게 보이게 하며 움직임에 속도와 크기를 배가한다. 따라서 액션장면에서 사용되는 앙각 앵글은 피사체의 움직임을 더 속도감 있게 비춘다. 주로 빠른 편집으로 그 효과를 극대화한다. 조지 스티븐스의 〈쉐인〉의 마지막 결투 장면에서 어린아이 조이의 시점으로 본 쉐인의 모습은 앙각 앵글로 잡힘으로써 쉐인의 날렵한 총솜씨가 한층 영웅시되고 있으며, 이명세 감독의 〈인정사정 볼 것 없다〉는 앙각 앵글을 효과적으로 사용하여 폭력 장면이나 움직이는 차량의 속도감이 한층 돋보이는 효과를 드러내고 있다.

사각 앵글

심리적으로 사각 앵글은 긴장, 변이 그리고 임박한 변동 등을 암시한다. 비스듬히 경사진 각도는 환각적인, 비현실적인 심리 상태를 표출해준다. 사각 앵글이 쓰이는 경우는 보통 매우 불안한 장면이나, 술 취한 인물의 시점 샷, 액션 장면 등이다. 놓고 찍기도 하지만 들고 찍는 장면에서 주로 사용되며, 시점이 불안하기 때문에 불안감과 긴박감을 준다. 올리버 스톤 감독의 〈킬러〉는 거의 영화 내내 사각 앵글을 사용했는데, 이는 불안정한 등장인물들의 정신상태뿐만이 아니고, 그리 아름답지도, 그리 안정적이지도 못한 미국 사회의 천박한 단면을 상징적으로 나타내기 위한 앵글 선택이라고 볼 수 있다.

인정사정 볼 것 없다

3. 편집

영화를 연극에서 가장 멀리 떼어놓은 요소를 꼽아보자면 아마 편집일 것이다. 물론 영화가 샷에 의해 피사체를 가깝게도 혹은 멀리 잡아줌으로써 관객의 시야를 통제하는 점에서 연극과 구별되지만 보다 더 중요한 것은 영화 전체의 양식적 체계를 지배하는 편집 때문이다. 편집은 작품 전체의 구성과 효과에 가장 큰 영향을 미친다고 할 수 있다.

물리적인 의미에서 편집이란 샷과 샷을 연결하여 신으로, 신과 신을 연결하여 시퀀스로 확장하는 작업을 의미한다. 그러나 영화에서 편집은 단순한 물리적 작업을 뛰어 넘어 영화 문법의 가장 핵심적인 요소다. 바로 이러한 이유 때문에 영화사를 따라가면서 편집의 갈래가 불어났으며, 초기 단순한 활동사진에서 벗어나 전혀 새로운 영화 장면들이 가능하게 되었던 것이다. 편집이 가능해지면서 영화에서의 시간이 실제 사건의 길이에서 자유로워지고, 영화 속에 새로운 주관적 시간 개념이 도입되었다.

편집의 기교

샷과 샷을 연결하는 방법으로는 **페이드(fade), 워시아웃(washout), 디졸브(dissolve), 와이프(wipe), 커팅(cutting)** 등이 있다. 페이드는 샷의 시작과 끝을 늘어지게 함으로써 시간적 이완을 통해 서정적 리듬을 준다. 페이드와 유사한 편집상의 목적으로 사용되는 광학적인 장면전환의 하나로 이미지들이 암흑 상태까지 어두워지는 페이드아웃과는 달리 워시아웃에서는 이미지들이 갑자기 탈색되거나 스크린이 백색이나 혹은 색깔 있는 빛으로 가득한 프레임이 될 때까지 채색되며 그 후에 새로운 장면으로 이어진다. 디졸브는 한 화면의 영상이 서서히 나타나는 동안 다른 화면의 영상이 사라지는 방식이다. 와이프는 커튼이 걷히듯이 다른 장면으로 전환하는 방식으로 속도감이 있어 희극 영화에 자주 쓰인다. 커팅은 가장 일반적인 장면 전환 방식으로 **교차 편집(cross-cutting)이나 점프 커트(jump cut)** 같은 좀 더 발전된 방식으로 세분된다. 교차 편집은 서로 다른 장소에서 발생하는 두 가지 이상의 사건들이 담고 있는 상호 연관성을 드러내기 위해 사용되며, 긴박감을 준다. 점프 커트는 동일한 등장 인물의 행위는 변화시키지 않고 의상이나 배경을 변화시킴으로써 그 인물의 행동이나 모습을 시간적 생략을 통해 보여 주는 방식이다.

연속 편집

연속 편집은 사건의 모든 행위를 전부 그대로 묘사하지 않고도 **행위의 연속성을 유지**하려는 작업이다. 설명적인 시퀀스에 주로 사용되는데 특별한 감정이나 주제를 전달하는 것이 아니라 이야기를 전달하는 편집이다. 예컨대 어떤 사람이 한 장소를 떠나 다른 장소에 도착하는 장면을 서너 개의 짧은 커트로 압축해서 보여주는 방법이다. 이 경우 그 사람의 행위를 논리적이고 연속적으로 유지하기 위해서 편집된 시퀀스를 방해하는 어떤 장면도 개입되어서는 안되며, 특별한 목적 외에 30도를 넘어야 하고 180도를 지나쳐서는 안 된다.

연속편집은 화면의 자연스러운 흐름을 유지하기 위해서 다음과 같은 원칙들을 지킨다. 동작 및 행위의 일치, 조명과 색조의 일치, 시선 및 방향의 일치, 사운드의 일치, 행동의 인과관계 등이다. 연속 편집은 장면들의 연속성을 생명으로 하기 때문에, 촬영 전부터 면밀하게 장면들을 계획해 두어야 한다.

고전적 편집

그리피스가 시도한 이후 편집의 전형이 된 고전적 편집은 단순한 물리적인 동기에서 벗어나 극적인 집중과 정서적 고양을 위해 고안된 편집으로서 심리적 차원에서 관객들의 반응을 조종하고 통제하기 위해 사용된다. 단순한 물리적인 동기에서가 아니라 극적인 집중과 감정적 강조를 위해 고안된 기법으로서 연속 편집이 현실적인 시간 생략으로 이야기를 축약하여 전달하는 기법이라면 고전적 편집은 관객들에게 등장인물들의 감정이나 심리상태를 전달하기 위한 편집이다. 물론 고전적 편집 역시 사건의 연속성을 깨뜨리지는 않는다는 점에서 연속편집 체계를 벗어나지는 않는다. 고전적 편집을 통해 감독은 한 사건 안에서 자신이 보여주고 싶은 부분을 고도로 계산된 다양한 샷을 통해 잡아낸 다양한 커트들을 통합하고 대조시키고 병치시키면서 한 신 속에서 관객의 시점을 다양하게 이동시킨다. 화면 속의 인물의 행위를 일련의 분할된 샷으로 나누어줌으로써 그 인물이 드러내는 감정의 미세함뿐만 아니라 이를 지켜보는 관객의 반응까지 조절할 수 있다.

비연속 편집(주제적 편집)

그리피스의 다양한 편집 기교, 그러니까 장소 전환, 시간 격차, 서로 다른 샷의 배치, 인물의 심리적, 신체적 특징 강조, 상징적 삽입 화면, 병행과 대조, 시점 이동, 동기의 반복 등과 같은 기교들은 영화 속에서 현실적인 시공간을 파괴함으로써 소련의 영화 감독들에게 영화 편집의 새로운 모습을 소개했다.

146

소련의 감독 세르게이 에이젠스타인은 자신의 편집 방향을 스토리의 명료화에 종속시키기보다는 대립물의 충동과 종합을 통해 역동적 편집 원리를 제시했다. **주제적 몽타주**로 불리는 이러한 편집 방향은 **현실적 시, 공간의 연속성을 무시하고 관념들 사이의 결합을 강조**한다. 그의 편집 방향은 고의적으로 연속 편집을 위반하며 샷과 샷, 시퀀스와 시퀀스 사이에 최대한의 상충이 발생하도록 하는 것이었다. **서로 다른 이미지들이 충돌하면 새로운 의미가 발생한다**는 그의 몽타주 이론은 〈전함 포템킨〉의 오데사 계단 위의 학살 장면에서 잘 나타나는데, 잘게 나눈 장면들을 빠르게 결합시켜 보여줌으로써 민중 학살 현장을 롱 테이크로 찍힌 하나의 샷으로 잡아주는 것보다 훨씬 더 강력한 긴박함과 호소력을 지닌다. 이런 그의 이론의 배후에는 관객들이 상충되고 충돌하는 장면들을 지각하고 인식함으로써 의식을 바꾸리라는 믿음이 깔려 있다.

마르크스주의자였던 에이젠스타인은 영화를 통해 관객의 감각, 정서, 영혼 등을 자극하고자 의도된 복잡한 영상 유형을 구출하기 위해서 시간과 공간을 자유롭게 넘나든다. 그의 공간적 편집은 시간적 편집과 맞물려 영화 속의 사건을 해석하는 조응, 비유, 대립을 구축하며, 관객들은 서로 다른 커트 사이의 상호 연관성을 건져 올리도록 요구받는다.

주제적 편집의 기교로는 **교차(병행) 편집, 인서트(인터컷), 플래시 백, 플래시 포워드, 커트 어웨이** 등이 있다. 이러한 방식들은 사건의 시간적 순서보다는 주제적으로 연관성을 확보하게 함으로써 시간의 본질을 자유롭게 탐색할 수 있게 한다. 영화 속에서의 시간을 실제 사건의 시간보다 줄이거나 늘림으로써 가능해지는 시간의 가변성은 주제의 깊이와 폭을 확장해 주었다.

교차 편집의 백미로서는 프란시스 코폴라의 〈대부〉를 꼽을 수 있다. 영화의 첫 장면은 한 낮의 밝은 정원과 어두운 실내가 번갈아 잡아주고 있다. 딸의 결혼식이 거행되는 정원은 경쾌한 음악이 흐르며 가족들의 춤이 이어지는 공간으로, 어두운 실내는 남자들만의 냉혹한 비즈니스가 진행되는 구역으로 설정해서 마피아 두목 돈 꼴르네오네(말론 브란도)의 삶에서 가족과 사업이 분리될 수 없다는 점을 강조한다. 또한 아버지의 뒤를 이어 대부가 된 마이클(알 파치노) 역시 영화의 마지막 부분에서 동시에 진행되는 성당에서의 유아 세례라는 가족의 행사와 복수라는 조직의 행사를 통해 종교적 대부와 조직의 대부가 된다. 거의 70개에 이르는 샷들이 얽히며 편집된 이 시퀀스는 가히 코폴라식 교차 편집의 백미라고 할 수 있다.

대부

한편 조셉 콘라드 원작의 『어둠의 심연』을 월남전의 배경으로 영화화한 〈지옥의 묵시록〉에서도 교차 편집의 미학을 확인할 수 있는데, 바로 짐 모리슨의 음악이 흐르는 가운데 소를 잡는 원주민들의 의식과 윌러드(마틴 쉰)가 커츠 대령(말론 브란도)을 살해하는 장면이 거의 5분 동안 교차 편집된 마지막 장면이 바로 그것이다.

그런가 하면 두 개 이상의 커트들을 교차 편집해 사건의 긴박감을 한층 상승시키는 장면을 〈쉰들러 리스트〉에서 찾아볼 수 있다. 유태인 수용소에서 은밀하게 결혼식을 올리는 장면과 독일군 장교가 유태 여성을 성폭행하는 장면, 그리고 쉰들러가 파티에서 여러 여자들과 어울려 술을 마시며 키스하는 장면 등 모두 세 개의 커트들이 교차 편집된 이 시퀀스는 서

지옥의 묵시록

유주얼 서스펙트

케빈 스페이시

로 다른 장소에서 동시에 진행되는 세 개의 다른 사건들을 관객들에게 동시에 보여줌으로써 유태인들이 처한 상황의 비극성은 훨씬 더 돋보이며 긴박감을 준다.

영화 속 시간을 실제 사건보다 늘려줌으로써 긴장감을 제공하고 등장인물의 복잡한 심리상태를 표현하는 인터 컷의 좋은 예는 〈유주얼 서스펙트〉의 마지막 반전 장면이다. 취조받던 킨트(케빈 스페이시)가 혐의를 벗고 경찰서 밖으로 나가자 책상을 정리하던 래빈 형사가 메모판 밑에 쓰인 상표를 확인하고 커피잔을 떨어뜨리는 장면은 래빈이 추적하던 카이저 소제와 고바야시가 모두 메모장과 커피잔에 새겨진 글씨를 보고 킨트가 꾸며낸 거짓이라는 것을 증거한다. 영화 내내 래빈과 관객 모두가 속았다는 것을 깨닫게 하는 이 장면은 래빈이 깨닫는 시간보다 훨씬 더 늘려 편집되고 있다. 충격적인 반전은 대사 없이 다양한 샷의 컷들의 편집으로 전달된다.

영화 편집의 변천

영화가 편집된 최초의 예는 에드윈 포터의 〈대열차강도〉(1903)라고 할 수 있으나 실질적 영화 편집의 선구자는 미국의 D. W. 그리피스다. 그는 영화의 기술들을 한 단계 높였을 뿐 아니라 예술의 영역으로 끌어올린 영화인이었다. 영화 매체에 대한 철저하고 창조적인 이해에서 출발하여 영화 예술의 새로운 문법을 구축한 영화인으로 평가받고 있는 그리피스는 앞에서 살펴 본 세 가지 기본 유형의 편집 기술을 개발했다. 〈국가의 탄생〉(1915)은 미국 영화 감독들에게 고전적 편집의 교과서로 평가받고 있으며, 〈인톨러런스〉(1916)는 20년대 소련의 영화 감독들이 시도했던 주제적 편집의 모델이 된 작품이다.

1920년대 프세볼로드 푸도브킨이나 세르게이 에이젠스타인 같은 소련의 영화 감독들은 그리피스의 주제적 편집 기술을 더 확장 발전시켜 소위 몽타주 편집의 이론을 확립했다. 푸도브킨의 경우 그리피스보다 훨씬 더 많은 상호 연관적 클로즈업 커트를 사용했으며, 에이젠스타인의 경우 다분히 은유적 이미지들을 삽입하여 커트별로 충돌하도록 배치한 것이 특징이다. 특히 〈전함 포템킨〉의 제 4막 오데사 항구의 계단 장면은 그의 충돌 몽타주 이론을 반영한 장면으로서 밝음과 어두움, 수평과 수직, 직선과 원형, 긴 샷과 짧은 샷, 롱 샷과 클로즈업, 멈춤과 움직임 등 극단적인 양 국면을 병치시킴으로써 주제적 편집의 백미로 꼽히고 있다.

1940년대 미국의 윌리엄 와일러(William Wyler)나 오손 웰스 같은 감독들은 인위적인 편집보다 딥포커스 촬영을 더 선호했다. 1930년대 장 르느와르 감독이 채택했던 딥포커스 촬영은 어떤 거리에서건 피사체를 선명하게 잡을 수 있어서 한 샷 내의 어떤 미세한 부분도 똑같이 선명하게 표현할 수 있었다. 영화 무대 출신이었던 와일러와 웰스는 샷의 병치보다는 공간적으로 통일된 화면을 선호하였으며, 관객들에게 영화 속의 장면들을 스스로 판단하고 분별하며, 결론을 내리도록 했다.

1950년대 장 뤽 고다르, 프랑스와 트뤼포, 끌로드 샤브롤 같은 감독들은 영화 만들기의 이론과 실제에 있어 이제까지의 틀에 전혀 얽매이지 않은 모습으로 영화계에 등장했다. 바로 누벨 바그 선구자들이었다.

로마의 휴일

그들은 어떤 공식적인 편집 기법도 옹호하지 않았다. 어떤 작품에서는 롱 샷, 미장센, 롱 테이크 등 사실주의적 기법을 주로 이용했으며, 어떤 작품에서는 표현주의적 기법을 이용했다. 그들의 자유로움과 절충주의적 수법은 이후 많은 영화인들이 추종했던 기법들이었다.

그리고 1970년대 중반 이후 영화 만들기에선 어떤 편집 기교도 탁월한 지위를 확보하지 못한 채 광범위한 표현 기교들은 관객들의 눈에 자연스럽게 익숙해졌다.

후반 제작

영화 제작의 조합 단계를 후반 제작이라 하지만 촬영이 완료된 후 작업이 시작된다는 의미는 아니다. 촬영기간에도 후반 제작의 스텝들은 지속적으로 작업을 하는 것이 보통이다.

촬영이 시작되기 전에 감독이나 제작자는 편집을 담당한 편집기사를 고용한다. 이 편집기사는 촬영된 다양한 필름들을 분류하고 조합하는 책임을 맡는다. 영화 촬영시 각각의 샷들은 여러 테이크로 촬영되고, 또한 영화는 연속성을 벗어나 촬영되기 때문에 편집기사의 역할은 대단히 중요하다. 헐리우드 영화의 경우 상영 시간 90분인 극영화의 경우 보통 45만 미터가 촬영되어 편집을 통해 7천 미터로 압축되기도 한다. 가편집과 진편집을 거치고 나면 대사 음대, 음향 효과 음대, 음악 음대 등 서로 다른 자기 테이프에 개별적으로 녹음된 음대들을 합성하여 합성 음대로 만들고 영화의 음화 필름과 합쳐진다.

4. 음악/음향

지금까지 살펴본 요소들이 영화를 시각적으로 읽기 위한 도구라면 음악/음향은 영화를 청각적으로 듣기 위한 도구다. 영화관에서 단지 관객으로서 뿐만 아니라 청중으로 앉아 있는 것도 빼놓을 수 없는 즐거움이라면 영화에서 음악/음향이 차지하는 비중은 절대 간과할 수 없다.

영화 음악의 역할

영화 음악이 영상에 어떤 도움을 주는가?

첫째, 물리적 차원의 도움을 들 수 있다. 즉 관객들의 시각적 주의에 청각적인 미적 요소를 더함으로써 **영화 장면의 극적 느낌을 향상**시킨다. 음악은 영상에 대한 관객의 인상을 결정해준다. 특정 장면에 대한 관객의 인상은 화면 못지 않게 음향 효과에 의존하고 있으며, 이 두 가지가 훌륭하게 맞물릴 때 관객은 또렷한 인상을 받게 된다.

둘째, 영화 음악은 관객들의 **영상 해석 방법을 능동적으로 유도**한다. 즉 같은 장면이라도 사운드를 달리 하여 다른 느낌을 불러일으킬 수 있으며, 서로 다른 장면이지만 같은 사운드를 입혀 화면의 동질성 내지 연관성을 불러일으킬 수 있다.

셋째, 사운드를 통하여 **영상에 대한 특별한 지시**를 할 수 있다. 관객들에게 무언가를 추측하게 하거나 보도록 유도함으로써 궁금증을 증폭시키거나 오해를 불러 일으켜 반전의 효과를 낼 수 있다. 사건 전개의 어떤 전조로서 음악을 통해 화면 내에 관객의 관심을 각별하게 유도하는 이런 식의 음악적 경고는 특히 알프레드 히치콕이 즐겨 사용했다.

넷째, 음향효과는 **상징적 기능을 담당**하기도 한다.

다섯째, 음악은 **특정한 장소, 계급, 종족 등을 암시하며, 특정한 인물의 성격을 묘사**한다. 하모니카로 연주되는 서부극의 단순한 멜로디는 개척시대 미국의 모습을 묘사하며, 페데리코 펠리니 감독의 〈길〉에서 자주 들을 수 있는 트럼펫 가락은 여주인공 젤소미나의 성격을 나타낸다.

영화 음악의 종류

영화 화면 속에 삽입된 소리는 크게 배우의 대사와 그 외의 비언어적 음향/음악이 있다. 비언어적 소리인 음향/음악은 극의 분위기와 스타일을 설정하거나, 감정을 고양하며, 장면과 장면을 연결해 주는 **부수적 음향/음악(배경 음악)**과, 작품의 필수적인 요소로 작품의 구성, 등장 인물의 성격, 작품의 주제를 확립하는 **극적 음향/음악(전경 음악)**으로 구분할 수 있다. 펠리니의 〈길〉에서 니노리타가 담당한 젤소미나의 테마 송은 젤소미나의 심리를 표현해 줄뿐만 아니라 장 파노의 죽은 양심을 깨우는 음악이다. 니노리타가 담당한 음악은 영화 속에서 단순히 부수적으로 사용된 것이 아니라 또 다른 의미를 관객들에게 전달하는 기능을 수행한다는 점에서 극적 전경 음악의 압권이라 할 수 있다.

이를 다시 서사 구조의 내부와 외부로 구분해보면 스토리 공간 내의 세계의 음원으로부터 나오는 음향인 내재 음향(diegetic sound)과 서사 구조의 공간 외부에 있는 음원으로부터 비롯된 음향으로서 분위기를 위한 음향인 외재 음향(non-diegetic sound)으로 구분할 수 있다. 영화의 사건행위를 강조하기 위해 부가되는 음악이 가장 흔한 외재 음향의 하나다.

또한 뮤지컬에서 등장 인물이 실제 자신이 노래를 부르고 있음을 알고 부르는 노래인 가사 노래(diegetic song)와 분위기를 고조시키기 위해 삽입되는 노래로서 극의 흐름 속에 삽입되는 서술 노래(non-diegetic song)로 구분할 수 있다.

영화 음악의 삽입

영화 음악은 감독의 연출 계획에 의해 결정되는 것이 보통이다. 감독은 작곡자에게 자신의 음악 삽입 계획을 설명해주고 작곡자는 협의된 내용에 의해 작곡을 담당한다. 감독이 위촉한 부분의 작곡을 마친 작곡가는 그 부분을 일단 피아노로 연주하여 테이프에 녹음한 뒤 감독에게 일차적으로 합당한지를 검토 받게 된다. 감독은 템포의 조절이나 사용될 악기에 대해 특별한 주문을 하거나 편곡상의 변화를 요청할 수도 있다. 작곡자는 감독의 의견을 종합하여 음악을 수정하고 편곡하게 되며, 연주자를 모아 일정 기간 동안 연습한 후 스튜디오에서 녹음을 한다. 녹음된 음악은 감독이 원한 부분별로 번호가 붙여져 믹싱녹음실로 옮겨지게 되며, 장면에 따라 해당 번호의 음악이 영화에 삽입된다.

영화 음악의 역사

초기 무성 영화 상영시 영화 음악은 극장 안에서 영상에 맞춰 피아니스트가 직접 연주한 귀족적 음악이었다. 당시 음악은 영화 자체의 필요에 의해서라기보다는 관객의 기대에 부응하고 예술에 대한 환상을 심어주는 것에 만족

했다. 유성 영화가 도입된 이후 좀 더 세련된 음악을 요구하게 되었으며 영화관의 흥행은 영화 음악에 커다란 변화를 가져 왔다.

50년대 이후 영화 음악은 대규모로 편성된 교향악이 많이 이용되었다. 이미 알고 있는 전통적인 선율을 이용했을 뿐만 아니라 새로운 기술을 이용한 음악들이 삽입되었다. 50년대 헐리우드 영화에는 주로 재즈가 삽입되었으며, 이후 60년대까지 클래식이 주로 영화의 분위기를 도왔다. 7,80년대 잡음제거 시스템인 돌비 시스템이 개발되고 이어 입체 음향이 일반화되면서 영화 음악은 기존의 클래식 곡을 삽입하는 형태를 뛰어 넘어 새로운 연주곡을 오케스트라적인 편곡으로 창작하여 사용되었으며, 80년대 이후 팝 가수와 락 그룹의 활약이 두드러지고 그 흐름은 현재에까지 이어지고 있다. 최근에는 전통적인 Original Soundtrack의 개념을 넘어 영화 속에 담기지 않은 음악까지 덧 붙여 앨범(The Album)으로 출시되기도 한다.

영화 음악의 매력

영화 음악 안에는 영화에 관련된 것들은 물론이고 음악적인 예술성과 사운드 트랙의 가치가 모두 들어 있다. 즉 영화의 재미와 음악적인 감동을 동시에 즐길 수 있는 매력을 지니고 있다. 영화 음악의 가장 큰 매력은 듣는 음악에 그치는 것이 아니라 보는 음악, 그러니까 **시각적인 상상력**을 불러일으킨다는 점일 것이다. 영화를 보고 있을 때는 물론이거니와 그 이후에도 영화의 수많은 장면들을 떠올리게 하는 힘을 발휘하는 것이 영화 음악이다. 또한 음악 자체로서도 각종 효과음이 배경에 깔리게 됨으로써 기존의 음악에서는 발견할 수 없는 **생동감과 현장감**을 느낄 수 있다.

5. 특수효과

텔레비전 때문에 영화관을 멀리했던 관객들의 발을 돌리게 해서 70년대 후반 헐리우드 영화를 다시 일으켜 세운 감독은 디지털 특수 효과를 사용하여 모험과 판타지를 영화 속에 담아 낸 조지 루카스나 스티븐 스필버그를 꼽을 수 있다. 헐리우드 영화는 말할 것도 없고 최근 한국영화에 자주 도입되어 한국 영화 중흥의 일익을 담당하고 있는 특수 효과는 영화 만들기의 수준과 범위를 한 단계 더 높이고 있으며 그 의미까지 확장시키고 있다. 컴퓨터 그래픽의 놀라운 발전과 첨단 기술은 실제 물리적인 피사체가 차지했던 화면 속 공간들을 가상의 피사체들로 채울 수 있도록 하고 있으며, 현실에서 존재하지 않는 가상의 이미지들이 현실을 오히려 더 현실감 있게 구축해내고 있다.

〈구미호〉에서 엿볼 수 있는 초보적인 컴퓨터 그래픽을 시작으로 〈은행나무 침대〉의 환상적인 영상을 비롯하여 한국 영화에 3차원적 입체 화면을 도입했다는 평가를 받았던 〈퇴마록〉에서 한국 영화의 특수 효과의 가능성을 보여주었다. 최근에는 〈유령〉과 〈인정 사정 볼 것 없다〉에서 특수 효과는 사실보다 더 사실적인 효과를 내고 있다. 또한 20분 이상의 컴퓨터 그래픽 화면을 삽입하여 저승과 이승을 넘나드는 환상적인 장면들을 보여주었던 〈자귀모〉는 한국 영화의 특수 효과의 비약적인 발전을 보여준다.

달리는 열차의 벽을 뚫고 들어가거나 사람의 몸을 통과하게 하는 장면은 배경과 물체를 따로 촬영해 합성하는 기법을 통해 만들어지며, 동일한 장면에서 한 인물이 순식간에 다른 인물로 변하는 모습은 여러 개의 장면을 단계적으로 촬영해 합성함으로써 가능하다. 또한 물방울이 모여 움직이는 물귀신이 되는 장면은 치밀하게 계산된 컴퓨터 그래픽 화면이다.

특수 효과에 의해 만들어지는 이미지는 실제가 아닌 가짜의 이미지다. 관객들은 특수 효과가 만들어내는 가짜를 통해 실제 있었으나 지금은 사라져버린 과거를 만나고 지금은 존재하지 않지만 앞으로 분명히 존재할 미래를 확인한다. 영화 만드는 일이 인간의 무한한 상상력을 통해 가짜를 진짜처럼 보이게 하고 복제된 허구의 이미지를 통해 원본을 확인하는 일을 가능하게 하는 작업이라면, 또한 관객들이 영화를 통해 모험과 판타지가 가득한 미지의 세계 속으로 들어가고 싶어하는 욕망이 지속되는 한, 그리고 바로 이러한 점들이 영화가 탄생한 배경이고 의존하는 토양이라면, 영화에서 특수효과가 차지하게 될 영역은 더욱 확장될 것이다.

토론할 거리

1. 영화 음악의 기능에 대해 토론하시오.

2. 코폴라의 〈대부〉의 마지막 장면을 보고 교차 편집의 효과에 대해 토론하시오.

3. 부감 앵글과 앙각 앵글이 관객들에게 주는 심리적 영향은 무엇인가?

4. 수평 트레킹과 수직 트레킹의 효과에 대해 토론하시오.

5. 에이젠스타인의 〈전함포템킨〉에서 사용된 주제적 편집의 특징들은 무엇인가?

IV
영화를 만드는 사람들

1. 연기자들

연극 배우와 영화 배우의 차이는 무엇일까? 연극 무대에서 만나는 배우와 영화화면 속에서 보게 되는 배우는 그 자질과 특성에서 매체의 시공간적 차이만큼이나 다르다.

연극 배우

연극 무대 위에서 배우는 공연 내내 공연의 흐름을 주도한다. 따라서 연극 배우는 신체적으로도, 음성적으로도 탁월한 기능을 갖추어야 한다. 분장의 효과가 뚜렷이 드러나야 하며, 대사는 명확하게 들려야 한다. 연극 배우는 오랜 기간 동안 목소리 훈련을 통해 장기간의 연습과 공연에도 견뎌낼 수 있도록 해야 하며 자연스런 대사 처리와 양식화된 동작까지 체계적으로 훈련해야 한다.

연극 배우는 항상 몸 전체를 드러내기 때문에 항상 유연하면서도 탄력 있는 신체를 유지해야 한다. 자신의 몸을 통제할 수 있어야 하며, 손의 사용법도 숙지해야 한다. 훌륭한 연극 배우는 적어도 두 가지의 능력을 구비해야 한다. 하나는 극중 인물을 **믿을 만하게 묘사**하는 방법이며, 다른 하나는 **발성 및 신체적 기교를 습득**하는 것이다.

연극에서 연기는 현실적 시간의 흐름을 그대로 유지한다. 특정 장면을 연기할 때 연극 배우들은 실제 상황에서 소모된 시간만큼 사용한다. 연극 배우는 연극의 공연되는 시간만큼 무대 위에서 움직이고 연기해야 하기 때문에 물리적 체력과 심리적 체력을 적절히 조절해야 한다.

영화 배우

막이 오른 무대 위의 연극 배우가 혼자 해결하는 연기자라면 영화 배우는 지극히 단편적으로, 최소한의 기교만으로도 훌륭히 영화에 적응할 수 있다. 영화 배우에게 요구되는 가장 큰 덕목은 바로 **표현력**이다. 그 중에서 가장 으뜸가는 요소는 바로 **얼굴 표정**이다. 실제로 육안으로 보는 얼굴과 카메라에 찍힌 얼굴과는 상당한 거리가 있다. 영화 배우는 카메라를 통해 찍힌 채 관객들에게 보여지기 때문에 카메라를 잘 받는 얼굴을 지녀야 한다.

영화에서 연기는 감독에 의해 크게 좌우된다. 감독의 기본적 시각이 사실주의적이라면 연기자의 연기력이 중요한 요소로 평가된다. 그러나 표현주의 계열의 감독들은 배우의 연기력보다 카메라의 작동을 중시하기 때문에 배우의 연기술은 그 중요성이 반감되기도 한다.

영화 배우의 목소리는 크게 중요한 요소는 아니다. 기계의 도움을 받는 영화는 그 음량을 조절할 수 있기 때문이다. 또한 목소리의 결도 기계적인 조작으로 변형할 수 있다.

영화 배우의 신체적 조건도 연극 배우의 그것과는 다르다. 주연 배우라 하더라도 신체적으로 클 필요는 없다. 배우의 신체적 문제는 샷의 변화를 통해 충분히 상쇄할 수 있다.

영화의 기본 단위는 샷이기 때문에 배우는 오랜 시간 연기할 필요도 없다. 또한 영화는 촬영 순서대로 상영되는 것이 아니라 편집을 통해 완성되기 때문에 보다 체계적인 감정 축적이나 긴 호흡의 연기도 요구되지 않는다. 영화 배우에게 무엇보다 중요한 것은 **고도의 집중력**이다.

영화 배우는 상대 배우보다 카메라를 더 의식해야 자연스러운 연기가 확보
된다는 점도 연극 배우의 연기와 다른 점이다.

연기의 스타일

영화 배우의 연기 스타일을 범주화하여 설명하기란 거의 불가능한 작업일
것이다. 시대 별로 범주화할 배우들의 집단도 없거니와 동일 배우라도 어느
정도 연기의 스타일을 고수하긴 하지만 작품마다 변신을 해야하는 연기자의
특성을 잡아내기란 만만치 않은 수고를 요구하기도 한다.

그렇다면 연기의 기본이라고 할 수 있는 사실주의적 연기술을 살펴보고 참
고할만한 배우들을 추려보는 것이 오히려 필요한 과정일 듯 하다.

사실주의적 연기

19세기 말 이전까지 연극 배우들은 각자의 재능을 활용하여 연기하기는 했
지만 체계적으로 배우거나 교육하는 방법론이란 없었다. 연기의 미세한 부분
까지 실생활과 일치된 연기 방법을 체계적으로 구축하고 교육한 사람이 러시
아의 배우이자 연출가며, 모스크바 예술 극단 설립자인 콘스탄틴 스타니슬랍
스키(Constantin Stanislavsky, 1863~1938)였다. 그의 이론은 무대 위의 연
극 배우들을 위한 것이지만 영화 배우에도 무리 없이 적용될 수 있으며, 또한
연기자 교육의 교과서라는 점에서 살펴 볼 가치가 있다.

배우가 일상 생활의 **자연스러움**을 유지하는 것은 생각만큼 쉬운 일이 아니
다. 따라서 스타니슬랍스키는 자연스러움을 유지하기 위해 **배우의 교육**을 강
조했다. 그가 지향하는 **연기자 교육의 목표**는 다음과 같다.

1) 연기자의 몸짓과 목소리, 동작의 리듬 등 외적 동작을 자연스럽고 **신빙성** 있게 한다.

2) 배우에게 자신이 맡은 역할의 **내적 진실**을 전달하도록 한다. 극중 인물의 외적 특징들을 표현할 수 있더라도 깊은 확신과 신념이 없을 경우 그 연기는 피상적이고 기계적으로 보일 뿐이다.

3) 영화 속의 인물의 삶은 **역동적**일 뿐 아니라 **지속적**이어야 한다. 어떤 배우는 맡은 역의 특정한 부분만 강조하는 경우가 있으나, 실제 삶에서 사람들은 계속 살아 있다.

4) 배우는 다른 배우들과 **앙상블**을 이루어야 한다.

그렇다면 그가 고안해 낸 **연기술**을 살펴보자.

1) 긴장 완화

매끄럽고 생생한 동작을 하기 위해 연기자는 자유롭고 편안한 상태여야 한다. 불필요한 긴장을 풀고 항상 편안한 육체와 음성 상태를 유지해야 한다.

2) 집중과 관찰

훌륭한 연기자는 새롭게 보고 듣고 생각하는 방법을 배워야 한다. 배우가 극중 인물을 통해 살아 있는 사람으로 존재하고자 한다면 실생활에서 그가 하듯이 해야 한다.

배우는 항상 어떤 대상물, 사람, 사건에 완전히 몰입할 수 있어야 한다. 집중력을 높이기 위해 연기자는 **실생활에서 항상 관찰과 집중 훈련을 반복**해야 한다.

3) 구체적 묘사의 중요성

연기자는 항상 구체적으로 표현해야 한다. 실제로 인간은 실생활에서 상세한 특성을 지닌 감정을 표현한다. 연기자는 반드시 **구체적인 동작을 찾아야** 한다. 대본에 명시되지 않은 경우라도 연기자는 적절한 몸짓을 찾아내야 한다. 체홉(Michael Chekhov)이 심리적 몸짓이라고 부른 이 몸짓의 좋은 예는 정신 상태가 혼미하거나 시력이 좋지 않은 사람이 안경 닦는 동작을 반복하는 것을 들 수 있다.

4) 내적 진리

연기자가 등장 인물의 슬픔이나 분노, 혹은 기쁨을 정확히 반영하려면 그 인물의 내적 진리를 구체적으로 파악해야 한다. 연기자는 눈에 보이는 외적 동작이나 인물의 말보다 **내적 감정과 같은 눈에 보이지 않는 것에서 의미를 찾아야** 한다.

내적 진리를 의식하기 위한 가장 효과적인 방법은 **"마술적 가령"**(magic if)을 항상 시도하는 것이다. 만일 우리가 낯선 곳에서 밤을 지낸다면, 같이 간 친구들이 밖에 나가 돌아오지 않는다면, 왠지 모를 불안감이 생긴다면, 그 때 이상한 소리가 들린다면, 이윽고 문 열리는 소리가 들린다면, 어떻게 할까? 이런 식의 상상을 통해 극중 인물이 느끼는 내적 감정에 접근할 수 있을 것이다.

5) 감정의 회상

등장 인물의 정서적 진실을 확보하기 위한 유용한 도구가 감정의 회상이다. 즉 연기자의 **과거 경험 중 극중 인물의 상황과 비슷한 경우를 회상**해 내는 것이다. 과거 경험의 감각적 인상을 회상해 냄으로써 당시의 감정이 되살아나게 하고 그것을 바탕으로 구체적인 감정을 구축하는 방법이다.

6) 무엇을? 왜? 어떻게?

연기의 모든 행동은 목적이 있어야 한다. 즉 연기자의 동작은 항상 **그 동작과 관련된 일련의 전후 사건에 초점을 두어야** 한다. 문 여는 동작 하나도 왜 그 문을 열고 어떻게 열어야 하는가를 생각해야 한다.

7) 역할의 축

연기자는 자신이 맡은 역할의 지속성을 유지하기 위해 **그 인물이 지닌 최대의 목표를 발견**해야 한다. 인생에서 무엇을 원하는가? 원동력은 무엇인가? 이러한 목표로부터 연기자는 극 전체를 관류할 수 있는 축을 발견한다. 이러한 축을 찾기 위해 연기자는 각 장면을 작은 단위로 세분하여 각각의 목표를 찾고 이 목표들을 꿰어 전체를 관류하는 축을 찾아야 한다.

8) 앙상블 연기

연기자는 항상 다른 사람과 함께 연기한다. 연기자는 **다른 사람의 대사를 들어야** 한다. 자신이 대사를 할 때 집중하고 다른 사람이 대사를 할 때 주의력이 분산된다면 그 인물은 지속성을 상실한 인물이 될 것이다. 이를 극복하기 위해 연기자는 다른 연기자를 집중 영역 속에 항상 포함시켜야 한다.

앙상블 연기를 위해서 연기자는 상대역이 없이 혼자 연습해서는 안 된다. 혼잣말하기와는 다르다. 그렇지 않으면 반응을 받는 것에 익숙하지 않아서 실제로 함께 연기할 때 커다란 어려움을 겪게 되기도 한다.

연기자가 강한 교감 상태에 이르기 위해서는 자신의 감각을 날카롭게 사용해야 한다. 깊이 보고 느끼는 연기자라면 모든 것을 완전히 파악할 수 있을 것이다.

9) 목소리와 몸

연기자는 고도로 훈련된 목소리와 몸의 중요성을 항상 인식해야 한다.

메소드 혹은 시스템 연기

1950년대 초 미국 영화계는 메소드 혹은 시스템 연기에 매료된다. 연극 무대에서 다년간 연출했으며 **1947년 배우 훈련 기관인 '액터스 스튜디오'를 설립했던 엘리아 카잔(Elia Kazan)이 강조한 메소드 연기는 스타니슬랍스키의 연기자 교육을 좀더 구체적으로 발전시킨 것으로서 배우의 훈련과 리허설을 강조했**다.

메소드 연기는 스타 시스템이나 개인적 기호를 인정하지 않는다. 메소드 연기는 **등장 인물의 심리적 구조의 관점에서 구축**된다. 배우들은 모든 신의 개별 사항들을 구체적으로 분석해야 한다. **자신이 맡은 역을 충실히 분석하고 이해함으로써 지적으로나 정서적으로 완전히 몰입**하도록 요구한다. 말론 브란도, 제임스 딘, 로드 스타이거 같은 배우들은 '액터스 스튜디오'에서 메소드 연기를 교육받은 연기자들이었다. 현재 헐리우드에서 활약하고 있는 배우 중 메소드 연기의 진수를 보여주는 인물은 아마 더스틴 호프만일 것이다.

누벨 바그의 즉흥 연기

1960년대 프랑스의 누벨 바그 영화 감독들은 촬영 시에 배우들이 즉흥 연기를 하도록 부추겼다. 물론 즉흥 연기란 새로운 개념은 아니다. 무성 영화 시절 배우들은 자주 즉흥 연기를 했다.

고다르나 트뤼포 같은 감독들은 새로운 느낌을 강조하기 위해 한 장면이 촬영되고 있는 도중에도 배우들에게 대사를 만들어 내라고 요구하기도 했다. 예상하지 않은 질문을 배우들에게 던졌을 때 솔직하고 순진하게, 그리고 더듬거리며 대답하는 연기자들의 모습은 대단히 사실적으로 화면에 잡히곤 했다. 즉흥 연기는 배우들의 개성과 창조적 자율성을 부여한다는 점에서 현대 영화에서도 일부 감독들에 의해 채택되고 있다.

168

2. 연출부 · 영화 감독들

한 편의 영화가 만들어지기까지 많은 사람들의 땀과 열정이 동원되는 가운데 장소 물색부터 시작하여 녹음에 이르기까지 영화 만들기 작업의 처음부터 끝까지 거의 모든 부문에 걸쳐 참여하는 부서가 바로 연출부다. 한국 영화 촬영의 경우 **감독의 지휘 아래 조감독, 제 2 조수, 제 3 조수, 스크립터 등이 연출부를 구성**하는데 그들의 작업은 대략 다음과 같다.

조감독인 제 1 조수는 감독이 연출에 전념할 수 있도록 현장의 모든 상황을 점검하고 진행한다. 일일 촬영 계획표를 작성해야 하며, 연기자, 의상, 소품, 엑스트라 점검에 이르기까지 조감독의 업무는 촬영 현장에서 필요한 거의 모든 일을 점검하고 준비한다. 또한 스텝 간의 의견을 조율해야 하는 것도 조감독의 몫이어서, 현장 작업의 전반을 총괄한다고 볼 수 있다.

제 2 조수는 조감독과 함께 다음 촬영을 위하여 제반 관련 사항을 상의하고 계획하며 배우의 의상을 점검하고 현장을 정리한다.

제 3 조수는 소품을 챙기고 클래퍼 보드를 담당한다.

기록담당자(스크립터)는 현장의 진행 상황과 장면 연결, 소품 등 촬영 전반에 대한 기록을 담당하며 신과 컷의 번호와 지속 시간 등을 기록한다. 기록담당자의 가장 중요한 업무는 장면의 연속성을 면밀하게 살피는 일이다. 연기자의 외모나 몸짓, 소도구, 조명, 움직임, 카메라 위치, 그리고 각 신의 시간 등에 관한 세부묘사들을 항상 주시해야 한다. 예컨대 앞 장면에서 연기자의 소품이 뒷 장면에서 그대로 착용되었는가를 살피는 식이다.

감독은 영화 작업 거의 모든 분야에 걸친 총 지휘자다. 시나리오 선정부터 극분석, 배역 결정, 연기 지도는 물론이고 촬영, 음악에 이르기까지 영화에서 모든 작업은 감독의 연출 개념에 의해 결정되고 진행된다. 촬영 현장에서 감독의 주요 역할 중의 하나는 배역진의 연기를 형상화시키는 것이다. 대부분의 감독은 전체 영화의 맥락에서 그 장면의 위치를 배우에게 상기시키고 배우로 하여금 구체적인 연기를 창조하도록 도와주면서, 어떻게 하나의 대사, 혹은 몸짓이 이루어져야 하는지를 설명해준다.

1895년 뤼미에르 형제가 영화를 찍기 시작하여 이제 겨우 1세기가 조금 넘어서고 있어, 모든 예술 분야 중 가장 그 나이가 어리다고 할 수 있지만, 영화 종사자들은 이미 다른 분야의 예술가들보다 훨씬 더 광범위한 계층에게 친숙하게 접근해 있다. 영화 매니아라면 감독과 배우들의 구체적인 전기적 사실까지 숙지하고 있을 것이며, 그렇지 않은 일반 대중들도 적어도 몇 사람의 이름과 작품 정도는 알고 있을 정도다.

다음에 짧게 만나는 감독들은 영화사에 그 족적을 크게 남긴 위대한 인물들도 있거니와, 그렇지 않은 인물들은 아직은 그 평가가 충분히 이루어지지 않았거나 평가의 필요성이 그다지 크지 않지만, 현재 가장 활발하게 작품 활동을 하고 있으며, 또한 상업적으로 가장 촉망받는 인물들이라는 점에서, 따라서 영화 감상자들이 자주 접하게 될 인물들이라는 점에서 선별하여 소개한다. 여기 실린 자료는 internet movie data base(us.imdb.com)를 통해 수집되었다.

존 포드(John Ford, 1895~1973)

미국 메인주 케이프 엘리자베스에서 출생한 존 포드는 영화 장르 중 비교적 진지하지 않은 분야로 분류되는 서부극을 주로 연출한 감독으로 널리 알려

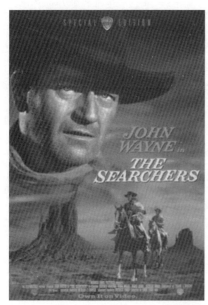
추적자들

리오 그란데

져 있지만 미국 영화사에서 가장 위대한, 가장 미국적인 감독으로 인정받고 있다.

형을 따라 헐리우드에 온 그는 〈증오의 발자취〉(1917)를 시작으로 140여편의 영화 및 TV 드라마를 연출했다. 그가 감독한 장르는 서부극에 한정된 것만은 아니다. 〈역마차〉(1939) 같은 위대한 서부극 외에도 〈긴 귀향 항로〉(1940)나 〈분노의 포도〉(1940) 같은 극영화, 〈조용한 남자〉(1952)나 〈거친 여인들〉(1918) 같은 희극, 그리고 〈사라진 순찰대〉(1934) 같은 전쟁 영화 등에서 탁월한 역량을 발휘했다.

포드는 아카데미 영화상에서 최우수 감독상을 네 번이나 수상했으며, 최우수 작품상 후보로 두 번이나 지명되었다. 1936년 〈밀고자〉로 최우수 감독상을 수상한 그는 1941년 〈분노의 포도〉, 1942년 〈내 푸른 계곡〉, 그리고 1953년 〈조용한 남자〉로 네 번의 최우수 감독상을 수상했다.

주요 작품으로는 위 작품 외에 〈추적자들〉(1956), 〈미스터 로버츠〉(1955), 〈리오 그란데〉(1950), 〈스코틀랜드의 매어리 여왕〉(1936), 〈사형 집행인의 집〉(1928), 그리고 〈세 악인〉(1926) 등이 있다.

세르게이 미하일로비치 에이젠스타인 (Sergei M. Eisenstein, 1889~1948)

건축가 아버지의 영향으로 공학을 전공했던 에이젠

스타인은 1917년 러시아 제정이 무너지자 그 이듬해 무대 디자이너로서 영화 무대에 데뷔한다. 에이젠스타인은 비록 일생동안 총 일곱 편의 작품만을 연출했지만 영화사에 큰 족적을 남긴 감독이었다. 모스크바 노동 극단의 연출가인 메이어홀트로부터 연출에 있어서 동시성과 자발성 개념을 배운 그는 이를 더 발전시켜 몽타주 이론을 확립했다. "일련의 그림들을 연결한 것이 각 부분들을 모두 합한 것보다 더 큰 정서적 효과를 준다"는 그의 몽타주 이론은 다양한 상징과 메타포를 사용함으로써 영화 편집의 새로운 방향을 열어 놓았다.

그의 작품으로는 〈폭군 이반 제 1부〉(1945), 〈자유의 씨앗〉(1943), 〈시월〉(1927), 〈전함 포템킨〉(1925), 그리고 〈파업〉(1924) 등이 있다.

나운규(1902~1937)

일제 강점기 시대의 한국 영화계에서 춘사 나운규는 독보적인 존재였다. 청년시절에는 러시아 연해주나 중국 간도지방을 방황하기도 했는데 21세 때인 1923년 신극단 〈예림회〉의 회령공연을 계기로 입단, 이듬해 해산하자 부산에서 창립된 조선키네마 주식회사의 연구생으로 들어간다. 〈운영전〉, 〈신의 장〉, 〈심청전〉, 〈흑과 백〉 등의 영화 출연에 이어 복혜숙과 함께 출연한 〈농중조〉가 크게 히트, 데뷔 2년이 채 안되어 주연급연기자로 성장하게 된다.

이에 자극을 받은 나운규는 고향으로 돌아가 함경도 아리랑에서 힌트를 얻어 우리 민족의 수난과 반항을 소재로 한 걸작 〈아리랑〉의 시나리오를 완성시켰다. 그가 극본을 쓰고 주연, 감독까지 맡아 완성한 〈아리랑〉은

나운규

항일 정신을 담고 있는 민족 영화다. 민족의 자주 해방을 호소하는 〈아리랑〉은 당시 열광적인 인기를 모아 흥행에도 대성공을 거두었으며, 예술적으로도 뛰어난 작품이었다.

나운규는 연출가로서 뿐만 아니라 연기자로서도 독보적인 존재였다. 배우로서 나운규는 당대 사회가 배출했던 유형의 인간이었다. 작은 키에 구부정한 어깨, 짧은 목에 광채 나는 눈빛은 마치 일본인들에게 학대받고 찌든 한국인의 전형처럼 비쳤으며, 그가 분장한 〈아리랑〉의 영진은 일본 제국주의에 항거하는 한국의 남성상이었다.

1937년 36살 나이로 지병인 폐결핵으로 세상을 떠나기까지 13년동안 나운규는 시나리오 20편, 감독 17편, 출연 24편이라는 정력적인 활약을 보였다. 이 가운데 〈풍운아〉(1926), 〈들쥐〉(1927), 〈금붕어〉(1927), 〈벙어리 삼룡〉(1929), 〈강 건너 마을〉(1935) 등 대개의 작품은 그가 직접 감독, 출연을 맡아 '영화의 독재자' 란 별명을 얻기도 했다. 3·1 운동 때 회령만세사건으로 한때 옥고를 치르기도 했던 나운규는 검열제도가 상존한 식민시대에도 정공법의 언어를 택함으로써 〈들쥐〉는 영화사상 처음으로 상영금지 처분을 받기도 했다.

문화탄압이 심해지는 30년대로 넘어가면서 그의 영화인생은 기울어지기 시작했는데 1929년 나운규 프로덕션은 해체되고 만다. 잇따라 작품이 흥행에 실패하게 되자 나운규는 1932년 이규환 감독의 〈임자 없는 나룻배〉를 끝으로 유랑극단을 따라 전국을 떠돌게 된다. 2년의 유랑극단 시절을 끝내고 영화계로 되돌아온 그는 〈강 건너 마을〉(1935), 〈오몽녀〉(1936)로 재기의 움직임을 보였으나 무리한 작업으로 폐결핵이 악화, 1937년 8월 9일 고난과 영광에 찬 한평생을 마감하고 말았다. 한국인의 비애와 항거, 민족애와 자주 정신을 주제로 삼고, 당시 새로운 영화 기법이었던 몽타주를 도입했던 그는 한국 영화 예술의 선구자였다.

알프레드 히치콕
(Alfred Hitchcock, 1899~1980)

새

영국 런던의 청과물상의 아들로 태어난 히치콕은 엄격한 카톨릭 학교에서 공부했으며 성 이그나티우스 대학을 졸업했다. 1915년 헨리 전보회사에 감정인으로 취직한 그는 이 당시부터 이미 영화관을 찾아다니며 영화에 흥미를 느꼈던 것으로 알려지고 있다. 1920년 런던에 '라스키 영화 스튜디오'가 개설된 것을 알고 타이틀 디자이너로 취직했으며 그후 이 년 동안 그곳에서 제작된 모든 영화의 제목을 디자인했다.

1923년 〈언제나 부인에게 말하게〉를 연출하던 감독이 병에 걸리자 히치콕은 대리 연출을 함으로써 감독으로 데뷔한다. 이후 게인스보로우 영화사에 조감독으로 취직했으며, 1925년 영국과 독일의 합작 영화인 〈쾌락의 정원〉을 감독한다. 1976년 〈패밀리 플롯〉을 끝으로 감독할 때까지 특히 스릴러 분야에서 탁월한 연출 솜씨를 보인 히치콕은 안타깝게도 상복이 없는 감독이었다. 1941년 〈레베카〉로 아카데미 최우수 감독상 후보로 선정된 이후 모두 다섯 번의 감독상 후보와 한 번의 최우수 작품상 후보로 선정되었으나 한번도 수상하지 못했다.

히치콕

히치콕의 영화에서 특히 흥미로운 것은 50편이 넘는 그의 영화를 관류하는 히치콕 만의 독특한 요소를 발견할 수 있다는 것이다. 가장 일반적으로 알려진 특징은 자신이 만든 영화의 한 장면에 출연한다는 것이다. 까메오

(Cameo)의 전통을 세웠으나 영화 텍스트의 기호적 집중력을 떨어뜨렸다는 비난을 받기도 했다. 그러나 영화 초반부에 삽입함으로써 관객들에게 본격적인 사건이 전개된다는 암시를 주는 장치로 이용한 것이다. 또한 스릴러 영화에서 서사 전개와 전혀 상관없으면서도 관객의 호기심을 증대시킨 후 홀연 사라져서 관객의 판단력에 서스펜스와 혼란을 주며 관객의 기대를 배반함으로써 오히려 관객에게 여유와 성찰의 기회를 주는 영화적 속임수인 맥거핀(MacGuffin) 효과를 들 수 있다. 〈사이코〉에서 영화 초반에 관객의 시선을 끌지만 실제 사건과는 아무 상관없이 여주인공이 살해당하면서 사라지는 돈뭉치가 그 좋은 예다.

히치콕은 관객의 존재와 의미에 대해 특별한 성찰을 하고 있다. 그는 영화를 통해 관객이 사건의 주인공과 동일화하도록 부추기고 있다. 관객은 응시를 통해 자기 존재를 망각한 채 사건 속으로 빨려 들어간다. 특히 관객들에게 극중 인물보다 사건의 비밀 정보들을 더 많이 알게 함으로써 사건을 적극적으로 해석하고 판단하게 하지만 동시에 이를 배반하는 식의 그의 서스펜스 기법은 관객으로 하여금 끊임없이 불편함과 판단력이 지연됨을 느끼게 하고 점점 영화 속으로 몰입해 가도록 한다. 의도적으로 관객들에게만 사건의 긴박성을 드러냄으로써 관객들의 관음증적 시선의 긴장감을 부여하는 것이다.

또한 히치콕은 영화의 고전적 이야기 구조 속에 새로운 다양한 시각적 실험과 비관습적 장치들을 도입함으로써 헐리우드 영화 계열에 휩쓸리지 않았던 감독이다. 영화 문법이라는 측면에서 그는 입법자면서 옹호자였다. 대사 위주의 고전적 헐리우드 영화와 달리 연속되는 이미지들을 압축해서 표현함으로써 영화를 이끌게 하며, 주관적 시점으로 화면을 구성하기를 즐겨 했다. 서스펜스 영화에서 침입하는 인물의 주관적 시점은 불안한 음향과 어울려 관객들의 공포감을 극대화하는 효과를 낸다. 또한 피사체의 크기와 커팅의 속도

를 박진감 있게 편집하는 식의 몽타쥬 기법을 자유롭게 조절함으로써 특유의
공포감을 전달한다.

　주요 작품으로는 〈프랜지〉(1972), 〈토파즈〉(1969), 〈새〉(1963), 〈사이코〉
(1960), 〈북북서로 진로를 돌려라〉(1959), 〈현기증〉(1958), 〈살인 다이얼 M을
돌려라〉(1954), 〈나는 고백한다〉(1953), 〈구명선〉(1945), 〈레베카〉(1941) 등이
있다.

빌리 와일더(Billy Wilder, 1906~2002)

▼사브리나, ▼▼뜨거운 것이 좋아

　1906년 오스트리아 수차에서 태어난 와일더는 변
호사가 꿈이었으나 비엔나 일간지 기자로 근무하면
서 진로를 바꾼다. 1929년 유태인인 그는 독일에서
시나리오 작가로 데뷔했으나 1933년 히틀러가 집권
하자 파리를 거쳐 미국으로 망명한다. 헐리우드에
정착한 그는 피터 로리와 찰스 브라킷과 교분을 트
면서 영화에 종사하게 되며 이후 작가로서, 감독으
로서, 그리고 제작자로서 수많은 작품들을 발표한
다.

　1981년 〈버디 버디〉를 끝으로 감독에서 은퇴할 때
까지 그는 수십 편의 작품들을 연출했으며, 흔히 가
벼운 코미디나 로맨스를 연출한 감독으로 알려졌으
나 의외로 필름 느와르나 전쟁 영화를 연출하기도
했다. 역대 미국 감독들 중 가장 많은 상을 수상한
감독으로 인정받고 있는 그는 아카데미상에서 1940

년 〈니노치카〉로 최우수 각본상 후보로 지명된 후 1945년 〈이중 보상〉으로 최우수 감독상 후보로, 1949년 〈이국의 정서〉, 1952년 〈위대한 사육제〉, 1955년 〈사브리나〉, 1958년 〈목격자〉, 1960년 〈뜨거운 것이 좋아〉 등에서 최우수 감독상 후보로 지명되었다. 또한 1946년 〈잃어버린 주말〉과 1960년 〈아파트를 빌려 드립니다〉로 최우수 감독상을 수상했으며, 1950년 〈선셋 대로〉로 최우수 극본상을 수상했다.

그 외 주요 작품으로는 〈포춘 쿠키〉(1966), 〈오후의 사랑〉(1957), 〈칠 년만의 외출〉(1955), 〈왈츠 황제〉(1948), 〈주교의 부인〉(1947) 등이 있다.

엘리아 카잔, 욕망이라는 이름의 전차

엘리아 카잔(Elia Kazan, 1909~2003)

1909년 그리스 출생의 엘리아 카잔은 영화 연출가와 영화 감독으로서 모두 성공한 인물이다. 브로드웨이에서 테네시 윌리엄스의 〈욕망이란 이름의 전차〉와 〈뜨거운 양철 지붕 위의 고양이〉를 연출하기도 했던 그는 동일한 작품을 영화로도 만들어 성공을 거두었다. 콘스탄틴 스타니슬랍스키식의 메소드 연기술 신봉자인 그는 철저한 사실주의적 연기를 요구한 감독이었다.

모두 다섯 번의 아카데미 상 후보로 선정되었으며 1948년에 〈신사 협정〉, 1955년에 〈워터프론트〉로 최우수 감독상을 수상했다. 특히 그리스 이민자들의 삶을 다룬 영화를 많이 감독했으며 1964년 아카데미 최우수 감독상 및 최우수 각본상 후보로 선정된 〈아메리카, 아메리카〉가 그 좋은 예라고 할 수 있다.

주요 작품으로는 〈마지막 재벌〉(1976), 〈방문자들〉(1972), 〈아메리카, 아메리카〉(1963), 〈초원의 빛〉(1960), 〈에덴의 동쪽〉(1955), 〈워터프론트〉(1954), 〈만세 자파타!〉(1953), 〈욕망이란 이름의 전차〉(1951), 〈신사 협정〉(1947), 〈브룩클린에는 나무가 자란다〉(1945) 등이 있다.

구로자와 아끼라 (黑澤 明, 1910~1998)

1910년 도쿄 오모리 출생인 구로자와는 처음에 영화 간판을 그리는 화가로 영화계에 데뷔한 이래 조감독을 거쳐 1943년 감독으로 정식 데뷔한다. 전쟁 전에는 오락 중심의 영화를 주로 만들면서 평범한 감독에 머물렀으나 1950년 일본 사무라이 영화의 예술성을 과시한 〈라쇼몽〉(羅生門, In the Wood)을 감독함으로써 세계 영화계에 일본 영화계를 알린 그는 이 작품으로 베니스 영화제에서 대상인 금사자상을 받는다. 아꾸다가와의 원작 소설을 자신이 각색하여 만든 이 작품은 어느 부부가 화적패를 만나 남편이 보는 앞에서 아내는 윤간 당한 뒤 남편까지 살해된 사건을 두고 판관 앞에서 세 사람의 증언자들의 이야기를 다룬 내용이다. 인간성에 대한 불신과 절망, 객관적 진리에 대한 불신과 의혹 등을 중심 주제로 삼고 있는 이 영화는 전후 서구 관객들에게 커다란 반향을 불러 일으켰다.

이후 위암 선고를 받은 시한부 인생의 늙은

구로자와 아끼라

공무원의 삶은 잔잔하게 그린 〈이끼루〉(Living)(1952), 뜨네기 난폭자들의 습격을 막기 위해 고용된 일곱 명의 사무라이를 다룬 〈일곱 사무라이〉(1954), 셰익스피어의 『맥베드』를 일본으로 옮겨 전국 시대의 한 성주의 이야기를 그린 〈구모노수 조〉(Throne of Blood)〉(1957), 영화 전편이 거의 야외 촬영으로 이루어졌으며, 탁월한 망원렌즈 사용으로 칼싸움을 예술의 경지로 묘사했다는 평을 받았던 〈요진보〉(The Bodyguard)(1961) 등을 감독했으며, 1960년대 후반부터 1970년대 전반에 이르기까지 작품활동을 잠시 중단하기도 한다.

1980년 그를 따르던 프란시스 코폴라와 조지 루카스의 도움으로 일본 전국 시대 한 무장의 비극적 삶과 가신들의 충성심을 그려 일본 국내 흥행에서 공전의 성공을 거둔 〈가게무샤〉(The Shadow Warrior)를 감독하며, 1985년에는 셰익스피어의 『리어왕』을 각색한 〈란〉(Chaos)을 감독한다. 90년대에 들어와서도 그는 활발한 작품 활동을 벌이는데 1990년에 〈유메〉, 91년에 〈팔월의 광시곡〉, 93년에 〈마다다요〉(Not Yet)를 감독한다.

구로자와의 영화는 일본의 관객들보다 서구 관객들에게 더 호평을 받았다는 점이 특이하다. 이는 그가 셰익스피어나 도스토예프스키, 고리끼 등과 같은 서구 작가들의 작품들을 번안하여 감독한 탓이기도 하지만 그의 서사적 영화풍과 탁월한 영상미의 보편성 때문이기도 하다. 대자연의 힘을 힘있게 잡아내고 있는 그의 영상 감각은 데이비드 린과 견줄만하다. 또한 그의 작품에는 강렬한 인간애가 일관되게 흐르고 있다. 그가 내세운 주인공들은 거의 고뇌하는 인간이며 강한 의지에도 불구하고 좌절하고 패퇴하는 한계를 지닌 살아 있는 인간이다. 그는 등장 인물의 고뇌를 다양한 구도로 포착하고 변화시키는데 탁월한 감독이었다.

1990년 아카데미 영화제에서 공로상을 수상할 때까지 구로자와는 1986년 〈란〉으로 최우수 감독상 후보로 선정되기도 했으며, 1980년에는 〈가게무샤〉

로 깐느 영화제 황금종려상을 수상했다. 또한 1992년에는 그리피스 상을, 1985년에는 로스앤젤레스 영화 비평가 협회상을, 그리고 베니스 영화제에서는 1951년 〈라쇼몽〉으로 금사자상을, 1954년에는 〈일곱 사무라이〉로 은사자상을 수상했다.

오손 웰스(Orson Welles, 1915~1985)

부유한 발명가 아버지와 아름다운 피아니스트 어머니 사이에서 태어난 오손 웰스는 어렸을 때부터 풍부한 예술적 환경과 그에 따른 재능을 부여받았던 인물이었다. 여덟 살 때 어머니가 죽자 아버지는 그를 데리고 세계를 돌아다녔으며, 열두 살 때 아버지가 죽자 시카고의 한 의사의 도움을 받고 자라게 된다. 1934년 극작가 손튼 와일더의 추천으로 뉴욕의 '캐서린 코넬 극단'에 입단하며 〈로미오와 줄리엣〉의 티볼트로 데뷔한다. 1937년 영화 배우 존 하우스만과 뜻을 같이 해 '머큐리 극단'을 결성하고, 방송을 이용해 공연하게 된다. 1941년 〈시민 케인〉을 감독함으로써 영화계에 데뷔했으나 상업적으로 큰 실패를 맛본다. 이후 그가 만든 많은 영화들이 수입을 올리지 못하자 1948년 유럽으로 도피한다.

오손 웰스

재능에 비해 상업적으로 인정받지 못했던 그는 1942년 〈시민 케인〉으로 아카데미 최우수 주연상, 감독상, 작품상 후보로 추천되었으나 최우수 각본상만을 수상한다. 1971년에는 아카데미 공로상을, 1975년에는 미국 영화 협회 공로상을, 그리고 1984년에는 그리피스 상을 수상한다.

안타까운 것은 그가 만든 작품들이 상업적으로 성공을 거두지 못했다는 점이며, 다행인 점은 해를 거듭할수록 영화 감독, 배우로서의 그의 탁월함이 더욱 인정받고 있다는 점이다. 주요 작품으로는 〈바람의 저편〉(1972), 〈불멸의 이야기〉(1968), 〈오델로〉(1952), 〈맥베드〉(1948), 그리고 가장 유명한 〈시민 케인〉(1941)이 있다.

잉그마르 베르히만(Ingmar Bergman, 1918~)

1918년 7월 14일 스웨덴 웁살라 출생. 연극 활동을 하던 중 알프 쇠베르히의 각본을 담당한 것을 계기로 영화계에 진출. 1946년 〈위기〉로 데뷔했다.

1955년 〈여름밤의 미소〉로 깐느 영화제에서 시적 유모어 상을 수상했으며, 1957년 〈제 7의 봉인〉을 만들면서 세계적인 감독으로 부상하게 된다. 같은 해

베르히만

에 만든 〈산딸기〉가 베를린 영화제에서 은곰상을 수상했으며, 1962년 〈어두운 유리를 통해〉로 아카데미 영화제 외국어 영화상을 수상했다.

1959년에 스톡홀름의 왕실 극단에 가입했으며, 1963년에 왕실극장장을 역임하기도 했다. 1976년 개인소득세 탈세 혐의로 뮌헨으로 망명한 뒤 이국에서 활동하다가 1978년 귀국 요청을 받고 고국에 돌아 와 〈리허설 후〉(1984)와 〈화니와 알렉산더〉(1986)을 발표한 뒤 공식적으로 영화계에서 은퇴한다.

페데리코 펠리니(Federico Fellini, 1920~1993)

이탈리아 리미니 출생. 작가로서, 배우로서, 그리고 감독으로서 활동했던 그는 삶과 꿈이 그의 영화의 주제라고 밝히고 있으며 실제로 다양한 작품 속에서 그의 고향과 가족들을 묘사하고 있다. 외판원이었던 아버지의 모습은 〈달콤한 인생〉(1960)과 〈8과 1/2〉에 등장하고 있다.

로마 출신이었던 어머니는 그가 세 살 때 로마로 데려갔으며, 그는 그곳에서 로마 대학에 입학한다. 젊은 시절 펠리니는 순회 극단 희가극에 매료되었으며 희극배우로 활동하기도 했다.

1950년 〈다양한 빛〉을 시작으로 〈젊음과 정열〉(1953), 〈도시의 사랑〉(1953), 〈길〉(1954), 〈카비리아의 밤〉(1957), 〈달콤한 인생〉(1960), 〈8과 1/2〉(1963), 〈아마코드〉(1974), 〈카사노바〉(1976), 〈관현악 리허설〉(1979) 등을 감독했으며, 1980년에는 〈여인들의 도시〉, 1984년에는 〈항해하는 배〉를 프랑스에서 연출하기도 한다.

그의 수상 경력은 대단히 화려하다. 모두 아홉 차례에 걸쳐 아카데미 상 후보로 지명되었으며 1993년에 공로상을 수상한다. 깐느 영화제에서는 1960년에 〈달콤한 인생〉으로 황금 종려상을, 1987년에는 〈인테르비스타〉로 40주년 기념상을 수상했다. 또한 1963년에는 〈8과 1/2〉로 뉴욕 영화 비평가협회의 최우수 외국어 영화상을 수상했다.

앤소니 퀸과 줄리에트 마시나를 기용하여 아카데미 최우수 외국어 영화상을 수상한 그의 대표작 〈길〉(1954)은 펠리니 영화의 특징을 잘 보여준다. 마시나의 팬터마임 배우 같은 표정 연기가 일품인 이 영화에서 펠

페데리코 펠리니

리니는 젤소미나가 장 파노에게 보내는 따스한 인간애와 사랑을 통한 구원을 주제로 인간 내면의 심리를 섬세하게 그려내고 있다. 그들이 서커스 행각을 벌이기 위해 따라가야 하는 길을 현실 속의 삶의 길이면서 사랑이라는 정신적 구원을 찾아가는 길이다. 영화 〈길〉을 통해 펠리니는 네오 리얼리즘 계열의 작가와 결별하여 지극히 주관적인 영화 세계를 형성한다. 특히 서정적 영상과 음악은 네오 리얼리즘 계열의 작가에게서는 찾아 볼 수 없는 그만의 장점이다.

또한 과감한 성 묘사와 종교 비판으로 문제가 된 영화 〈달콤한 인생〉에서는 그의 또 다른 영화적 기법인 삽화적 서사구조를 엿볼 수 있다. 작가 지망생이지만 삼류 신문 기자인 마르첼로 마스트로안니가 일주일 동안에 만나는 사람들과의 사건들을 삽화적으로 그리고 있는 이 영화는 신이 부재하고 종교가 무능해진 현대 사회에서 자아를 상실한 인간의 타락상을 통해 당시 이탈리아 사회의 부르주아 계급의 도덕적 타락상을 고발하고 있다.

영화를 만드는 감독에 관한 영화 〈8과 1/2〉은 펠리니의 자전적 영화다. 제목이 시사하듯이 이 영화는 펠리니의 여덟 번째 작품이며, 그 이전에 다른 감독과 공동으로 만든 영화를 포함한다면 1/2이라는 숫자가 더해질 수 있는 작품이다. 이 영화는 그가 감독한 작품 중에서 가장 성공을 거두었고 60년대 최고의 작품으로 꼽히고 있다. 마르첼로 마스트로안니가 감독 귀도 역을 맡고 있는 이 영화는 인류를 구원할 수 있는 메시지가 담긴 SF 영화를 찍어야 한다는 강박감에 시달리는 영화 감독의 심리 상태를 잘 표현하고 있다. 귀도는 제작자와 영화 관계자들에 의해 항상 둘러싸인 채 여러 가지 주문을 받지만 정작 자신은 아무 것도 하지 못하며, 결국 그가 만들어야 하는 영화는 자신의 불안감을 담고 있는 영화라는 것을 깨닫게 된다. 이는 예술에 대한 감독 펠리니의 견해라고 볼 수 있다.

불안감에 시달리는 귀도의 심리 상태를 묘사하기 위해 펠리니는 시간 관념을 혼란스럽게 하고 심지어 파괴하는 기법을 사용한다. 현실과 환상을 넘나드는 장면들이 빠른 점프로 연결된 편집이나, 같은 장소에서 서로 다른 시대의 의상을 입은 인물들을 등장시킨 장면들이 그것이다. 그런가 하면 화면 가득히 주인공의 얼굴을 클로즈업으로 반복적으로 잡아주거나 얼굴의 일부분에만 조명을 비춤으로써 관객들이 귀도가 느끼는 답답함을 실감하도록 한다. 이 영화 속에는 〈달콤한 인생〉처럼 많은 삽화들이 느슨하게 얽혀져 있으며, 현실과 과거, 꿈과 환상들이 대단히 복잡하게 혼합되어 있어 펠리니식 영화의 모범으로 꼽히고 있다.

로미오와 줄리엣

프랑코 제피렐리
(Franco Zeffirelli, 1923~)

이탈리아 플로렌스 출신이 제피렐리는 1957년 〈캠핑〉을 시작으로 1998년 〈무솔리니와 차 한 잔〉에 이르기까지 다양한 장르의 작품을 선보였으며, 특히 셰익스피어 작품의 탁월한 연출로 유명하다.

그가 1968년 감독한 〈로미오와 줄리엣〉은 당시 10대 배우였던 레오나도 화이팅과 올리비아 허시를 출연시켜 원작에 가장 근접한 작품을 연출해 냈다는 평을 받았으며, 그 이듬해 아카데미 최우수 감독상 후보로 지명되기도 했다.

주요 작품으로는 〈말괄량이 길들이기〉(1967), 〈로미오와 줄리엣〉(1968), 〈챔프〉(1979), 〈끝없는 사랑〉

(1981), 〈라 트라비아타〉(1982), 〈오텔로〉(1986), 〈햄릿〉(1990), 〈제인 에어〉(1996), 그리고 〈무솔리니와 차 한잔〉(1998)이 있다.

유현목(1925~)

1925년 황해도 사리원 태생. 1948년 동국대학교에서 최초의 대학 영화 동아리 '영화예술 연구회' 를 창립하기도 했다.

그의 작품에 일관해서 흐르고 있는 영화미학은 아주 강렬한 리얼리즘이다. 그러나 그것은 단조로운 리얼리즘이 아니라 당대 사회의 암담하고 절망적인 사회현실을 고발적으로 묘사한 강렬한 테마를 가지고 있다.

영화미학이라는 면에서 볼 때 그는 유럽 아방가르드 영화에서 깊은 영향을 받았고, 그 자신의 종교적, 또는 인간적인 고뇌에서 빚어지는 독특한 영상파적인 미학이 리얼리즘의 미학과 훌륭하게 조화되어있다. 특히 〈오발탄〉(1961)은 전쟁 후 판잣집 동네에 사는 한 세무 사무원(김진규 분) 가족의 절망적인 생활을 묘사하고 있다. 가족들은 한 사람 한 사람 전후의 가난과 처참한 현실 속에서 삶의 희망을 잃고, 광기, 범죄, 타락, 죽음으로 무너져버리고 주인공은 끝내 자기상실의 방황 끝에 택시 속에 자신을 내던진다.

유현목

〈잉여인간〉(1964)은 전후의 실업자 동창생들이 유일하게 작업을 가진 의사(김진규 분) 집 병원에 모여 이 시대의 정치와 사회의 부조리를 매도하면서 각자의 소외된 삶을 보내며 의사도 결국 실직자가 되는 현실의 모순을 그린다.

이처럼 유현목의 초기의 대표작 속에는 상황과 대립하는 인간의 존재의식의 문제가 심각하게 다루어지고 있다. 전후 한국의 사상적 동향의 하나로서 실존주의사상이 지식인과 학생층에 범람했다. 그런 면에서 〈오발탄〉의 원작자 이범선이나 〈잉여인간〉의 작가 손창섭도 실존주의적인 작가이며, 유현목의 영화에 짙게 투영되고 있다.

상황과 인간의 존재의 문제에 깊은 관심을 보였던 유현목은 60년대 이후에 들어가서 신과 인간과의 문제를 다룬 〈순교자〉(1965), 이데올로기와 인간의 자유의 문제를 다룬 〈카인의 후예〉(1968), 〈나도 인간이 되련다〉(1969) 같은 작품을 낸다. 그는 고통과 부조리에 가득한 현실상황에 있어서 참된 인간의 존재와 양심의 입장을 표현한 영화작가였다.

1976년부터 1990년까지 동국대학교 교수로 활동했으며, 〈말미잘〉(1995)을 포함해서 현재까지 모두 44 편의 영화를 연출했다.

이만희(1931~1975)

고독한 영상의 사색자라 불리었던 이만희는 1961년에 〈주마등〉으로 데뷔해서 1975년에 〈삼포 가는 길〉에 이르기까지 모두 49편의 작품을 남겼다.

이만희의 영화는 몇 가지의 특징으로 나눠볼 수가 있다. 우선 그는 데뷔시절에 범죄 스릴러영화와 휴머니즘이 넘치는 전쟁영화를 다수 만들었다. 특히 그는 전쟁영화는 반공정책물과는 달리 전쟁이라는 '상황' 과 '인간' 의 행동을 치열한 인간애를 통해 표현하고 있다. 〈돌아오지 않는 해병〉(1963), 〈들국화는 피었는데〉(1974년)은 그의 중요작품이다. 이밖에 〈흑맥〉(1965)같은 청춘물도 발표했다.

그러나 그의 가장 중요한 작품은 이른바 문예영화다. 〈시장〉(1965), 〈물레

돌아오지 않는 해병,
만추, 삼포 가는 길

방아〉(1966), 〈만추〉(1966), 〈귀로〉(1967) 〈태양 닮은 소녀〉(1974), 〈삼포 가는 길〉(1975) 등이 이러한 영화에 속한다.

〈만추〉는 며칠간의 휴가를 받은 모범여수가 열차 안에서 경찰에 쫓기고 있는 청년과 만나서 짧고도 절박한 사랑을 나누는 이야기를 이만희가 격조 높고 완벽한 연출로 묘사한 60년대 영화의 대표적인 명작이다.

이만희의 영화에 본질적으로 흐르고 있는 것은 인간의 '삶의 냉엄함' 이며 '깊은 고독감' 이다. 이러한 점은 그의 성장환경의 고독함과 내향적인 성격, 그리고 시대와 사회의 암울함이 빚어낸 작가적인 개성을 형성하고 있다. 그가 다른 감독과는 달리 오리지널 시나리오에 의한 작품을 많이 만들게 된 것도 이 때문이다.

그의 영화의 주인공은 가난한 서민들, 이별하게 되는 연인들, 범죄자, 방황자, 창녀들 같은 가파른 현실에 짓눌린 외로운 사람들이다. 그의 유작 〈삼포가는 길〉은 감옥에서 출소한 정치(김진규 분), 뜨내기 노동자 노영달(백일섭 분), 그리고 정처 없이 전전하는 작부 백화가 눈보라치는 들판에서 만나 함께 방황하는 이야기이다. 처음에 각자가 자기의 불행을 감추지만 서로의 고독을 이해하게 되며, 마치 영혼의 고향이기라도 한 듯이 삼포에 동행하기로 한다.

그러나 영화의 라스트 신에서 삼포로 떠나는 기차역에 도달했을 때 이들은 결국 다시 헤어진다. 그 동안 깊이 이해하게 된 노영달과 백화는 결혼할 생각도 갖는다. 그러나 가난한 뜨내기 노동자인 영달은 자기가 행복한 결혼생활에 어울리지 않음을 알고 백화를 남긴 채 다시 냉엄한 현실로 떠난다.

이만희는 그야말로 거장의 솜씨를 보여 단순하고 긴 쇼트 속에 인물들이 방황하는 설원과 농가, 상가, 시장을 묘사한다. 특히 라스트의 역 장면은 비교할 수 없는 압권으로 이 작품이 그의 유작이라는 것을 생각할 때 한 영화작가의 최후를 방불케 하는 충격과 감동에 휩싸인다. 고독자와 길이라는 테마에서 얼핏 페데리코 펠리니의 〈길〉을 연상시키지만 신이 개입하는 펠리니와는 또 다르게 이만희는 구제 없는 인간의 고독을 그려냈다.

샘 페킨파(Sam Peckinpah, 1925~1984)

1925년 캘리포니아 프레즈노 출생인 페킨파는 소나무 숲에 둘러싸인 한적한 마을에서 치안 판사였고 의원이었으며 명사수였던 할아버지의 영향을 받으며 자란 조용한 소년이었다. 제 2차세계대전이 발발하자 해병대에 입대한 그는 전쟁에 참전하기를 원했지만 불행하게도 전쟁에 나가지는 못했다.

샘 페킨파

1948년 남가주대학 영화과 대학원생으로 등록했으며, 〈더티 해리〉를 감독했던 돈 시걸의 밑에서 잔심부름꾼으로 일하기도 했던 그는 TV 작가로 활동하기도 한다. 1961년 〈치명적 동료들〉을 시작으로 〈던디 소령〉(1965), 〈와일드 번치〉(1969), 〈겟 어웨이〉(1972), 〈철십자가〉(1977) 등을 감독했다.

특히 감독으로서 그의 명성을 얻게 했던 〈와일드 번치〉는 그를 70년대 가장 촉망받는 감독중의 하나로 인정받게 했다. 당시 로스앤젤레스 『인디펜던트』지에 실

와일드 번치

스파르타쿠스

린 에릭 그로스먼의 영화 평에 따르면 그때까지 거의 사라질 뻔했던 서부 영화를 특이한 스타일과 주제로 되살렸다는 평가를 받고 있다. 윌리엄 홀덴은 가장 최고의 연기를 했다는 평을 받았으며, 로버트 라이언이나 어니스트 보그나인도 모두 혼신의 연기를 펼친 것으로 평가되었다. 멕시코 현지 촬영을 했던 이 작품은 서부 영화의 리얼리즘을 완성한 작품이었으며, 사막의 열과 먼지, 그리고 광활함까지 아름답게 담아낸 화면은 높이 평가되었다.

스탠리 큐브릭
(Stanley Kubrick, 1928~1999)

1928년 7월 26일 뉴욕 출생.

감독, 작가, 제작자, 촬영기사 및 편집자 등 다방면에 걸쳐 재능을 발휘하는 영화인 큐브릭은 그의 재능을 눈여겨본 아버지가 열세 살 때 사준 사진기로 인해 평생의 직업을 결정한다. 사진작가로 활동하면서 잡지사에 기고하던 그는 1950년 친구인 알렉산더 싱어와 함께 영화를 만들기로 결심한다. 1950년 기록 영화인 〈데이 오브 파이트〉가 그의 처녀작이다.

1955년 〈살인자의 입맞춤〉과 1956년 〈살해〉가 헐리우드의 주목을 받으면서 1957년 당시 유명한 배우였던 커크 더글러스를 기용해 〈영광의 길〉, 1960년 〈스파르

타쿠스〉를 만든다. 1961년 말론 브란도를 기용해 〈애꾸눈 잭〉을 연출하려 했으나 제작자와 의견이 맞지 않아 그만두고 헐리우드를 떠나 영국으로 옮긴다. 말론 브란도는 이 영화를 스스로 감독하고 주연했다.

아이즈 와이드 샷

큐브릭이 다시 영화계의 주목을 받은 것은 1968년 〈2001년 우주의 오딧세이〉가 발표되면서부터다. 공상 과학 소설가 아더 클라크와 합작으로 만든 이 영화는 그 때까지 만들어진 영화중 최고의 작품으로 평가된다. 그 이후 많은 공상 과학 영화의 모델이 된 이 작품으로 1969년 아카데미 각본상과 감독상 후보로 추천되었으며, 효과상을 수상한다. 1971년 〈기계화된 인간〉으로 다시 아카데미 감독상과 최우수 작품상, 각본상 후보로 선정되었으며, 뉴욕 영화 비평가 협회 감독상을 수상한다.

1975년 〈배리 린든〉은 그의 작품 세계와 개인적 삶의 전환점으로 작용한다. 아일랜드 혁명군의 이야기를 다룬 이 영화로 그는 IRA의 살해 표적이 되며, 위협을 느낀 그는 한동안 작품 활동을 그만둔다. 〈샤이닝〉(1980)이라는 공포 영화로 재기한 그는 1987년 〈풀 메탈 재킷〉을 감독했으며, 아카데미 각본상 후보로 선정되었다. 〈플래툰〉의 어두운 면을 부각시킨 큐브릭의 이 작품은 그의 비판적 시각을 확인할 수 있는 작품이며 흥행에서도 성공을 거두었다.

1997년에 베니스 영화제에서 영화에 기여한 공로를 인정받아 황금사자상을 수상하기도 했던 1999년 가을 타계했으며, 그해 톰 크루즈와 니콜 키드먼을 기용한 〈아이즈 와이드 샷〉이 유작으로 남아 있다.

190

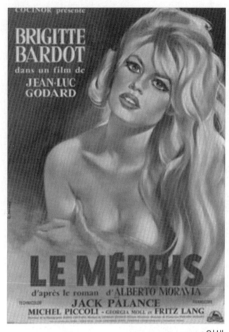

인생

장 뤽 고다르
(Jean-Luc Godard, 1930~)

1930년 프랑스 파리 출생.

초기 영화작업에서 그는 주로 경제적 여건 때문에 들고 찍기와 휴대용 녹음기를 이용한 동시 녹음, 조명 없이 자연광을 이용한 촬영과 줌 렌즈를 사용한 영화를 만들었다. 또한 그는 주로 현장 촬영을 선호했으며, 즉흥성과 우연성을 강조했다.

그는 몽타주를 옹호하면서도 꼴라주 방식을 도입했다. 현실을 단편화한 뒤 고도로 조직화된 정서적/지적 통합 방식에 의거해 재구성하는 몽타주 기법과, 단편화의 집적인 꼴라주를 혼합하고 있다. 전편을 통한 인터뷰 장면의 삽입, 짧은 구문으로 세분화된 대사와 자막을 도입하여 전체적으로 블록 구성 형식이라고 볼 수 있는 그의 영화는 기존의 플롯 해체와 열린 체계로 요약될 수 있다.

고다르 영화의 특징은 인용이다. 그의 인용은 암시의 기능 외에 영화적 서사 구조 자체를 지배하거나 심지어 전복하기도 한다. 그 대상은 기존 영화부터 문학서, 사상서. 예술서, 광고, 사진, 포스터에 이르기까지 실로 다양하다. 인용의 출처도 왜곡하는 그의 이러한 수법은 '상호텍스트성'으로 이해되어야 할 것이다. 모든 텍스트는 그것으로서 닫힌 텍스트가 아니라 무수한 다른 텍스트의 흡수이자 변형이라고 고다르는 주장한다.

고다르는 초기부터 브레히트식 서사극 기법을 영화 속에 다양하게 도입했다. 블록 구조, 내러이터의 존재, 관객을 향한 대사, 영화 속의 영화, 문자의 사용, 음악의 단편화, 입체감을 거부하고 평면감을 강조한 수평 트래킹 샷의 채택 등 그의 영화 만들기 기법은 전통적인 서사 구조를 낯설게 하고 있다.

주요 작품으로는 〈네 멋대로 해라〉(1959), 〈작은 병사〉(1960), 〈중국 여인〉(1967), 〈인생〉(1980), 〈탐정〉(1984), 〈누벨 바그〉(1990), 〈모짜르트를 위해〉(1996) 등이 있다.

안드레이 타르코프스키(Andrei Tarkovsky, 1932~1986)

세르게이 에이젠스타인 이래 소련의 가장 유명한 영화 감독인 타르코프스키는 소련 영화학교에 입학하기 전 음악과 아랍어를 전공했다. 1958년 〈살인자들〉로 데뷔한 그가 국제적인 주목을 받은 것은 1962년 〈이반의 어린 시절〉을 발표하고 나서다. 베니스 영화제에서 황금사자상을 수상함으로써 그는 일약 세계적인 감독으로 인정받는다.

그러나 소련 당국은 그의 영화를 금지시켰으며 1971년에야 해금했다. 1974년 〈제르칼로〉로 다시 소련 당국과 마찰을 빚기도 한다. 그는 1969년 〈안드레이 루블레프〉로 깐느의 주목을 다시 받았으며, 1972년에는 〈솔라리스〉로 대상을 수상한다. 깐느는 특히 그를 주목했고 선호했던 영화제였으며, 그는 1983년 〈향수〉로, 1986년 〈희생〉으로 대상을 포함하여 네 개 부문을 수상했다. 모두 열 편의 작품만을 만들었지만 그는 영화사에 중요한 족적을 남긴 감독이었다.

그가 만든 〈솔라리스〉는 마국의 스탠리 큐브릭 감독의 〈2001년 우주의 오딧세이〉 소련판이라는 평가를 받았다. 그의 마지막 작품 〈희생〉은 스웨덴에서 촬영했으며 잉그마르 베르히만의 많은 도움을 받았다. 미장센의 교과서라고 할 수 있는 마지막 10여분의 화면은 영화사에 길이 남을 장면이다.

임권택(1936~)

전라남도 장성 출생. 현존하는 한국 영화 감독중 가장 화려한 수상 경력과 연출 솜씨를 지닌 감독으로 평가받고 있는 임권택은 1962년 〈두만강아 잘 있거라〉를 시작으로 1997년 〈노는 계집 창〉에 이르기까지 거의 100편에 가까운 작품을 감독했다.

임권택의 작품 경향들을 살펴보면 한국 영화계의 문제점과 해결책을 동시에 엿볼 수 있다. 60년대 임권택은 비록 뚜렷한 주제 의식을 추적하기는 어렵지만 〈전쟁과 노인〉(1963), 〈전쟁과 여교사〉(1996) 등과 같은 한국 현대사의 비극인 전쟁을 통해 인간의 황폐함과 인정을 다루고 있다.

70년대에 오면 임 권택은 다분히 상업적, 그리고 시류에 영합한 작품들을 선보이는데 〈이슬 맺힌 백일홍〉(1970), 〈애꾸눈 박〉(1971), 〈명동잔혹사〉(1972), 〈울지 않으리〉(1974), 〈신궁〉(1979) 등 다양한 장르의 작품들을 쏟아낸다. 주로 멜로물과 폭력물인 이들 작품들은 그의 작가적 의식을 의심케 했던 타작들이었다.

임권택

80년대에 들어오면 그는 〈만다라〉(1981)를 시작으로 본격적인 작가주의를 선언한다. 그는 한국적 정서에 기초를 둔 작품들을 통해 한국적 영상을 그려내려 했으며, 비로소 거장의 대열에 합류한다. 또한 상업적으로도 성공을 거둔 시기가 바로 80년대 이후부터다.

주요 작품으로는 위에 〈안개 마을〉(1982), 〈길소뜸〉(1985), 〈씨받이〉(1986), 〈아다다〉(1988), 〈아제 아제 바라아제〉(1989), 〈장군의 아들〉 연작(1990-92), 〈서편제〉(1993), 〈태백산맥〉

(1994), 〈축제〉(1996), 〈노는 계집 창〉(1997) 등이 있다.

임권택의 연출 스타일을 여백을 활용한 수직분할, 롱 테이크, 롱 샷, 그리고 고정 카메라의 효율적 활용으로 요약할 수 있다. 그의 영화적 공간은 상황과 인물의 심리적 대치 관계를 가장 적절하게 표현하도록 구축된다. 예컨대 〈만다라〉에서 인물이 차지하는 공간은 빈 공간과 대비되면서 빈 공간은 그가 해결해야 하는 공간으로 설정되는 식이다. 그의 영화에는 롱 샷과 롱 테이크가 자주 사용되는데 〈티켓〉의 다방 안에서 벌어지는 4분이 넘는 장면과 〈서편제〉에서 아리랑 고개를 넘는 5분이 롱 테이크 등은 이에 대한 적절한 예가 될 것이다. 그는 관객에게 유추하고 상상할 수 있는 세계를 제공하려고 애쓰는 감독이다.

프랜시스 코폴라(Francis Coppola, 1939~)

1939년 디트로이트 출신인 코폴라는 어린 시절을 주로 뉴욕에서 보냈다. 이탈리아계인 그의 가족은 작곡가였던 아버지와 여배우였던 어머니를 통해서 알 수 있듯이 그에게 충분한 예술적 소양을 심어주었다. 홉스트라 대학에서 영화를 전공한 그는 UCLA 대학원에서 영화를 전공한다.

로저 콜맨 밑에서 조감독 생활을 한 코폴라는 1963년 〈디멘시아 13〉으로 감독으로 데뷔한다. 이후 다양한 시나리오 작업을 했으며 이 때 〈파리는 불타고 있는가?〉나 〈패튼〉 같은 작품을 썼으며 1966년에 아카데미 극본상을 수상하기도 한다. 1969년 조지 루카스와 함께 로스앤젤레스에 독립영화사를 설립했으며, 1970년에 〈THX 1138〉, 1973년에 〈미국 문자들〉을 자신이 제작하고 루카스가 감독한다.

1972년 그가 감독한 〈대부〉는 그때까지의 미국 영화사상 가장 많은 수입을

대부

올린 영화였으며 그는 이 영화로 아카데미 최우수 작품상을 수상했다. 1974년 〈대화〉로 깐느의 황금 종려상을 수상했으며, 같은 해 〈대부 속편〉은 여섯 개의 아카데미상을 수상하기도 했다. 1979년 그는 가장 야심에 찬 작품 〈지옥의 묵시록〉을 감독했으며 이 작품으로 다시 깐느에서 황금 종려상을, 그리고 두 개의 아카데미상을 수상한다. 그 해 그는 〈검은 종마〉를 기획했으며, 구로자와 아끼라를 감독으로 내세워 〈가게무샤〉를 제작한다. 이 외에도 1991년 베를린 국제 영화제에서, 1998년 그리피스상을 수상했다. 그 외 주요 작품으로는 〈대화〉(1974), 〈현대의 묵시록〉(1979), 〈카튼 클럽〉(1982), 〈아웃사이더〉(1983), 〈폐기 수 결혼하다〉(1986), 〈뉴욕 이야기〉(1989), 〈드라큐라〉(1992), 〈비밀의 화원〉(1995). 〈잭〉(1996), 〈레인메이커〉(1997) 등이 있다. 이 목록에서도 확인되듯이 코폴라는 영화에 대한 주체할 수 없는 정열로 코미디부터 뮤지컬을 거쳐 공포 영화에 이르기까지 다양한 장르의 영화들을 만들었다.

코폴라의 영화 기법 중 가장 탁월한 것을 들자면 아마도 주제를 선명하게 담아내기 위한 교차 편집 기법일 것이다. 〈대부〉는 이러한 기법을 가장 잘 보여주는 작품이다.

한편 조셉 콘라드 원작의 『어둠의 심연』을 월남전의 배경으로 영화화한 〈지옥의 묵시록〉에서도 교차 편집의 미학을 확인 할 수 있는데, 바로 짐 모리슨의 음악이 흐르는 가운데 소를 잡는 원주민들의 의식과 윌러드(마틴 쉰)가 커츠 대령(말론 브란도)을 살해하는 장면이 거의 5분 동안 교차 편집된 마지막 장면이다.

영화에 대한 코폴라의 기여는 촬영과 음악 부문에서도 찾을 수 있다. 〈대부〉 첫 장면에서 돈 꼴르네오네를 찾아 와 복수를 부탁하는 한 이탈리아인 모습을 움직임을 거의 느낄 수 없이 줌 아웃하며 잡아내는 촬영 기법은 당시로서는 시도되지 않았던 컴퓨터 조작을 통한 촬영이다. 그런가 하면 〈지옥의 묵시록〉에서 헬리콥터 안에서 바그너의 음악을 틀어대며 원주민 마을을 폭격하는 킬버 대위(로버트 듀발)의 광기가 고스란히 묻어 나는 장면에서 코폴라는 처음으로 34 트랙으로 음악을 녹음하여 거의 100여 가지 이상의 소리들을 집어넣기도 했다.

자신의 조카인 니콜라스 케이지를 영화 배우로 성공시키기도 한 그는 현존하는 미국 감독중 가장 야심적이고 정력적인 활동가면서 가장 논란이 많은 감독이기도 하다. 현재 헐리우드에서 소위 코폴라 사단을 이끌고 있는 그의 꿈은 아마도 미국 영화계의 "대부"가 되려는 것이었는지도 모른다.

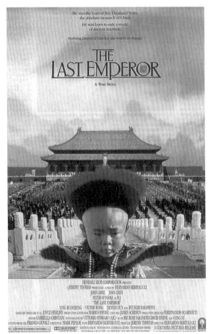

마지막 황제

베르나르도 베르톨루치
(Bernardo Bertolucci, 1940~)

1940년 이탈리아 파르마 출신 화려한 시각적 스타일로 유명한 감독으로 로마 대학에서 수학했으며 시인으로 명성을 날리기도 했다. 1961년 〈냉혹한 수확자〉로 데뷔한 그는 1962년 그의 두 번째 영화 〈혁명 전야〉로 명성을 얻기 시작한다.

카메라의 움직임과 양식화된 편집 기술로 유명한 그

는 1970년 〈거미의 전략〉과 〈순응주의자〉를 발표하여 이듬해 아카데미 최우수 극본상 후보로 지명되기도 한다. 1973년 〈파리에서의 마지막 탱고〉로 아카데미 최우수 감독상 후보로 지명되었으며, 1987년 〈마지막 황제〉로 최우수 감독상과 극본상을 수상했다. 특히 〈마지막 황제〉는 그해 아홉 개의 아카데미 상을 휩쓸었다.

주요 작품으로는 앞에서 언급한 작품 외에 〈리틀 부다〉(1993), 〈도둑질하는 미녀〉(1996), 그리고 〈천국과 지옥〉(1999) 등이 있다.

크지시토프 키에슬롭스키(Krzysztof Kieslowski, 1941~1996)

폴란드 바르샤바 출신인 키에슬롭스키는 불우한 어린 시절을 겪고 신부가 되려 했으나 1969년 로쯔 필름 아카데미를 졸업한 후 기록 영화, TV 드라마

를 감독했으며 시나리오 작가로도 활동했다. 1973년 〈지하 통로〉로 TV에 데뷔한 그는 이후 〈상처〉로 영화 감독으로 데뷔한다.

1970년 중반 아그네츠카 홀란드, 안토니 크라우즈, 이챠드 부가예스키, 마르셀 로진스키 등과 함께 폴란드 영화의 르네상스를 이룩했다. 소위 '도덕적 불안의 영화'로 긍정적 전망이 보이지 않는 폴란드 현실을 불안하게, 그러나 정확하게 짚어 냈다는 평가를 받는다.

〈나이트 포터의 시각〉(1978)으로 명성을 얻은 그는 이후 TV와 영화를 넘나들며 활발한 작품 활동을 벌이게 된다. 주요 작품으로는 〈첫사랑〉(1974), 〈병원〉(1976), 〈기차 역〉(1980), 〈일주일에 칠 일〉(1988), 〈사

살인에 관한 짧은 필름

랑에 관한 짧은 필름〉(1988), 〈살인에 관한 짧은 필름〉(1988), 〈베로니끄의 이중 생활〉(1991), 그리고 1993년부터 94년까지 〈세 가지 색〉 연작을 발표한다.

1989년에는 〈살인에 관한 짧은 필름〉으로 깐느에서 심사위원 특별상과 비평가협회상을 받았으며, 같은 해 로테르담 영화제의 설문 조사에서 '미래의 거장 20인'에 선정되기도 한다. 1990년 〈베로니끄의 이중 생활〉로 깐느에서 다시 여우조연상, 촬영상, 국제 비평가협회상을 수상한 뒤 1995년 〈세 가지 색〉 연작인 〈레드〉로 1995년 아카데미 최우수 감독상 후보로 선정되었으며, 〈블루〉으로 1993년 베니스 영화제 금사자상을 수상했으며, 〈화이트〉으로 1994년 베를린 영화제 최우수 감독상을 수상했다.

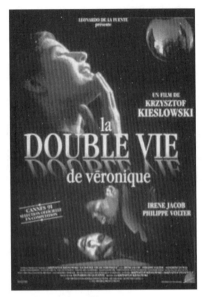

베로니끄의 이중 생활

사랑에 관한 기억에 천착했던 키에슬롭스키는 그 상처가 치유되고 회복되는 과정을 통해 욕망과 집착을 극복함으로써 진정한 인간의 삶의 의미를 찾을 수 있다고 믿었던 감독이었다. 특히 유럽 통합이라는 역사적 사건을 기념하기 위해 프랑스 정부가 후원한 영화 세가지 색 연작 시리즈는 인간의 삶이 과연 자유, 평등, 박애라는 세 가지 명제를 어떻게 통합할 수 있는가를 질문하고 있다.

키에슬롭스키는 주인공들의 대사에 의해 주제를 전달하는 평면적 방식을 지양하고 색채와 사운드의 영화적 양식을 통해 주제를 전달한다. 색채에 관한 이미지는 다수의 영화 속에서 발견된다.

레드, 블루, 화이트

198

또한 그는 영화 속에서 반복적으로 들리는 음악을 통해 등장 인물들의 관계와 주인공의 내면의 심리 상태를 전달하며, 일정한 소품이나 특정한 장면을 영화 속에서 반복적으로 사용해 자신의 견해를 전달하기도 한다. 특히 그의 영화 속에서 자주 등장하는 늙고 지쳐 초라한 할머니의 모습은 인생의 허무함과 유한함을 관객들에게 깨우치게 하려는 의도를 드러내는 장면이다. 인간은 허무한 존재이기 때문에 인생에 대해 관대하고 너그러운 자세를 취하도록 권유하려는 그의 인생관이 표현되는 장면인 것이다.

하길종(1941~1980)

1941년 부산 출생. 어릴적부터 신동이란 소릴 들었을 정도로 뛰어난 재능을 지니고 있던 그였지만 한국 영화사에서는 불우한 감독으로 평가된다.

서울대 불문과를 졸업하고 미국 UCLA에서 영화를 전공한 뒤 귀국하여 실험적이라고 평가를 받았던 〈화분〉(1972), 〈한네의 승천〉(1972), 〈수절〉(1974) 등의 작품을 발표한다. 1975년 잠시 시각을 돌려 만든 〈바보들의 행진〉은 대단한 상업적 성공을 거두기도 했다.

하길종의 작품은 대체로 두 가지로 분류할 수 있는데 〈화분〉, 〈한네의 승천〉, 〈수절〉 등이 한 무리고, 〈바보들의 행진〉(1975), 〈여자를 찾습니다〉(1976), 〈속 별들의 고향〉(1978), 〈병태와 영자〉(1979) 등이 다른 한 무리다.

〈화분〉은 이효석 원작 『화분』을 각색한 것이다. 그의 음습한 취향은 한사군 시대를 배경으로 전쟁터로 떠난 남편과 그를 기다리는 아내와 딸의 비극적인 이야기인 〈수절〉에서도 비극과 복수의 플롯이 반복적으로 드러나는 것으로 이어진다. 〈한네의 승천〉 역시 한네의 죽은 어머니가 한네로 다시 돌아오고 그리고 생전에 낳았던 아들인 만명과 한네가 사랑을 나누는, 게다가 만

명의 숨겨진 아버지인 필주가 한네를 겁탈하는, 근친상
간의 처절한 과정을 그리고 있다. 하길종 작품의 한 편
으로 묶을 수 있는 이 세 작품들의 공통점은 애욕에 얽
힌 인간의 모습과 그것들이 야기하는 인간 관계의 엇갈
림을 묘사하고 있다는 점이다.

　반면 그의 현대물인 〈바보들의 행진〉, 〈여자를 찾습니
다〉, 〈속 별들의 고향〉, 〈병태와 영자〉 등은 평이한 연대
기적 순서를 따르고 있어 특기할만한 스타일을 찾기는
어렵다. 주목할 것은 하길종이 반영하고자 했던 '시대정
신'일 것이다. 〈바보들의 행진〉은 최인호 시나리오로
만든 것이다. 어두운 시절에 대해 이 영화는 직접적으로
대항하거나 억압의 본질적인 부분을 거론하지는 않는
다. 〈여자를 찾습니다〉는 시골에서 상경한 한 청년의 구
애 행각을 통하여 학력과 빈부로 구분되는 사회의 풍경
을 나름대로 스케치한 작품이다. 선택받은 사람들이 언
제나 소수라면 그 나머지 다수는 어떻게 살아가고 있으
며 또 어떻게 살아야 하는가에 대한 질문이었다.

　〈속 별들의 고향〉과 〈병태와 영자〉는 그의 무디어진,
혹은 자포자기식의 시각을 엿보게 한다. 그는 비상하지
못하고 추락한 감독이었다. 한국의 열악한 영화풍토에
적응하지 못한 채 영화 강의와 저술 작업을 하다가 1980
년 2월 28일 39세로 요절했다.

수절

바보들의 행진

마틴 스콜세스(Martin Scorsese, 1942~)

1942년 뉴욕 플러싱 출신. 성직에 종사하기 위해 1956년 수도원에 들어간 적이 있음. 1964년 뉴욕대학에서 영화를 전공.

60년대 그가 학생 시절 만든 작품들이 제작자 로저 콜맨의 눈에 띄어 1972년 〈박스카 베사〉와 〈비열한 거리〉(1973)를 감독했으며 이들 작품들은 이후 뉴욕의 어두운 거리를 배경으로 외로운 방랑자의 생활이 폭력과 강력한 음악을 배경으로 펼쳐지는 식의 갱스터와 필름 느와르가 혼합된 스콜세스 스타일로 정착되었다.

스콜세스 작품을 이야기할 때 반드시 등장하는 배우는 로버트 드 니로와 하비 카이텔이다. 〈비열한 거리〉에서 함께 공연한 이들은 1976년 〈택시 드라이버〉에서 재결합했으며 스콜세스 스타일을 함께 구축한 배우들이다.

1977년 〈뉴욕, 뉴욕〉과 78년 〈마지막 왈츠〉를 감독한 스콜세스는 1980년에 〈성난 들소〉를 감독한다. 헤비급 권투 선수 제이크 라모타의 전기를 그린 이 작품으로 로버트 드 니로는 아카데미 남우 주연상을 델마 슌메이커는 편집상을 수상한다.

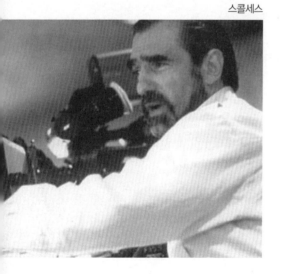

스콜세스

다양한 장르의 작품을 연출했던 그의 대표작을 보면 〈코미디 제왕〉(1983), 〈몇 시간 후〉(1985), 〈컬러 오브 머니〉(1986), 〈예수의 마지막 유혹〉(1988), 〈굿펠라스〉(1990), 〈케이프 피어〉(1991), 〈순수의 시대〉(1993), 〈카지노〉(1995), 〈쿤둔〉(1997), 〈죽은 자들을 데려 오라〉(1999), 그리고 〈디노〉(2000) 등이다.

아카데미 최우수 감독상 후보로 네 번씩이나 선정되었으며, 깐느에서는 1985년 〈몇 시간 후〉로 최우수 극본상을, 1976년에 〈택시 드라이버〉로 황금 종

려상을 수상했다. 한 번의 에미상 후보와, 네 번의 골든
글로브상 후보 등 화려한 경력만큼이나 인정을 받고 있
는 감독이다.

또한 영화에 자주 등장하는 그를 확인하는 것도 흥미
로운 일이어서 〈비열한 거리〉 마지막 장면에서 총잡이
로, 〈택시 드라이버〉에서 아내를 죽이려고 계획하는 택
시 승객으로 등장하기도 한다.

카지노

스티븐 스필버그
(Steven Spielberg, 1946~)

오하이오주 신시내티 출신인 스필버그는 헐리우드
의 신동으로 불리면서 영화사상 그의 일곱 편의 작품들
이 가장 많은 수익을 올린 작품으로 평가되고 있는, 현
존하는 가장 성공한 감독이다.

1971년 TV 영화인 거대한 트럭에 쫓기는 소형차의 이야기인 〈결투〉로 데
뷔한 그는 헐리우드 제작자들의 관심을 받게 된다. 이어 연출한 〈슈가렌드 익
스프레스〉가 실패하지만 1975년 〈조스〉로 대성공을 거두면서 감독으로 두각
을 나타낸다.

1977년 〈클로즈 인카운터〉는 다시 대성공을 거두며 이후 〈인디아나 존스
1-잃어버린 성궤를 찾아〉(1981), 〈E.T.〉(1982)를 발표하면서 그의 주가는 최
고조에 달한다. 그러나 1985년 발표한 〈컬러 퍼플〉과 1987년 발표한 〈태양의
제국〉은 그의 명성에 걸맞지 않은 졸작으로 평가받기도 했다. 그렇다면 스필
버그의 장점은 가족 영화나 특수 효과에 있다는 의미일 것이다.

스티븐 스필버그

ET

1991년 비록 로빈 윌리엄스라는 잘못된 배역 선정에도 불구하고 〈후크〉는 다시 한번 성공을 거두며, 그가 거둔 최대의 성공작 〈주라기 공원〉을 1993년 발표한다. 또한 그가 만든 가장 우수한 작품이라고 할 수 있는 〈쉰들러 리스트〉를 1993년에 발표하며, 〈주라기 공원 2〉와 〈아미스타드〉(1997)를 발표한다. 1998년에 〈라이언 일병 구하기〉를 연출했으며 1999년에 〈게이샤의 비망록〉, 〈A.I〉(2001), 〈마이너리티 리포트〉(2002) 등 많은 작품들을 감독했을 뿐 아니라 제작·기획자로도 활약하고 있는 그는 〈캐스퍼〉(1995), 〈맨 인 블랙〉(1997), 〈딥 임팩트〉(1998), 〈조로〉(1998) 등 수많은 작품들이 있다.

1978년부터 86년에 이르기까지 네 번에 걸쳐 아카데미 상 후보로 지목되긴 했으나 수상하지 못했던 그는 1993년 66회 아카데미 시상식에서 〈쉰들러 리스트〉로 7개의 오스카 상을 거머쥐며 최우수 감독상을 수상한다.

올리버 스톤(Oliver Stone, 1946~)

1946년 9월 15일 미국 뉴욕 맨허턴 출생. 유태계.

주식중개인의 아버지를 가진 그는 명문 트리니티 하이스쿨을 거쳐 예일대에 진학. 1년 후 자원봉사에 참가하고 베트남으로 건너가 반년 후에 귀국해 복학한다. 그러나 베트남 전쟁이 한창이어서 도저히 학업에 전념할 수 없어 67년 자원해 육군에 입대, 다시 베트남으로 가 두 번에 걸친 부상을 경험. 15개월간의 군대 생활 중에 브론즈 스타상, 퍼플 하트 위즈 노크 리프 그래스타라는 두 개의 메달을 수여받는다. 이 베트남 체험이 그대로 〈플래툰〉에 반영되었음은 말할 것도 없다. 제대 후는 〈7월 4일생〉의 주인공처럼 멕시코에서 마약에 빠진 나날도 보낸다. 그 후 뉴욕으로 돌아온 그는 뉴욕대학에 입학. 마틴 스콜세스에게 사사해 시나리오를 쓰기 시작한다. 얼마동안 불운의 시절이 계속되었지만 74년, 캐나다의 호러영화 〈악마의 여왕〉을 감독, 또 알란 파커 감독에 의해 영화화된 〈미드나잇 익스프레스〉의 각본이 78년도 아카데미 각본상, 미국각본가조합상을 수상해 차츰 인기 있는 시나리오 작가로서 두각을 나타내간다. 이후 〈코난 더 그레이트〉(1981), 〈스카페이스〉(1983), 〈8백만의 죽음〉(1985) 등은 모두 이 무렵이 스톤이 각본을 담당한 영화다.

1986년 〈살바도르〉로 헐리우드에서 도전을 시도한다. 제작비 5백만 달러가 채 안되는 이 영화는 흥행에는 성공하지 않았지만 아카데미 2개 부문에 노미네이트되고 이어 같은 회사가 기획한 〈플래툰〉(1986)이 나온다. 이것도 제작비 6백만 달러의 저예산 작품이었는데 '베트남 병사의 모습을 처음으로 리얼하게 묘사한 영화'라는 대평판을 얻고 세계에서 대히트를 했다. 아카데미상에도 8개 부문에 노미네이트되어 작품·감독을 포함 4개 부문에서 수상. 이외 골든 글로브상, 영국 아카데미상 등 수많은 감독상에도 빛났다.

그는 다시 베트남 전쟁을 테마로 한 〈7월 4일생〉(1989)에 도전했으며, 〈도어즈〉(1990)와 〈JFK〉(1991) 등을 통해 많은 미국인이 가치관의 전환을 맞이한 60

킬러스

204

년대에 대한 강한 흥미를 보이고 있다. 그 외 작품으로는 〈킬러스〉(1994), 〈닉슨〉(1995), 〈유 턴〉(1997), 그리고 〈어떤 일요일〉이 1999년에 출시될 예정이다.

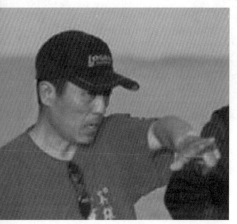

장예모

장예모(1950~)

중국 서안 출신으로서 영화 배우이자 중국 제 5세대 감독군의 한 사람이다. 1982년 북경 영화학원을 졸업하고 광서영화창에서 일했다. 1984년에 첸 카이거 감독의 〈황토지〉 촬영을 맡았으며 1988년에 〈붉은 수수밭〉으로 감독으로 데뷔했으며 이 영화로 베를린 영화제 대상을 수상한다.

1989년에는 〈국두〉, 공리와 함께 출연한 〈진용〉 등이 명성을 다져주었고 1991년 작 〈홍등〉은 베니스 영화제 은곰상 등 다섯 개 부문을 석권하기도 했다.

〈추국타사관〉, 〈인생〉, 그리고 최근작 〈상하이 마피아〉에 이르기까지 대륙 안에서 대륙을 호흡하는 영화를 계속 만들고 있으며, 1995년에는 연인이자 영화 파트너였던 공리와 결별하기도 한다. 1998년에는 북경 자금성에서 공연된 〈투란도트〉를 연출했다.

첸 카이거(1952~)

북경 태생. 1966년 홍위병에 가담했으며 이후 운남 지방에서 벌목공으로 생활하다가 1978년 북경 영화학원 감독과에 입학한다. 그는 고속에서 소위

중국의 제 5세대 감독들이 된 장예모, 티
엔 주앙, 후 메이 등과 교류한다.

패왕 별희

1982년 북경 영화학원을 졸업한 후 북
경 영화제작소에 배속되었으며, 1984년
광서 영화제작소로 옮겨 〈황토지〉를 감
독한다. 그는 이 영화로 로카르노 영화제
은표범상을 수상한다. 1985년 〈대열병〉
으로 몬트리올 영화제 심사위원 특별상
을 수상한다. 1988년 미국으로 건너가 뉴
욕 대학에서 중국 영화에 대해 강의하며,
1991년 〈현 위의 인생〉을 발표한다. 1992
년 〈패왕별희〉로 깐느에서 대상을 수상했다.

제임스 캐머런(James Cameron, 1954~)

캐나다 온타리오주 출신인 캐머런은 1971년 미국으로 이주한다. 공학도였
던 아버지의 뜻에 따라 캘리포니아 대학에서 물리학을 전공하지만 졸업후 시
나리오 작가로 활동한다.

미술 감독겸 미니어처 제작자로 영화계에 뛰어든 그는 1981년 〈피라나〉로
감독으로 데뷔한다. 이후 그가 직접 각본을 쓰고 감독한 〈터미네이터〉(1984)
가 대성공을 거두면서 〈람보〉(1985), 〈에일리언〉(1986), 〈어비스〉(1989), 〈터
미네이터 속편〉(1991), 〈트루 라이즈〉(1994), 〈이상한 나날들〉(1995) 등을 거
의 해마다 발표한다.

그가 가장 최대의 성공작은 1997년에 발표한 〈타이타닉〉이다. 그는 이 작

에얼리언, 터미네이터, 타이타닉

품으로 1998년 아카데미 최우수 감독상, 최우수 영화 편집상, 최우수 작품상 등을 수상했으며, 같은 해 골든 글로브 최우수 감독상, 골든 새틀라이트 최우수 감독상 등 화려한 수상을 한다. 현재 그는 헐리우드에서 가장 흥행력을 갖춘 인기 있는 감독으로 꼽히고 있다.

캐머런을 이야기할 때 빼놓을 수 없는 것은 첨단 테크놀로지를 이용한 특수효과다. 역설적인 점은 그가 자신의 영화를 관류하는 큰 주제의 하나인 기계문명에 대한 비판을 첨단 기술을 이용해 전달한다는 것이다. 〈터미네이터〉는 물론이고 〈어비스〉에서도 물질 문명의 발달로 인한 인간의 탐욕을 비판하고 있으며, 〈타이타닉〉도 문명과 편리화를 맹신하는 인간의 맹목성과 탐욕을 조롱하는 작품이다. 그는 기계문명에 대한 대안으로 휴머니즘을 강조한다.

캐머런 작품에서 흥미로운 점은 그가 강인하고 적극적인 여성상들을 반복적으로 내세우고 있다는 점일 것이다. 강인하고 주체적인 여성상은 그의 첫 작품인 〈식인어 피라나〉부터 시작하여 〈터미네이터〉의 여전사로, 〈에일리언〉

에서는 우주 괴물과 싸우는 리플리라는 여전사로, 그리고 관습과 사회의 편견을 이기고 신여성으로 일어서는 당당한 여자 〈타이타닉〉의 로즈로 이어지고 있다. 남성들은 여성들의 보호자가 되지 못하며 여성들은 스스로 자신들을 지키며 모성애를 발휘하고 새로운 질서를 떠안는다.

스파이크 리

스파이크 리(Spike Lee, 1957~)

1957년 조지아주 애틀랜타 출신이며 배우, 작가, 제작자 및 감독으로 다양한 활동하고 있는 흑인 감독이다.

1983년 〈조의 이발소〉로 데뷔했다. 이후 〈스쿨 데이즈〉(1988), 〈정글 피버〉(1988), 〈똑바로 살아라〉(1989), 〈말콤 X〉(1992), 〈크루클린〉(1994), 〈버스에 올라타라〉(1996), 〈네 명의 어린 소녀들〉(1997), 〈그는 게임을 했네〉(1998), 〈샘의 여름〉(1999) 등 거의 매년 작품을 발표하고 있다. 1997년에는 TV 영화 〈지하철 이야기〉를 발표하기도 했다.

특히 배우로도 자주 영화에 등장하며 자신이 만든 영화에 자주 출연한다. 〈똑바로 살아라〉의 무키, 〈말콤 X〉의 쇼티 외에도 여러 편의 영화에 출연했다.

스파이크 리는 비교적 짧은 연륜에도 불구하고 아카데미상을 비롯한 많은 영화제에 후보로 추천되었는데 1990년 〈똑바로 살아라〉로 아카데미 최우수 극본상 후보로,

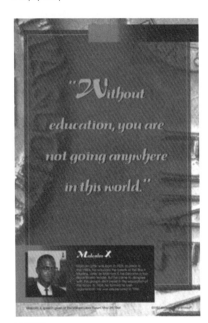

"Without education, you are not going anywhere in this world."

말콤 X

208

1998년 〈네 명의 어린 소녀들〉로 최우수 기록 영화 후보로 추천되었다. 또한 1997년에 〈버스에 올라타라〉로 베를린 국제 영화제 특별상을 수상했으며, 1990년에 〈똑바로 살아라〉로 골든 글로브 최우수 감독상 후보로 추천되었다. 1983년에는 로카르노 국제 영화제에서 가장 열정적인 예술가상을 수상했으며, 1989년에는 로스앤젤레스 영화 평론가 협회 최우수 감독상을 수상하기도 했다.

이와이 순지(岩井俊二, 1963~)

1987년 요꼬하마 국립대학을 졸업한 이와이 순지는 학생시절 동아리 활동을 통한 단편영화 제작의 경험을 바탕으로 뮤직비디오와 케이블TV의 단편물 연출로 영상 작업의 첫 발을 내딛는다. 뮤직비디오를 만들던 시기에 그는 다양한 부류의 뮤지션들의 작품을 연출하면서도 각 작품마다 일관되게 자신만의 독특한 개성을 드러내는 능력을 발휘하기 시작한다. 드라마 성격이 강한 작품들이 바로 그것이다.

이후 그의 비디오 클립이 주목을 끌게 되고 그로 인해 지방 방송국으로부터 드라마 연출 제의를 받게 된다. 94년 봄에는 〈만약에〉라는 컨셉트 드라마 시리즈 중 한편인 〈불꽃놀이, 아래에서 볼까, 옆에서 볼까〉라는 단편 드라마를 연출한다. 지방의 한 소도시, 부모의 이혼으로 전학을 가게 되는 소녀와 소녀를 좋아하는 두 명의 소년, 그리고 초등학교 시절의 친구들 사이에 있을 법한 상큼하면서도 애잔한 이야기를 담고 있는 작품으로 이와이의 단편 드라마들 중 가장 사랑을 받고 있다. 여름에만 느낄 수 있는 파란 하늘과 투명한 수영장의 물, 그리고 불꽃놀이라는 이미지가 인상적이며, 특히 편집이 돋보인다.

어린 시절에 좋아했던 영화를 묻는 질문에 '토호(東寶)영화사 작품들의 화면에는 녹색이 많이 들어있기 때문에 좋아했다'고 말하는 그는 스토리나 주제보다는 영상에 이끌리는 새로운 영상세대다. 테마주의에 빠져서 지나치게 무거운 테마를 조잡하고 서툰 기술로 그려내려고 하던 경향 속에서 이와이는 색조나 조명 쪽으로 관심을 보였다. 그의 영화에 아름다움을 더하고 있는 조명에 대한 관심도 대학시절의 습작부터 시작되었다.

이와이 감독의 작품들에 가해지는 일반적인 비판은 모호한 시공간을 보여주며 현실과의 직접적인 연계가 느껴지지 않는 이야기를 다룬다는 점에 모인다. 그의 작품에는 일본의 현재가 부재하고 있다는 비난도 바로 여기에 근거하고 있다. 역설적인 것은 바로 그 점 때문에 일본의 신세대들이 이와이를 선호한다는 사실이다.

러브레터

그는 끊임없이 기법들을 테스트하고 영상효과를 연구한다. 그리고 소재의 강박관념이 없이 자유롭다. 그는 소재는 무엇이라도 좋고 문제는 요리해 나가는 방법에 있다고 생각하는 것이다.

쿠엔틴 타란티노(Quentin Tarantino, 1963~)

미국 인디영화의 산실 '선댄스재단'이 찾아낸 신세대 감독 쿠엔틴 타란티노는 90년대 정서를 가장 잘 표현하고 있는 감독이다. 1963년 테네시주 낙스빌 출생인 타란티노는 정통 영화 교육을 전혀 받지 않은, 그래서 더욱 그만의 영화 문법이 돋보이는 감독이다. 그가 영화에 관한 지식을 얻을 수 있었던 기

펄프 픽션

재키 브라운

회는 영화광이었던 어머니의 영향과 비디오 가게 점원으로 일하면서 수많은 비디오들을 감상했던 일이 전부다. 오우삼과 마틴 스콜세스를 가장 좋아한다는 그의 영화에는 이 두 감독의 영향력이 깊숙이 배어 있다. 현란한 폭력 장면은 오우삼의 영향이고, 반영웅적 주인공과 도시의 추악한 얼굴 등은 마틴 스콜세스 영향이다.

타란티노의 영화는 상투성에 찌든 헐리우드 서사구조와 난해하기 짝이 없는 순수 예술 영화 양쪽으로부터 벗어나 있다. 복잡하면서도 엉뚱한 사건들, 반영웅적 주인공들, 해결되지 않는 결말, 유희 같은 폭력, 진지하지 않은 잔혹한 장면들, 화려한 카메라 앵글, 사건 발생의 연대기적 순서를 거부하는 삽화적 구성, 엄청난 양의 저속한 대사들, 이 모든 것들이 그의 영화를 통해 확인되는 특징들이다. 인내심을 가지고 단편적인 이야기들을 꿰맞춰야 온전한 이야기를 얻을 수 있는 그의 서사구조는 관객들에게 묘한 즐거움을 준다.

영화 배우, 시나리오 작가, 감독, 제작에 이르기까지 다양한 분야에서 활동하고 있는 그의 주요 작품으로는 〈저수지의 개들〉(1992), 깐느에서 대상을 수상한 〈펄프 픽션〉(1994), 〈재키 브라운〉(1997)을 들 수 있다.

3. 촬영부

영화는 흔히 빛의 예술, 혹은 빛으로 연주되는 음악이라고 말한다. 이는 동일한 피사체라도 빛의 세기와 각도에 따라 화면 속에서 전혀 다른 느낌을 주기 때문이다. 일상의 공간에 영화적 생명을 불어넣는 사람들이 바로 촬영부를 구성한다. 영화 제작 현장에서 감독과 촬영 감독은 마치 부부처럼 서로 상호 보완적인 관계에 놓인다. 이는 감독의 의도를 가장 잘 파악해서 화면에 담아내야 하는 인물이 바로 촬영 감독이기 때문이다. 그러니까 감독이 머리라면 촬영 감독은 손이라고 말할 수 있다.

현재 한국 영화 제작에서 촬영부는 일반적으로 네 명 이상이 한 팀을 이룬다. 흔히 도제 시스템으로 운영되는 촬영부에서 촬영 감독이 되기 위해서는 최소 3단계의 조수 수업을 거치는 것이 보통이다. 제 1조수는 피사체와의 거리와 노출을 측정하고 카메라의 포커스를 조정하며, 제 2조수는 렌즈와 필름 관리, 카메라 상태 점검, 기자재 관리 및 이동차 밀기 등과 같은 작업을 주관한다. 그리고 제 3조수는 촬영 기자재 운반 및 세팅, 기타 제반 작업을 수행한다.

헐리우드 영화 제작의 경우는 이보다 더 세분화되어 있어, 조명까지 총괄하는 촬영 감독은 직접 카메라를 작동하지 않으며, 촬영 감독의 지시를 받고 직접 카메라를 작동하는 사람으로서 카메라 오퍼레이터가 있다. 또한 카메라의 초점을 조절하는 포커스 풀러, 촬영판을 담당하는 클래퍼 로더(한국에서는 연출부에 속함) 등이 촬영부에 속한다.

4. 조명부

영화에서 조명은 단순히 피사체를 비춰주는 기능만을 수행하는 것은 아니다. 사진사가 카메라의 렌즈를 통해 피사체를 잡을 때 가장 중요하게 고려하는 것이 바로 빛의 강도와 각도인 것처럼 화면 속의 밝고 어두운 영역은 관객의 시선을 특정한 대상이나 행위로 이끄는 것 외에 화면의 총체적 구성을 새롭게 창조한다.

빛의 예술이라고 말할 수 있는 영화에서 빛과 어둠을 조절하여 빛과 어둠의 이미지를 앵글 안에 담아내는 소위 '빛의 마술사'라 불리는 이들이 조명 담당 기사들이다. 조명부 카메라가 피사체를 명료하게 담아내면서 극적인 효과를 내도록 기술적으로 빛을 통제하고 만들어내는 일을 담당한다. 조명 감독은 촬영 감독과 상의하여 가장 정확한 빛을 만들어내는 것이 그 목적이다.

조명 감독의 작업 중 무엇보다 중요한 일은 빛을 조절하는 일이다. 빛을 이용하여 영화 장면에 생명을 불어넣는 작업이라고 할 수 있는 조명 작업에서 빛은 비추는 것보다 조절하는 것이 중요하다. 흔히 거즈나 천 따위로 만든 실크(Silk)라는 촘촘한 기구를 이용하여 빛을 분산시키기도 하며, 원치 않는 표면이나 특정 구역에 비치는 빛을 차단하는 막인 고보(Gobo)를 이용하여 은은한 빛을 비추기도 한다.

조명의 적절한 사용은 모든 대상을 장식화로 극화시킬 수 있다. 무대 미술가 고든 크레이그가 조명 감독은 무대 감독과 달리 **빛으로 무대를 칠할 수 있다**고 말한 맥락은 영화에도 그대로 적용된다.

영화 조명은 방향을 조절함으로써 피사체에 전혀 다른 질감과 분위기를 창조한다. 정면 조명은 영상을 단순하게 보이게 하며, 측면 조명은 피사체를 입체적으로 드러나게 한다. 후면 조명은 피사체를 배경과 분리시킴으로써 깊이를 강조한다. 하부 조명은 피사체의 모습을 왜곡시키며 극적인 공포 효과를 나타낸다. 수직 조명 역시 하부 조명과 같은 효과를 나타낸다. 또한 조명의 색채를 이용한 분위기 조성은 관객들에게 강력한 인상을 주기 때문에 관객은 색채와 관련된 정서를 읽어낼 수 있어야 한다.

고전적 헐리우드 영화에서는 최소한 세 개의 광원을 피사체에 비추었다. **주광과 보조광 그리고 역광**을 비춤으로써 주요 등장인물이 입체적으로 보이도록 하고 있다. 일반적으로 명조광은 사실주의적이며, 암조광은 표현주의적이다.

조명 스크립터는 각 장면에 사용되는 빛의 종류와 각도를 꼼꼼히 기록하여 빛의 일관성을 유지하도록 해야 한다.

5. 기획/제작부

한 편의 영화가 관객들과 만나기 위해서는 다양한 분야에 종사하는 구성원들의 협조와 조화가 필수적이다. 감독이 촬영 현장의 제반 작업을 지휘하고 통솔하는 사람이라면 촬영 전부터 극장에 영화가 상영될 때까지 영화 제작의 전 과정을 통괄하는 분야가 바로 기획/제작부다. 그러니까 감독이 영화의 실질적인 내부 요소들을 종합하고 통제한다면 **기획/제작자는 영화의 사전 기획, 제작 전반, 제작 후 홍보에 이르기까지 영화의 모든 부분을 총괄**한다고 말할 수 있다.

기획/제작부의 작업이 영화의 상업성이나 자본의 논리를 중시한다는 비판의 소리도 있지만 영화가 산업이라는 점에서 그들의 작업을 반드시 상업적이라고 매도할 필요는 없을 것이다. 특히 90년대 초 〈결혼이야기〉의 성공 이후 한국 영화를 만든 젊은 기획/제작팀들은 치밀한 기획과 홍보 및 시장 개척 노력을 통해 동시 배급이라는 헐리우드식 흥행 전략을 도입함으로써 한국 영화의 시장 점유율을 제고하는 데 큰 몫을 담당하고 있다. 기획/제작자의 임무는 대략 다음과 같다.

1) 영화 규모 결정
2) 영화 제작을 위한 자금 마련
3) 작품의 공연 허가 취득
4) 시나리오 작가 및 감독 섭외, 채용
5) 배우 및 스텝 고용

6) 연출부와의 회의를 통한 방향 결정 및 수정 작업

7) 예산 집행 및 결산

8) 홍보 및 마케팅 전략 수립

9) 배급망 확보

영화이론

사실주의와 표현주의는 영화 표현 기법에서뿐만 아니라 그 주제에서도 확연히 구분된다. 사실주의는 기록영화에 다가서 있고 표현주의는 전위영화에 더 다가서 있다. 그러나 문제는 어떤 영화도 오직 어느 하나의 방식만으로 표현되지 않는다는 점이며, 더욱이 그 스타일과 타입에 있어서도 일종의 편광처럼 연속체를 형성하고 있다. 따라서 그 어떤 극영화라도 기록 영화적인 측면과 전위영화의 요소들을 담고 있다는 점에서 영화 이론은 영화 만들기의 큰 갈래를 타는 편리함은 있을지라도 작은 세부 줄기들을 아우르는 개념은 아니다.

사실주의

사실주의 영화는 구체적인 현실 세계의 외관을 화면에 담아낼 때 수정이나 장식을 피한다. 사건과 대상물을 화면에 담을 때 감독은 삶 그 자체의 풍부한 모습들을 그대로 묘사하려는 경향을 보인다.

영화 예술의 다큐멘타리적인 측면을 강조하는 사실주의 감독들은 그들의 주된 관심을 형식이나 기교보다 내용에 둔다. 그렇다면 극단적인 사실주의 영화는 기록 영화의 모습을 띤다고 볼 수 있다. **사실주의 영화미학에서 기본 전제는 영화는 본질적으로 사진술의 확장이라는 점**이다. 영화 감독이 선택한 소재나 주제는 배열된 것이나 창조된 것이 아니라 발견된 것으로 인정된다. 미국 사실주의 영화의 대표적 감독이라고 할 수 있는 프레드 진네만 감독은 〈하이눈〉(1952)에서 심지어 영화 속 플롯의 진행 시간과 영화 지속 시간을 거의 일치시킴으로써 관객들에게 마치 기록 영화를 보는 듯한 느낌을 받게 하기도 했을 정도다.

프랑스의 앙드레 바쟁(Andre Bazin) 같은 비평가는 영화의 고유한 특성을 샷, 그 자체를 구축하는 것, 즉 현실 세계를 특정하게 재현하는 것이라고 보았다. 그에게 현실 세계란 영화 예술의 주제였으며 현실과 미학은 분리되지 않는다. 그는 **미장센을 중시**했다. 특정한 샷 내에서 피사체들의 위치와 움직임, 조명 등을 통해 관객들이 현실 세계에 담긴 의미들을 파악할 수 있다는 것이 그의 견해였다. 이러한 **미장센에 대한 강조는 해석자로서의 관객의 역할을 강조**하고 있다.

사실주의 계열의 감독들은 극단적인 앵글을 피하려고 한다. 그들은 주로 눈 높이 앵글을 선호한다. 이는 현실 세계에서 실제로 관객들이 피사체를 보는 각도이기 때문이다. 또한 사실주의 감독들은 피사체에 대한 가장 명확한 시야를 확보하려 한다.

사실주의 영화는 발견의 영화고 폭로의 영화다. 영화 속의 삶은 전체 삶의 한 단면이고 완결되지 않은 진행 중인 삶의 일부다. 1940년대 중반부터 50년대 중반까지 이탈리아 영화를 특징 지웠던 신사실주의 영화는 이 책의 영화사 부분에 언급되어 있다.

또한 프랑스와 트뤼포, 장 뤽 고다르, 끌로드 샤브롤 같은 프랑스의 누벨 바그 감독들은 감독의 개인적 비전에 의해 주제와 방식이 결정되며, 그 비전이 주제와 방식을 통일되게 아우를 때 훌륭한 영화가 탄생된다는 믿음을 지니고 있던 작가주의 계열의 감독들이다. 예술가의 개성을 중시하는 이들 감독들은 엄격하게 계산된 밀착되고 대칭적인 플롯을 선호한다.

표현주의

표현주의 계열의 감독들은 현실 세계를 그대로 묘사하지 않는다. 그들은 그 세계에 대한 자신들의 **주관적 체험을 표현**하려고 한다. **현실 세계는 조작되**

고 재구성되며, 영화 매체를 통해 재해석된다. 왜곡되거나 과장된 세트를 사용하고 카메라는 주인공의 심리를 반영하는 주관적 시점에 의해 움직인다.

그들은 영화에 대한 평가는 "무엇"이라는 소재가 아니라 **"어떻게"**라는 표현 방법에 의해 내려져야 한다는 믿음을 지니고 있으며 자신들을 기록자라기보다는 창작자로 자리매김하는 경향이 강했다.

표현주의 계열의 영화 감독들은 실생활에서의 시, 공간적 체험과 달리 편집을 통해 시간과 공간을 세분화하고 의미있는 방법으로 재배치한다. 현실 세계의 혼돈이나 우연을 배제하고 보다 표현력 있는 순간들을 끌어 모아 재구성한다. 이런 식의 재배치와 재구축을 통해 그들은 현실 세계에서는 존재하지 않는 현상과 사건과 연속성을 건져 올린다.

어떤 대상물을 촬영한다는 것은 그 대상물 선정에서부터 찍는 각도에 이르기까지 이미 피사체에 대한 본질적인 왜곡을 전제로 하고 있다고 볼 수 있다. 표현주의 영화 감독들은 바로 이러한 점을 인정하고 단순한 외형적, 물리적 세계의 복사가 아니라 그 외형적, 물리적 세계를 영화의 표현 기법을 통해 적극적으로 해석하고 형상화한다. 이런 식의 적극적 표현을 통해 현실 세계의 특성들이 더 잘 드러나며, 현실 세계가 은폐하고 있는 문제점들을 더욱 효과적으로 담아낼 수 있다는 것이 그들의 입장이었다.

표현주의 계열의 감독들은 피사체를 외관상으로 가장 명확하게 포착하는 영상보다는 그 피사체의 본질을 가장 명확하게 잡아내려고 시도한다. 따라서 극단적인 앵글을 사용하기도 하며, 이 때의 극단적인 앵글은 피사체를 왜곡시켜 드러낸다. 그들은 피사체의 표면적 사실성을 고의로 뒤틀고 뒤집음으로써 상징적 진실을 얻을 수 있다고 믿는다. 사실주의 계열의 감독들이 카메라의 존재를 지워버리려고 애쓴다면, 표현주의 계열의 감독들은 관객들에게 끊임없이 카메라의 존재를 상기시킨다.

필름에 인화된 가공하지 않은 제재들을 변형해, 그러니까 현실 세계의 이미지들을 이용해 어떤 진술을 하려고 하는 **표현주의 영화는 관객들이 알고 있는 세계를 단순히 복제하기보다는 새로운 세계를 창조해내려고 한다.** 이런 식의 영화관을 대표하는 인물이 바로 세르게이 에이젠스타인이다.

영화 감독으로서 에이젠스타인은 촬영된 필름을 통해 특정한 진술을 이끌어내기 위해 편집을 자신의 중요한 기법으로 삼았다. 그에게 영화의 의미란 관객이 별개의 두 커트를 대조하고 대비하는 과정에서 생성된다. 그는 어떤 종류의 두 필름 조각을 이어 붙이면 새로운 개념이 생긴다고 보았다. 따라서 영화란 현실 세계를 변형하는 매체로서 기능하며 그것이 지닌 교훈주의적 속성을 잘 이용하면 훌륭한 교육 도구가 될 수 있다고 믿었다.

표현주의 영화 감독들은 감독을 영화의 한 가운데로 진입시키는 데 중요한 역할을 담당했다. 감독이 영화를 지배하는 주도적 인물로 부상함에 따라 영화는 점차 고도의 예술품으로 평가되기에 이르렀던 것이다.

마르크스주의

마르크스주의자들은 현상을 독립적으로 고려하기를 거절한다. 이는 그들이 현실의 총체성을 재단하고 통치하는 데 필요한 개관적인 법을 상정하고 있기 때문이다. 『정치 경제학 비판』에서 마르크스가 "물질 생활의 생산 양식이 사회, 정치 및 지적 생활의 전부를 결정짓는다"고 주장했듯이 마르크스주의자들은 모든 인간 **사회의 하부구조는 경제라고 믿으며, 제반 사회 구조와 제도 및 예술을 포함한 상부구조는 그 사회의 특정 지배 계급 구성원들의 경제적 이익을 확보하고 유지하기 위한 이데올로기의 산물**이라고 주장한다.

마르크스주의자들은 세계의 발전을 변증법적으로 설명하고 있으며 변증법적 유물론이 담보하는 역동성이 좀 더 나은 단계로의 진보라는 사회발전의 동인을 제공한다고 믿는다. 따라서 그들은 **역사의 발전 과정에는 항상 지배 계급의 이해관계가 사회의 하부구조를 떠받치는 경제적 부와 권력의 변증법적 재분배를 산출하려는 피착취계급에 의해 반드시 도전 받는다**고 믿는다. 그렇다면 마르크스주의 이론의 배후에는 어느 정도 계급이 평정되는 사회가, 그리고 부와 권력의 재분배가 이루어질 수 있는 사회가 가능하리라는 믿음이 도사리고 있다고 볼 수 있을 것이다.

마르크스주의자들에게 예술의 정치적 중립성을 신뢰하지 않는다. 그들은 특정한 당대 사회의 지배 이데올로기가 어떤 식으로든 예술 작품에 배어 있다고 믿는다. 따라서 그들은 **진정한 예술이란 당대 사회의 구조나 제도 및 물질 세계의 본성을 이해하는 데 봉사해야 하며, 더 나아가 예술의 소비자인 다수 민중을 위해 명백히 교훈적이고 혁명적 의식을 고취해야 한다**는 주장을 펼친다. 바로 이러한 점에서 마르크스주의 감독들은 영화가 무엇을 표현해야 하는가에 대한 합의를 쉽사리 내리고 있다.

문제는 마르크스주의 감독들이 이를 어떻게 표현해내느냐를 두고 표현주의와 사실주의로 갈라서고 있다는 점이다. 에이젠스타인이나 푸도프킨 같은 소련계 감독들은 표현주의를 지지한 반면, 엘리아 카잔이나 존 포드 같은 미국의 감독들은 1930년대 초기부터 1950년대 중반에 걸쳐 소련 및 동구공산권 국가에서 신봉했던 사회주의적 사실주의를 지지한다.

그럼에도 불구하고 마르크스주의 감독들의 영화 작업에 공통적으로 담겨 있는 지향점은 대략 다음과 같다. **사회적 변혁을 위한 영화의 도구화, 현상에 대한 도전 묘사, 권력의 탈 신비화를 통한 당파성 해부, 지배 계급과 피지배계급의 대결, 피억압자 계급에 대한 동조, 환경이 인간의 행동을 결정한다는 자연주의적 믿음, 그리고 성적, 인종적 평등에 대한 신념** 등이다.

영화 기호학

관객들은 영화를 보면서 자신도 모르게 수 없이 많은 층위의 복잡한 기호들의 그물망에 노출된다. 기호학은 영화가 어떻게 기호화하는가에 관심한다. **영화는 특정 문화와 이데올로기를 담아 나르는 기호 체계**이기 때문에 비평가들은 자연스러운 것으로 제시된 이미지나 담론의 밑바탕에는 문화적이고 이념적인 이차적 의미가 숨어 있다는 것을 항상 강조한다.

극장에서 관객은 영화 속의 다양한 장면들을 감상하며 배우들의 동작과 대사를 보고 듣는다. 화려한 의상과 세팅을 살펴보고 조명의 빛깔과 색채를 확인한다. 이러한 다양한 자극을 기반으로 관객은 상상력을 동원해 영화 읽기를 시도한다. 그가 읽어 내는 영화 텍스트의 폭과 깊이는 그의 상상력의 힘에 의존한다. 관객의 감상 행위는 **지각하기와 기호화하기**의 과정을 통해 비로소 완성된다.

미국의 언어 철학자 찰스 퍼스는 기호를 **유사성에 근거한 도상, 원인과 결과에 근거한 지표, 그리고 자의성 혹은 사회적 약속에 근거한 상징**으로 분류한다. 퍼스의 이러한 삼분법은 영화 텍스트 읽기에 참여하는 관객들에게 대단히 유용하게 기능한다.

관객들이 영화를 감상하는 과정에서 가장 의존하는 기호는 도상적 기호다. 사실주의적이건 혹은 양식화되건 영화 속의 모든 요소들은 기본적으로 도상적이다. 배우가 그렇고 세팅이 그렇고 또한 오브제가 그렇다. 도상적 기호는 반드시 시각적일 필요는 없다. 예컨대 음향 효과로 처리되는 자동차 경적 소리나 빗소리는 자동차가 달리는 상황이나 밖에 비가 오는 상황에 대한 도상이다. 영화 텍스트의 극적 행동의 모든 순간은 기본적인 도상적 틀 안에서 작동한다.

이러한 도상 기호 외에 영화의 기호는 **지표적 속성**을 지닌다. 인과관계에 의존하는 지표 역시 영화 텍스트에 자주 이용되며 대단히 효과적이다. 예컨대 배우가 화면에 등장하면서 수건으로 머리나 옷의 물기를 털어 내는 동작을 취한다면 관객들은 밖에 비가 오고 있다는 사실을 상상할 수 있다. 특히 지표 기호의 가장 큰 매력은 **관객의 상상력을 최대화**할 수 있다는 데 있다. 암시와 여백을 특징으로 삼고 있는 지표 기호를 얼마나 정확하게 읽어 내느냐에 따라 관객이 구축하는 영화 텍스트의 폭과 깊이가 확장되기도 하고 축소되기도 한다.

상징은 기호 표현과 기호 의미 사이에 직접적으로 인지 가능한 유기적 관계를 맺지 않는 기호를 가리킨다. 따라서 상징은 사회적으로 약속되지 않은 경우는 그 의미가 전달되지 않으며, 그 약속에 참여하지 않은 사람들에게는 이해되지 않는 배타성을 지니고 있다.

상징의 가장 좋은 예는 **언어**다. 예컨대 "개"라는 단어는 한국인들에게는 쉽게 "가축의 하나. 늑대와 비슷하나 사람들에 의해 길러져 사람을 잘 따르고 영리한 동물"이라고 이해되지만, 영국인이나 미국인에게는 전혀 의미가 통하지 않는다. 또 한국인들에게 "개"는 "매"나 "새", 혹은 "해"와 전혀 다른 의미를 준다. 이는 "개"라는 의미를 지닌 동물을 지칭하는 소리를 "개"라고 언어적으로 약속했기 때문이다. 또한 언어 외에 **특수한 집단에게 특정한 의미로 해석되는 몸짓이나 표정**도 상징 기호다.

영화의 서사구조는 자체의 독자적인 의미와 체계들을 지니고 있다. 기호표현의 차원에서 영화는 풍부한 약호 및 관습의 집합체로 구성되어 있다. 카메라의 접근, 조명의 변화, 슬로우 모션 등 다양한 표현 방법은 관객들과의 묵시적 동의하에 특정한 미학을 전달하고 있다.

관객은 화면 속의 기호들의 상호 관계가 지니는 문법과 구문을 이해하고 해득할 수 있을 때 비로소 온전한 영화 텍스트 구축에 참여하게 된다. 모든 예술이 그렇듯이 영화는 예술가와 감상자 사이에서 공유되어야 하는 관습들에 크게 의존하고 있다. 따라서 그것은 궁극적으로 학습을 통해 습득되어야 할 기교다.

이 학습 과정은 꾸준히 그리고 지속적으로 영화를 접하는 것을 통해 진행되고 배양되며 축적된다. 축구 경기나 야구 경기의 규칙을 이해하고 관전할 때 감독의 작전이나 전체 경기의 흐름을 이해할 수 있듯이, 영화 감상 역시 같은 수준의 노력이 요구되는 지적 행위다.

구조주의

구조주의는 기호학을 보다 실용적 분석에 적용하고 있다. 구조주의는 개별적 서사 구조의 두드러진 특징보다는 **그 서사 구조가 공통적으로 갖고 있는 것들에 관심**한다. 따라서 구조주의자들은 영화를 볼 때 그것이 어떻게 장르나 형식을 규정하는 데 도움이 되는가에 집중한다.

구조주의는 단일 영화 안에서 다양한 약호들이 어떤 구조로 기능하는가에 관심한다. 많은 구조주의자들은 영화의 표면적 서술구조를 해체하여 일정한 구조를 건져 올림으로써 장르 영화들을 분석해 왔다. 영화의 외피를 벗겨내고 핵심 구조를 찾으려는 이들의 노력은 이항 대립적인 수많은 쌍들을 떠오르게 했다. 예컨대 남성/여성, 빛/어둠, 서양/동양, 문명/자연, 국가/개인, 이성/감정 등과 같은 대립항들이다. **구조주의자들은 모든 영화의 서사 구조는 인간 활동이 그렇듯이 이러한 대립항들의 충돌**이라고 본다.

특정 장르 영화를 상징적 의미의 그물망인 심층 구조에 의해 분석하는 것은 개별적 영화의 특성과 매력을 간과한다는 점에서 그 문제점이 충분히 지적되어야 하지만, 영화 읽기의 의미 층위를 개별적이고 개인적 차원에서 벗어나게 한다는 점에서, 그리고 영화라는 하나의 예술품을 통해 그 영화를 만들어낸 사회적, 정치적, 경제적, 이념적 사유의 전체 구조망을 조망해볼 수 있다는

226

점에서는 긍정적이다.

여성주의

여성주의 영화비평가들의 목표는 **남성들의 우월함을 신봉하고 여성들을 수동적이고 부차적인 지위로 폄하하는 모든 구조적 장치들을 벗겨내는 데** 있다. 헐리우드 영화들의 줄거리는 실제로 능동적 행동가인 남성 주인공을 중심으로 여성들은 다분히 부차적이고 수동적인 모습으로 전개된다. 포근한 어머니나 사악한 창녀, 남성들의 출세를 가로막는 마녀 식으로 등장하고 있으며 일상의 삶을 꾸려 가는 여성들은 극히 미미하다.

문제는 영화 보기의 대표적인 심리인 훔쳐보기도 그렇거니와 영화라는 매체가 의존하는 카메라의 시선이 본래 남성적이라면 여성들이 관찰의 대상이 되고, 대부분의 영화의 샷들이 남성적 시선을 대변하는 것은 불가피하다는 점일 것이다. 그렇다면 영화 속의 여성 이미지들에 대한 분석 수준이 아니라 관객들의 보는 즐거움과 상치되지 않는 여성적 서사 구조가 과연 어떤 식이어야 하며, 대안적 영화가 산출될 수 있는 가능성이 있는가에 대한 연구가 반드시 진행되어야 할 것이다.

조지 워싱턴대 스테이시 울프 교수는 1998년 '예술의 전당'에서 개최된 심포지움 "여성의 눈으로 본 몸/섹슈얼리티/공연성"에서 '많은 재현들이 남성 시각을 채택하고 있는 반면 뮤지컬의 서사 구조나 시각이 그에 대한 대안으로 채택될 수 있다는 대단히 흥미 있는 견해를 밝히고 있다. 그녀의 주장은 다음과 같다.

첫째, 뮤지컬들은 이야기체에 이끌리지 않는다는 점이다. 뮤지컬은 노래와 춤에 의해 구조화되기 때문에 남성 인물이 뮤지컬의 중심에 있다 하더라도 그

힘은 노래와 춤에 의해 산출되기 때문이라는 것이다.

둘째, 뮤지컬들은 남성 시각을 해체시킨다는 점이다. 뮤지컬의 사건 진행은 노래로 인해 잠시 멈춰진다. 가사 노래는 말할 것도 없거니와 심지어 극의 플롯 진행과 관계된 서술 노래라 할지라도 이러한 브레히트적 순간은 카메라의 시각의 멈춤과 이야기의 중단과 영화적 공백일 수 있다는 것이다. 그녀가 노래하는 동안 연기를 멈추고 행동은 정지된다.

셋째, 뮤지컬은 직접적인 카메라 촬영을 요구하기 때문에 전형적인 이야기체와 달리 관점의 정사—역사 장면을 요구하지 않는다. 카메라는 욕망으로 눈으로 응시하는 남성적 위치가 아닌, 영화 세계 바깥쪽의 관객의 위치에서 피사체를 잡는다.

넷째. 많은 뮤지컬에는 여성이 중심 인물로 등장한다는 점이다. 그들이 출연하는 영화 속에서 이야기는 이들 중심으로 전개되며, 그들은 주인공이며 사건을 진행한다.

다섯째, 뮤지컬에서 여성들은 플롯의 전개 과정에서뿐만 아니라 춤추고 노래하는 공연자로서 적극적 역할을 담당하고 있다는 점이다. 뮤지컬에서 여성은 구타당하거나 얌전하지도 않으며, 더욱이 살해당하지도 않는다. 뮤지컬에서 여성은 대단히 적극적이다.

최근 여성주의적 시각이라고 해서 반드시 물리적이고 구체적인 남성/여성이라는 대립적 구조 속에서 어느 한 편을 편드는 것은 아니라는 식의 시각 확장이 이루어지고 있다. 이는 **여성주의적 관점을 구조주의의 모든 대립항들에 확장 적용시키는 시도로써 주변부화되고 주목받지 못했던 소위 열등항들의 관점에서 새롭게 세계를 이해하고 해석하며 적극적으로 대처**하려는 노력으로까지 발전하고 있다.

VI
문학과영화

문제 제기

문학과 영화는 영화가 등장한 이래 줄곧 애증의 관계 속에 놓여져 있다. 그들은 모방하고 닮으려 했으며, 시기하고 충돌하면서 상호 의존의 역사를 지탱해 왔다. 영화가 등장한 19세기 후반부터 현재에 이르기까지 서로 각기 다른 매체를 통해 세상을 바라보고 묘사하는 이 두 가지 방식은 시기를 달리하며 상대방을 모욕했고 부추켰으며, 왜곡했고 배웠다.

물론 문학과 영화의 관계는 영화가 애초에 여러 개의 짧은 이야기들을 다양하게 모아 여러 시간 상연되었던 시기에는 그다지 긴밀하지 않았다고 보아야 할 것이다. 왜냐하면 영화는 그저 희가극 형태로 관객들을 즐겁게 해주면 그만이었기 때문이다. 그러나 장편 영화가 하루 상연거리가 되었을 때 영화는 비로소 관객의 관심을 붙들고 지켜내야 한다는 부담을 안게 되었다.

내러티브의 길이가 길어지고 관람 환경이 변화함에 따라 영화 제작자들은 보드빌 형식의 내러티브에서 벗어나 자연스럽게 소설이나 드라마에 의존하게 됨으로써 영화와 문학의 의존 관계가 구축되기 시작했다.

초기 영화는 그것이 의존해야 할 문학성을 연극에서 찾아야 했다. 영화의 보여주기 방식은 19세기 무대 공연의 리얼리즘에 근거했으며, 멜로드라마를 비롯한 뮤직홀 공연과 희가극 공연과 같은 당시 대중들에게 인기 있었던 연극적 전통의 영향을 많이 받게 되었다.

그러나 영화가 문학에 의존하게 된 보다 직접적인 이유는 주로 단편적인 기록 영화 수준에 그쳤던 당시 영화의 호소력이 극히 한정된 볼거리와 즐거움만을 제공했기 때문이었다. 바로 이런 점에서 문학을 영화로 끌어들이는 작업은 우선 그것이 현실적으로 실용성과 유용성을 담보해줄 수 있다는 측면에서 그 필요성이 출발하고 있다. 어차피 영화 쪽에서 보면 좀더 세련된 작품을 보려는 관객들의 요구에 부응해야 했으며, 바로 이러한 점에서 문학은 풍부한 소재들을 영화에 제공함으로써 관객들의 갈증을 채워줄 수 있었던 것이다.

물론 초기 영화들이 문학에 의존하게 된 데는 이러한 단순한 실용성을 넘어선 또 다른 요인이 작용하고 있었다. 바로 영화라는 새로운 매체가 관객들에게 존경받을 만한 문화적 위치를 확보하도록 하는 효과였다.

영화가 처음 관객과 만났을 때 영화는 그저 단순한 볼거리에 호기심을 드러냈던 하층 계급 관객들을 상대로 한 오락물의 처지를 벗어나지 못했다. 그러나 영화가 훌륭한 고전 작품들과 당시 인기 있었던 문학 작품들을 끌어들였을 때 좀 더 존경받을 만한 위치로 부상할 수 있었으며 비로소 상류 계층들을 그 동반자로 확보할 수 있었던 것이다.

초기 영화와 문학

20세기 초, 문학의 영향을 받은 고전 영화로 D. W. 그리피스 작품을 들 수 있겠다. 그의 영화 작업은 19세기부터 유행했던 연재 소설과 멜로드라마 연극, 그리고 휘트먼(Walt Whitman)의 『풀잎』(The Grass) 이나 테니슨(Alfred L. Tennyson)의 『이녹 아든』(Enoch Arden)의 영향을 받았다. 장편 영화에 대한 그의 욕구는 다양한 문학 작품들에 관심을 기울이도록 했으며, 단편 소설을 벗어나 일정한 분량을 지닌 소설과 극작품들에 의존하게 되었던 것이다.

그리피스는 또한 다양한 카메라 앵글과 거리, 아이리스와 페이드 같은 편집 기교를 사용했는데 그가 이런 식의 시각적 다양성 및 시간적 유동성을 영화에 도입하는 데는 소설의 서술 형식을 빌려옴으로써 비로소 가능할 수 있었다. 당시 영화가 영화 속에서 공간적으로 격리된 사건들과 시간적으로 엇갈리는 사건들을 담아낼 수 있었던 것은 바로 19세기 소설의 연대기적 서술 방식의 영향 때문이었다.

한 가지 역설적인 것은 영화가 19세기 소설의 역사적 객관성과 연관된 고전적 스타일을 추구한 반면 조이스(James Joyce)나 울프(Virginia Woolf) 등과 같은 당대의 소설가들은 서술적 객관성 개념을 전복한 실험성 짙은 작품들을 발표했다는 점이다. 이러한 현상은 당시 대중들에게 호응을 받았던 영화의 리얼리즘에 대해 문학 쪽에서 차별화 전략의 일환으로 의도적으로 저항하고 반발했다고 해석할 수 있을 것이다.

초기 영화를 19세기 문학과 연결 지었던 서술적 내러티브의 발달과 함께 영화 속 등장인물들도 소설 속 인물들의 전형을 따르게 된 것은 어쩌면 지극히 당연한 일이었다. 희곡이나 서사시의 전형적 인물들과 달리 영화 속 인물들은 19세기 소설 속 인물들처럼 심리적으로 점진적으로 발전해나가는 인물들이었으며, 그들이 지닌 두려움 혹은 욕망이 바로 자신들의 향후 행동의 동기가 되는 인물들이었다.

19세기 소설의 서사를 이끌어갔던 힘이 주인공의 개성이었듯이 1910년경에 등장하기 시작한 스타 시스템도 바로 이러한 발전과 밀접한 관계가 있었으며, 주인공으로 등장했던 배우들은 당시에 대중적인 매력을 끌기 시작했다. 소설 속의 주인공들에게 동정심과 친근감을 지녔던 당시 독자들은 새롭게 부상한 영화 속 등장 인물들에게 더욱 강한 이끌림과 동정심을 보이기 시작함으로써 스타 시스템이 정착되었던 것이다.

바로 이 지점에서, 그러니까 고전 영화가 등장한 이 시점에서 문학적 내러티브의 힘이 영화의 내러티브에 힘을 실어 주었으며, 당시 유명했던 연극 배우들이 영화 배우들로 변신하여 대중들의 찬사를 받기 시작했다 . 이처럼 20세기 초 장편 영화의 등장은 문학적 상상력이라는 기반 위에서 비로소 가능했으며, 이후 문학은 영화의 가장 중요한 실질적 동반자로 그 자리를 지켜 나갔다.

그리피스가 그의 영화 작업의 최종 목표를 관객들이 볼 수 있도록 하는 것이라고 말한 맥락이나, 콘래드(Joseph Conrad)가 "글을 통해 독자들이 듣고 느끼고 보도록 하는 것"이 그의 목표라고 한 맥락은 바로 문학과 영화가 맞물린 지점을 정확히 짚어내고 있다고 볼 수 있다. 또한 에이젠스타인이 영화적 작업의 출발점을 고대 희랍 작가들까지 확장하고 있는 배경에는 문학이 영화의 가장 중요한 문화적 토양이라는 점을 강조하고 있으며, 그린(Graham Greene)이 영화가 있는 그대로의 삶과 당연히 그래야만 하는 삶의 모습을 담아내고 있다는 점에서 영화가 지닌 허구적 특징이 문학과 동일한 목표를 지니고 있다고 언급한 것은 모두 영화와 문학의 접점을 인정하고 있는 대목들이다.

1920~30년대

1920년대 프랑스 초현실주의 문학과 당시의 실험적 무성영화 사이에서, 독일의 표현주의 영화와 아방가르드 문학 사이에서, 그리고 1930년대 브로드웨이 연극과 헐리우드 영화 사이에서 이미 활발히 상호 영향주기가 이루어졌다는 점에서, 문학이 영화와 만난 이후 양자의 관계는 이 시기에 들어서면서 급속도로 발전하기 시작했다.

실제로 30년대에 이르면 이미 문학과 영화와의 관계에서 영화가 문학을 각색할 뿐만 아니라 문학도 영화의 기교들을 채택하는 쪽으로도 활발하게 넘나들기가 이루어졌다. 예컨대 크레인(Hart Crane)이나 스타인(Gertrude Stein), 그리고 다스 패소스(John Dos Passos) 같은 작가들은 문학 언어의 한계에 도전하기 위해 영화의 메타포들과 수사학들을 실험했으며, 언어 속에 영화의 파노라마적 시각적 움직임, 파편적 몽타주 이미지들, 다큐멘터리적 명징성들을 도입하기도 했다. 그렇다면 영화가 그 미학적 사회적 가치를 보장받기 위해 문학을 수용했듯이 이 당시의 문학도 20세기의 변화된 모습에 좀더 효과적으로 반응할 수 있는 능력과 모습을 갖추기 위해 영화의 장점과 이미지가 지닌 힘을 채택하려 했다고 보아야 할 것이다.

문학과 영화의 관계에 대한 관심은 시대별로 그 깊이와 넓이를 확장해 왔다. 30년대 홍수처럼 쏟아진 문학작품의 영화화는 바로 1927년 '재즈 싱어'로부터 시작된 1920년대 말 사운드의 도입의 영향이 크다. 사운드의 도입은 다양한 차원에서 영화의 형식과 영화사를 혁명적으로 변화시켰지만 문학과 영화의 관계에도 많은 변화를 촉발시켰다.

첫째, 사운드는 영화의 리얼리즘의 가능성을 강조하고 확장했으며, 둘째, 영화 속에서 극적 대화의 발전을 부추겼다. 셋째, 사운드가 도입됨으로써 영화 속 인물들의 대사/대화는 영화 형식의 중요한 구성 요소로 격상되었으며, 따라서 구어 언어가 등장 인물의 심리적 동기를 좀 더 세련되게 묘사하도록 부추기고 그들의 행위의 발전 과정을 섬세하게 그려냄으로써 영화는 내러티브에 좀 더 많은 관심을 쏟게되었던 것이다.

여러 가지 면에서 30년대는 헐리우드가 문학 작품들을 다양하게 각색하여 스크린에 담아냈던 시기였으며 문학은 고전적 영화형식으로 각색되어 훌륭한 영화 작품으로 다시 탄생한 시기였다. 이 시기에 제임스 훼일(James Whale)의 〈프랑켄슈타인〉(1931), 조셉 폰 스턴버그(Josef von Sternberg)의 〈죄와 벌〉(1935), 조지 쿠커(George Cukor)의 〈지킬 박사와 하이드〉(1932), 빌리 와일러(William Wyler)의 〈폭풍의 언덕〉(1939), 로버트 레너드(Robert Leonard)의 〈오만과 편견〉(1940), 그리고 알프레드 히치콕(Alfred Hitchcock)의 〈레베카〉(1940) 등이 발표되었다. 이들 영화는 문학이 영화의 발전에 얼마나 중요한 자원이 될 수 있는가를 잘 보여주고 있다.

20년대와 30년대 문학의 도움을 받아 영화가 사회 변화와 근대적 전망을 담아낸 새로운 그릇 역할을 충실히 수행할 수 있었다면, 40년대부터 50년대에 이르면 양자 사이에 반드시 긍정적 협조 관계만 유지된 것은 아니었다. 이 시기에는 두 가지 중요한 경향들이 드러났는데, 첫째, 영화가 고전 문학 작품들이 담아냈던 문화와 역사의 중요성을 점검하고 탈신비화했다는 점과, 둘째, 영화 속에서 개인적 표현이 점점 강조되었다는 점이다.

1930년대부터 헐리우드로 몰려든 일군의 유럽의 영화감독들과 배우들은 영화와 문학의 관계 영역을 한층 더 확장했다. 가장 두드러진 현상으로 40년대 이들이 소위 필름 느와르 영화들을 선보였다는 것을 들 수 있다. 문학과 영화의 관계에서 독일 표현주의 영향을 받은 느와르 영화들은 기존의 문학과 영화의 관계를 수정했고 확장했다.

〈말타의 매〉(1941), 〈이중 면책〉(1944), 〈깊은 잠〉(1946), 〈악의 손길〉(1958)에 이르기까지 당시의 느와르 영화들은 연대기적이고 명료한 플롯을 중심으로 한 고전적 문학 작품의 각색에서 벗어나 복합적 플롯과 내러티브의 틈을 전경화했다. 당시 유행했던 대중 탐정 소설의 영향을 받아 보이스오버 서술을 중심으로 일인칭 서술 형식으로 구축된 이들 영화들은 당시의 위협적이고 불안정한 사회에서 사회적으로 고립되고 도덕적으로 주변부화한 개인들을 그려낸 하드보일드 픽션, 혹은 펄프 픽션 영화였다.

이 영화들은 고전 문학에서 벗어나 새로운 리얼리즘을 추구하기 위해 제임스 캐인(James Cain)이나 래이먼드 챈들러(Raymond Chandler) 같은 탐정 소설 작가들의 작품들을 통해 좀더 실험적인 내러티브 형태와 등장인물들을 확보하려고 했다. 느와르 영화를 통해 비로소 걸작이 아닌 문학 작품들과 세련되지 않은 스토리들도 영화의 중요한 재료들이 되었다.

50년대 카메라의 발달은 새로운 촬영술을 가능하게 했으며, 영화 특유의 언어가 가능하게 되었다. 문학의 탈작가화와 감독의 작가화 사이에서 영화는 문학의 영역을 뛰어 넘어 대중 문화와 연계하기 시작했고 문화의 지배적 형식과 언어에 비판적으로 논쟁을 걸기 시작했다.

1960년대

60년대의 문학은 전통적으로 누려왔던 문화적 경외심을 지켜내지 못했으며 사회적으로 그리고 미학적으로 도전을 받게 됨으로써 그때까지의 위상에 상처를 받기 시작했다. 문학의 내상과 함께 영화 쪽에서도 좀 더 과감한 변화가 드러나기 시작했다. 60년대의 미국 영화들은 좀 더 과감하고 사회참여적인 주제들을 다루었으며, 그 결과 주류 문학과 고전의 전통에서 벗어난 문학 작품들과 더욱 밀접한 관계를 맺기 시작했다.

50년대부터 60년대 문학 속에서 성은 좀더 노골적인 주제가 되었고, 가족의 성역은 도전 받기 시작했으며, 정치적으로 첨예한 사건들과 역사적으로 민감한 사건들이 문학의 소재로 채택되었다. 이런 과감한 소재들을 담고 있는 문학은 이미 기성 세대의 주류 흐름이었던 현상의 고착에 문제를 제기했고 불화를 빚고 있었던 당시의 문화 게릴라 영화의 강력한 후원자이자 믿음직한 문화적 자원이 되었다. 50년대 후반부터 60년대에 걸쳐 돋보이는 경향은 문학과 영화의 협력이 주제 면에서 뿐만 아니라 영화의 메타포, 비유법, 퍼스펙티브 및 구조에 이르기까지 확장되었다는 것이다.

이러한 문학과 영화의 교환 속에서 탈작가화와 재작가화의 과정을 확인할 수 있으며 영화감독들은 그들의 영화 속에서 특정한 문학적 전통을 비판적으로 점검하고 거부했으며 다른 전통을 재발견했다. 그리고 이런 식의 교환 패턴은 문학과 영화 공히 공통된 이론적 미학적 관심사를 동등하게 공유하도록 부추겼다. 2,30년대 영화가 문학에 제공했던 근대성과 마찬가지로 60년대 영화의 이미지 중심적 구조는 문학의 언어와 섞어 짜여져서 탈중심적이고 표면적 심상으로 삶과 문화를 바라보는 포스트모던성을 창조하는 데 협조하게 된다.

이 시기 영화사에서 대학을 비롯한 교육기관의 역할은 영화를 문학, 회화 및 다른 전통 예술들과 문화적으로 동등하게 취급하고 방호했다는 점에서 중요한 역할을 담당했다. 유럽에서(특히 프랑스에서) 대학들은 이미 50년대부터 간헐적으로 영화를 강의하고 연구하기 시작했으며, 60년대에 들어오면 미국을 비롯한 서구 국가들의 대학 내에서 영화 연구는 그 양과 질에서 괄목할 만한 수준으로 진행되었다.

영화는 더 이상 그저 단순히 산업적 발전의 산물의 수준에서, 혹은 흥미를 자극하는 오락으로 취급되지 않았다. 영화의 미학은 급속하게 비평적 분석과 적용의 대상으로 성장했으며, 복잡한 기호 체계로서 이론적 연구 주제가 되었다. 레비 스트로의 구조주의와 에코, 바르뜨 같은 기호학자들에 뿌리를 둔 이러한 새로운 이론적 모델은 문화 전반, 특히 영화 같은 대중 문화 형식에 진지한 관심을 쏟음으로써 영화의 충실한 동반자가 되었다.

1980년대 이후

문학과 영화의 관계 측면에서 1980년대 이후 헐리우드 영화에서 두드러진 현상이라면 바로 고전 소설 및 문학의 영화화를 들 수 있겠다. 실제로 이 시기에 제인 오스틴, 헨리 제임스 소설부터 셰익스피어극, 그리고 토마스 하디, 이디스 워튼과 버지니아 울프의 작품에 이르기까지 잘 알려진 문학 작품들이 블

238

록버스터 영화들과 경쟁했다.

이런 경향은 우선 영화의 소재를 고르는 데 어려움 때문에 대중들에게 잘 알려진 고전 작품들을 선택했음을 보여 준다. 그러나 8,90년대 이러한 문학 고전들의 광범위한 복귀에는 다른 이유들이 있었다.

첫째, 전통적 플롯과 등장인물들을 축소하려는 동시대 영화작업에 대한 반발로서, 둘째, 문화적 복잡함으로부터 벗어나려는 보수적 회귀 경향 또는 일종의 치료적 효과를 노리기 위한 과거로의 귀환이라고 볼 수 있을 것이다. 실제로 지난 20년 간 19세기 작품들의 예외적 유행은 영화 작업의 어떤 경향들에 대한 반발로 해석할 수 있다. 그러니까 내러티브의 힘과 타당성이 폄하되고 소홀히 취급당하는 경향에 대한 반발이다.

70년대 이후 심지어 주류 영화조차도 복잡하고 일관된 등장 인물들, 엄격하고 꽉 짜인 플롯, 인과응보적 논리들을 무시하거나 폐기했다. 〈람보〉부터 〈내추럴 본 킬러〉에 이르기까지 등장인물들은 심리적 깊이를 지니지 않은 피상적 이미지들만으로 구축되었으며, 동기를 알 수 없는 행위들은 역동적인 행동을 보여주긴 했지만 파편적인 이야기로 연결되는 느슨한 플롯에 기초하고 있다. 이러한 맥락에서 걸작 문학작품들은 온전히 갖추어진 등장 인물들과 논리적인 내러티브를 통해 대안으로 등장했다.

결국 19세기 소설과 셰익스피어 극들은 잘 짜여진 플롯과 깊이 있는 등장 인물들에 대한 포스트모던 이후 시대의 열망의 반증이라 할 수 있을 것이다. 또한 동시에 현대 사회에서 플롯과 등장인물에 대한 문학적 반작용에는 문화적 보수주의의 흔적 이상의 것이 있는 바 주제면에서 체계와 낭만, 모험, 그리고 심리적 사회적 질서를 지닌 과거에 대한 어느 정도의 향수를 지칭하기도 한다.

문학과 영화에 관한 최근 연구 동향

60년대 이후 영화와 문학의 관계는 상당 부분 변하고 있다. 영화는 지금까지의 영화가 수행했던 역할인 고전 및 대중적 문학 작품들을 지속적으로 영화 속에서 담아내는 한편, 문학에 동시대 경험을 좀 더 효과적으로 담아내기 위한 구조와 형식을 제공함으로써 그 역동성에서 문학과의 동등함을 뛰어 넘어 일정 부분 우월성을 확보해내고 있다.

이제 영화는 10대 중심으로 새롭게 재편되는 문화 향유 관객층에 문학보다 더 용이하게 접근할 수 있었으며, 동시대의 급격한 사회적 정치적 문화적 변화를 담아내는 데 훨씬 더 탄력성을 발휘하게 되었다. 또한 프랑스의 시네 클럽 전통의 연장선상에서 영화 문화는 대학의 중심으로 진입해 정규 강의과목으로 자리하게 되며, 영화는 대학 내에서 문학과 동일한 비중으로 논의되게 되었다.

영화가 지닌 막대한 사회적 충격 때문이건, 영화 예술의 미학적 발전 때문이건, 혹은 문화적 중심의 전이 때문이건 영화는 이제 그 가치와 의미 확인 작업에서 지금까지 문학에 부여되었던 것과 동등한, 혹은 그 이상의 시간과 관심을 요구하게 되었다. 이처럼 영화가 중요한 강의 자료로 자리하게 된 배경에는 고급 문화와 하위 문화의 경계선 허물기와 텍스트의 개념 확충의 영향이 크다 하겠다. 영화가 문화적 기호의 총체적 집합체라는 점이 부각되면서 영화 읽기가 문학적 텍스트 읽기의 확장 및 연장이라는 인식이 보편화되었던 것이다.

그렇다면 문학과 영화의 관계에 대한 논의는 두 영역의 우월성 논의에서 벗어나 서로 다른 매체인 문학과 영화가 삶의 모습을 어떤 다른 양식으로 담아내는가의 문제로 이동해야 하며, 오히려 문학이 영화라는 다른 매체로 전이될 때 과연 어떤 변화가 이루어지며, 그러한 변화가 어떤 의미를 담보하느냐의 문제에 대한 논의로 확대되어야 할 것이다. 그러니까 문학과 영화를 매체 제휴적 맥락과 문화 연구적 맥락에서 논의해야 할 것이다.

이런 식의 확장된 매체교환적, 문화연구적 논의 구조는 영화와 문학에 대한 새로운 연구틀을 제공할 수 있는 효과를 제공할 수 있다는 점에서 문학과 영화 논의의 핵심이라 할 수 있을 것이다. 이는 문학작품을 다시 영화로 끌어들일 때 반드시 개입되는 역사적, 문화적, 사회적, 정치적 의미를 살펴봄으로써 영화사와 문학사를 새롭게 조명할 수 있기 때문이다.

문학과 영화 강의의 전망

활자 매체에 의탁한 채 진행되었던 기존 외국 문학 강의의 경우 강의 담당자나 수강자 양쪽의 미진함과 허전함은 어떤 식으로든, 그러니까 어느 정도 칙칙함과 갑갑함 및 활기 없음을 인정하는 것으로부터 영상매체, 특히 영화를 이용한 문학 강의의 필요성이 출발한다.

현실적으로 기존의 활자매체에 의존한 평면적 수업 형태가 어차피 일정 부분 한계에 직면했으며, 새로운 강의틀에 대한 수요자의 요구들이 엄연히 존재하고 있는 상황에서 이를 해결하고 보완할 수 있는 방책을 마련해야 하는 행위는 강의 공급자로서 지극히 당연한 의무 사항이라 할 수 있을 것이다.

가르치는 강사 입장에서는 생동감 있고 현실감 있는 강의를 진행할 수 있다는 점에서 그 장점을 짚어볼 수 있거니와, 강의 수요자인 학생들 쪽에서도 다매체적 접근이 가능하고 다양한 자료들에 비교적 용이하고 효율적으로 접근하게 됨으로써, 양자가 공히 일방통행식의 강의 모형에서 벗어날 수 있다는 점에서 영상 매체, 특히 영화를 강의 자료로 이용할 경우 강의의 전체적인 틀을 새롭고 박진감 있게 구축할 수 있다는 점은 아무리 강조해도 지나치지 않을 것이다.

문학작품의 영화화 의미

문학과 영화는 영화가 태어난 이후 상호 애증적 보완 관계를 유지해 왔다. 작가, 연출가, 감독은 각자 독자/관객의 관심과 호응을 토양으로 삼아 한 편의 작품 속에 당대의 삶의 조건과 가치관을 담아 내려고 노력했으며, 독자/관객의 입장에서 그들이 살아가는 시대와 사회의 모습을 가장 적절히 반영하는 작품들을 선호하고 요구하는 것은 지극히 당연하다 하겠다. 이런 점에서 문학/예술과 사회는 지극히 밀접한 관계를 형성하고 있다고 볼 수 있다.

영화의 경우 사회와의 관계에서 집단성과 공연성, 그리고 대중성은 더욱 탁월하다. 영화는 그것이 만들어진 특정 사회의 특정 문화 이데올로기를 교묘하게 선전하고 위장하기 위해 배치된 일련의 기호들로 이루어진 볼거리다. 또한 영화는 동시대 관객들에게 그들의 삶을 비춰볼 수 있도록 하며, 그 비춰진 모습을 통해 그들의 삶과 사회에 대한 이해를 부추김으로써 그 생명력을 지탱해 왔다. 태생적으로 대중 오락 예술을 지향했던 영화는 그 대중성과 오락성 및 상품성을 무기로 관객의 호응도를 제고하고 성장해 왔던 것이다. 바로 상업적 이익과 관객들의 요구가 맞물린 장르 영화들의 팽창과 확산이었다. 그렇다면 문학 작품의 영화화는 그 대중성과 집단성에서 두 번 검증된 작업일 수 있으며, 바로 이 점에서 특정한 시기에 특정 작품이 영화화되었다는 사실은 그 영화에 동시대 사회의 보편적인 가치 평가의 창이라는 기능을 일정 부분 부여하기에 충분하다고 말할 수 있을 것이다.

동시에 문학 작품의 영화화는 어느 정도 해당 문학 작품의 맥락과 동시대 영화 형식 맥락 안에서 변용과 혁신을 시도한다고 볼 때 관객들에게 상호 텍

242

스트성에 근거하여 접근하고 관객의 기대 영역을 정한다고 할 수 있을 것이다. 따라서 문학 작품은 물론이고 이를 영화로 담아낸 작품은, 관객의 취향과 상업적 유행, 사회의 보편적인 가치 의식의 조건에 따라 제작되고 출시되었다는 점에서, 그 영화가 만들어진 시기의 문화, 사회상, 가치관 등을 확인하는 통로로 기능하는 것은 지극히 당연하다 하겠다.

바로 이 지점에서 문학과 영화를 동시에 수렴할 수 있는 근거가 형성되며, 문학과 영화를 뭉뚱그려 시도할 수 있는 연구 목표는 문화 연구, 혹은 문화 비평까지 확장될 수 있을 것이다. 영상매체를 포함한 문화 텍스트들을 적극 수용하는 문화 연구는 종래의 편협한 문학연구와 경전 텍스트 연구에서 벗어나, 문학을 포함하는 문화 전반에 대한 연구를 강조함으로써 보다 더 포괄적인 문학연구를 가능하게 해준다는 점에서 문학 교육의 새로운 지향점이 될 수 있을 것이다.

전통적 위상 관계를 넘어

오늘날 영화와 문학에 관한 주제는 그 어느 때보다도 강의실 내외에서 활발히 진행되고 있으며 그 이유는 간단하지 않다. 예술적 위계질서와 정전에 관한 문화적 문제 제기부터 문학과 영화 작업 양쪽에 걸친 서로 다른 매체들의 혼합에 이르기까지 문학과 영화는 서로 충돌하고 활력을 주고 있다.

전에는 독립되었던 미디어 관련학과와 문학학과는 이제 자료와 학생들 그리고 방법을 공유하고 있으며, 학생들은 영화 속에서 시를 인식하기 시작했다. 문학 작품의 각색이 활발해졌으며, 성공한 영화 작품의 신속한 소설화가 이루어짐으로써 영화를 문학으로 볼 수 있는가 혹은 문학과 영화 사이의 논쟁들이 지속적으로 진행되고 있다. 최근 영화 작품의 30%가 소설을 각색한 것이며 베스트셀러의 80%가 영화화되고 있다는 통계도 발표되었다.

문학과 영화의 접점에 관한 논의는 이제 새로운 각도에서 시도되어야 한다. 문학 작품과 영화 사이의 많은 다양한 교환에 관한 논의뿐만 아니라 영화가 문학에 어떠한 영향을 주고 있으며, 영화와 문학의 산출과 수용에 관해, 그리고 글쓰기와 대본쓰기 및 글읽기와 영화보기의 양상에 대한 연구도 가능해야 할 것이다.

최근에 문학과 영화 사이에 놓여 있던 전통적 문화 위상 관계, 그러니까 진지한 문학과 경박한 영화라는 등식은 심각한 도전을 받게 되었다. 이것은 영화가 문학만큼 길고 복잡한 역사를 가지고 있다는 의미가 아니라 책이 영화보다 더 우월하다는 통념의 문제점을 인식하기 시작했다는 의미다.

물론 한때 셰익스피어극의 경우 연극 공연이 영화보다 더 우월하다는 데 논쟁의 여지가 없었던 때가 있었다. 그러나 1948년 올리비에의 〈햄릿〉은 셰익스피어극의 영화화에 대한 관심과 논쟁을 촉박했으며, 9년 후 구로자와 아끼라의 〈피의 왕좌〉는 셰익스피어의 『맥베드』를 놀라울 정도로 새롭게 재창조한 영화작품이라는 찬사를 받았다.

영화가 지닌 막대한 사회적 충격 때문인지, 혹은 영화 예술의 미학적 발전에 의해서건, 또는 문화적 중심의 전이 때문이든 영화는 이제 문학과 영화의 가치와 의미를 논의할 때 동등함을 뛰어 넘는 시간과 관심을 요구하고 있다. 영화와 문학을 격리하고 구별했던 비평적 관점들은 이제 더 이상 영화가 문학과 유사하고 다른지 혹은 영화가 현실을 어떻게 재현하는지 등에 관한 문제에 한정되지는 않는다. 문학과 영화의 관계가 비평적 화제가 되기 시작했던 30년대부터 50년대까지는 이 두 가지 양식들이 인간의 경험을 얼마나 충분히 그리고 정확히 반영하는가에, 그리고 6,70년대에 이르면 비평적 관심사는 문학과 영화가 언어로서 어떻게 유사한 형식적 전략을 지니고 있는가로 옮겨졌다.

새로운 주제를 향해

최근에는 지금까지의 논쟁에서 다루지 못했던 부분들, 그러니까 대본쓰기와 스토리텔링의 문학성, 무대 위와 화면 속의 서로 다른 연기술, 독자와 관객들이 글을 읽고 화면을 볼 때 어떻게 다른 방식으로 자신들이 경험을 구축해 나가는가에 관한 문제들을 다루고 있다.

문학과 영화는 이제 매체교환적 문화 연구라는 공통의 근거 위에서 논의되어야 할 것이다. 문학과 영화는 기술적 한계와 장점을 동시에 지닌 산업으로 검토될 수 있으며, 성, 인종, 계층과 같은 현대 사회의 진지한 문제를 다룰 수 있다. 이렇게 확장된 문화적 퍼스펙티브는 영화와 문학사를 다시 되짚어볼 수 있게 한다. 예컨대 훌륭한 고전 작품을 각색한 우수 영화가 사회적 정치적 문제들에 대해 어느 정도까지 반응을 일으킬 수 있는가에 대한 논의로 연장될 수 있을 것이다. 바로 이런 점에 새로운 영상 세대들을 위한 새로운 형식의 문학/문화 연구틀이라고 할 수 있는 매체혼합적 강의틀이 문학 강의 현장에서 지속적으로 확장되고 창의적으로 시도되어야 한다는 당위성이 자리한다고 볼 수 있을 것이다.

문학과 영화 강의의 형태

원전 텍스트와 영화의 관계

문학 작품과 영화 사이에는 각색이라는 대본 작업이 놓여 있다. 각색이란 매체, 시공간 및 관객의 변화에 따라서 새로운 구조와 기능 그리고 형태를 창조할 수 있도록 원래의 작품을 변형하거나 적절하게 맞추는 작업을 말한다.

와그너(Geoffrey Wagner)는 전환(transposition), 해석(commentary), 유

추(analogy)로, 더들리(Andrew Dudley)는 빌려오기(borrowing), 끼워넣기 (intersection), 변형하기(transformation)라는 세 단계의 각색을 구분하고 있다. 빌려오기는 예술사에서 가장 흔한 각색 양식으로서 이전의 잘 알려진 성공적인 텍스트의 소재, 사상, 형식을 채택한다. 대표적인 예를 들자면 기독교의 성경에서 중세의 기적극과 같은 작품을 만드는 것이다. 문학 작품이 음악, 오페라, 혹은 그림으로 채택되는 것은 주로 이러한 종류의 각색이 주조를 이룬다. 문화 생성의 한 원형적인 형태로 파악될 수 있으며, 원작에 대한 정확한 충실도보다도 원작의 사연 및 주제 등의 특성을 얼마나 풍부하게 재창조했는가의 문제가 각색의 평가에서 중요하다. 로렌스(D. H. Lawrence)의 『아들과 연인들』(Sons and Lovers)을 동명의 영화로 만든 카디프(Jack Cardiff)의 〈아들과 연인들〉(1960)이 그 좋은 예에 속한다.

끼워넣기는 원작의 독특한 형식과 내용을 부분별로 살려내는 각색이다. 현대 영화에서 특히 널리 사용되는 방법이며, 역사적 시공간의 변화와 함께 원작의 특색이 영화의 특색에 맞게 반영되었는지의 여부가 중요하다. 쌔커리(William M. Thackeray)의 소설을 영화화한 큐브릭(Stanley Kubrick)의 〈배리 린든〉(1975)을 들 수 있을 것이다.

그리고 변형하기는 원작을 소재로서만 이용하고 새롭게 변형한 경우를 지칭한다. 단순한 기계적 과정과는 다른 원작의 어조, 가치, 심상, 리듬 등을 새롭게 변형하여 구축하지만 원작의 정신까지 송두리째 포기하거나 훼손하는 경우는 드물다. 언어적 기표를 영화적 기표로 어떻게 효과적으로 변형시켜야 하는 문제가 가장 중요하다 하겠다. 콘래드(Joseph Conrad)의 『어둠의 심연』 (The Heart of Darkness)을 코폴라(Fancis F. Coppola) 감독이 베트남 정글로 옮겨 만든 〈지옥의 묵시록〉(Apocalypse Now)(1979)을 예로 삼을 수 있다.

문학 강의 보조 자료로서의 영화

문학 작품을 이해하기 위한 보조자료로 영화를 이용한 경우다. 영상물을 보여주는 시기를 텍스트를 읽기 전, 읽는 도중, 그리고 읽는 후로 설정할 수 있으며, 각자 나름대로 장단점이 있다.

문학 수업의 연장선상에서 영상물을 이용하기 때문에 원본 텍스트 분석이 주가 되고 영상물 분석은 보충 자료로 채택될 수밖에 없다는 점에서 텍스트 분석 후 영상물을 보여주는 순서가 일반적이다. 문제점이라면 문학 작품을 영화로 접했을 때 학생들의 상상력을 제한할 수도 있으며, 심지어 원작에 대해 강의 시간 중 논의했던 내용들에 대해 오해할 수도 있다는 점을 들 수 있다.

물론 학생들의 상상력을 제한하거나 오해를 준 해당 영화에 대한 분석까지 강의의 범위 속에 아우를 수 있기 때문에 이 또한 문제가 되지 않는다고 말할 수도 있다. 그러나 문학 작품 분석이 우선하고 영상물 분석은 보충 자료로 채택될 수밖에 없다는 점에서 원전과 영화 사이의 변화나 그러한 변화가 일어난 원인이나 의미에 대한 논의는 그 비중이 대폭 감소될 수밖에 없으며, 문학과 영화의 관계에 대한 충분하고 포괄적인 분석이 이루어지기 어렵다는 단점을 일정 부분 지니고 있다. 따라서 영화 자료 이용의 효과와 한계에 대한 좀 더 세밀한 방법론의 모색과 현실적 측면을 염두에 둔 찬찬한 고려가 필요하다고 할 수 있을 것이다.

문학에서 영화로 · 영화에서 영화로

문학 작품과 영화를 동일한 비중으로 취급하고 개개의 매체를 대등한 예술 작품으로 보면서 비교 분석하는 강의 형식이다. 문학 작품이 영화화된 작품을 중심으로 문학과 영화 미학의 상대적인 차이를 비교하며, 문학 작품이 영화로 각색되는 과정에서 일어나는 변화를 주목하게 하고 그러한 변화가 일어날 수밖에 없는 이유, 그러한 변화로 인해 생기는 독자/관객의 반응의 차이, 각각의 매체가 가진 장점과 단점 등을 토론하고 분석하는 것이 중요한 교실 활동이다.

소설의 경우 내러이션이 어떻게 영화 언어로 표현되며, 특히 영화의 시간적 필요에 따라 원작의 등장인물의 수와 사건의 얼개가 축소되는 경우 그 의미와 의도에 대한 논의가 필요하다. 연극의 경우는 무대와 스크린의 차이, 현장 촬영의 장점과 단점, 영화의 사실성과 연극의 상징성, 대사 중심의 원전 텍스트와 보여주기 중심의 영화 텍스트의 비교 등이 중요한 토론 의제가 될 수 있다.

또한 소설과 연극 작품 공히 독자/관객이 글을 읽거나 무대 위에서 단일하게 벌어지는 행위와 사건을 인식하면서 전체 사건을 구성해야 하는 구성과 인식을 동시에 진행하는 행위가 요구된다면 영화 관객의 경우 빈틈이 없는 미장센의 연속인 동영상을 짧은 시간 동안 감상해야 하기 때문에 인식이 선행되고 그 다음에 구성이 이루어지는 특징을 구별할 필요가 있다.

이 형식의 가장 대표적 강의 주제로서는 문학/영화/사회의 비교 분석을 들 수 있다. 동일한 원작을 시대 별로 달리해 영화화된 작품들을 보여줌으로써 특정한 작품이 특정한 시기에 만들어진 이유와 특징들을 당대 사회의 전반적인 가치관과 맞물려 생각하게 함으로써 문학과 영화, 문학과 사회, 문학과 정치 등을 함께 토론하도록 하는 방식이다.

특히 8,90년대 이후 헐리우드에서 활발히 진행되고 있는 고전의 영화화 작업이 지닌 의미와 효과에 대한 토론은 원전 텍스트의 현대적 재해석의 맥락뿐만 아니라 동시대 영화 작업의 의미까지 살펴볼 수 있다는 점에서 중요한 토론 주제가 될 수 있다. 아울러 고전 작품이 헐리우드판 영화적 특징과 만날 때 발생하는 변모와 재창조 의미 역시 중요한 토론 주제가 될 수 있다. 이러한 논의에는 영화가 만들어진 동시대 문화적 맥락 속에 숨겨진 이데올로기를 찾아 토론하는 작업이 반드시 끼어들게 마련이어서 학생들의 영화 읽기와 비평적 안목을 길러주는 데 커다란 도움이 될 수 있다.

영화 이론과 비평

영화/문학 비평의 핵심적인 영화 이론들을 읽고 그것을 영화에 적용해보는 강좌다. 영화 비평이론이 문학 이론과 접목되는 부분이 많을 뿐 아니라 학생들의 논리적 사고 발달과 글쓰기에도 도움을 줄 수 있다는 점에서 효과적인 수업 형태의 하나라고 볼 수 있을 것이다.

예컨대 서사 구조의 분석에 중점을 두고 플롯과 스토리의 차이, 원인과 결말, 허구적 시간과 실제 시간, 사건을 바라보는 다양한 시점 등을 토론할 수 있으며, 심리분석 비평 방법을 이용한 영화 읽기를 시도할 수 있을 것이다. 또한 최근에 가장 활발한 비평 의제로 채택되고 있는 여성주의, 탈식민주의, 생태주의 등과 같은 주제를 선정해 영화에 확장 대입하는 논의도 가능할 것이다.

문학 장르에서 영화 장르로

주제, 소재, 형식상의 특징, 영상 처리 및 표현 방식에서 일정한 공통점을 지닌 영화들을 묶어 장르 영화로 분류할 수 있다. 영화의 대중성과 오락성 및 상품성은 관객의 호응도를 측량하고 부추기는 데 가장 중요한 요소였으며, 따라서 한 편의 영화가 흥행에 성공하면 영화 제작자들과 감독들은 또 다른 흥행을 보장받기 위해 유사한 영화들을 만들어내야 했다.

헐리우드는 영화산업을 발달, 확장하는 과정에서 스튜디오 시스템, 스타 시스템과 더불어 장르 시스템을 구축하고 의존해 왔다. 일정한 틀에 줄거리와 인물 구성만을 약간 수정하여 반복적으로 찍어내는 특성 때문에 장르 영화는 상투성의 오명에서 자유롭지 못하기도 하지만 관객이 다른 영화들의 맥락 안에서 어느 한 영화를 인식하는 이런 식의 틀은 상호 텍스트성에 근거하여 관객의 기대 영역을 정하기도 한다.

또한 대개의 장르 영화들은 관객의 취향과 상업적 유행, 사회의 보편적인 가치 의식의 조건에 따라 생성되고 소멸되기 때문에 그 영화가 만들어진 시기의 문화, 사회상, 가치관 등을 확인하는 통로로 기능한다. 바로 이러한 점 때문에 장르 영화는 동시대 영화 작업자들의 세상 인식의 틀 역할을 하며, 또한 이 점에서 문학 장르와의 접점을 찾아낼 수 있다.

프라이(Northrop Frye)가 계절의 변화를 문학 장르 구별과 대비시켜 희극(봄), 로맨스(여름), 비극(가을), 풍자(겨울) 네 가지로 구분 짓고 있는 이유는 바로 문학 장르가 작가의 세계 인식의 창이라는 점에 근거하고 있다. 영화의 장르들도 크게 문학의 장르의 하위 범주들로 분류할 수 있다. 영화 속에서 희극은 1920년대 슬랩스틱 코미디, 30년대 스크루볼 코미디, 40년대 센티멘탈 코미디, 50년대 로맨틱 섹스 코미디, 7,80년대 SF 코미디, 90년대 컬트 코미디 등으로 세분화된다.

비극의 하위 범주로는 멜로 드라마, 갱스터 영화, 필름 느와르, 슬래셔 필름 등을 들 수 있으며, 로맨스의 범주로는 서사극, 서부 영화, 액션 영화, 공상 과학 영화 등을 찾아 볼 수 있다. 또한 풍자의 하위 범주로는 60년대 블랙 코미디와 최근의 사회 풍자 영화 등을 들 수 있을 것이다.

소설과 연극, 그리고 영화의 관계

영화작업은 불연속적 과정이어서 영화찍기의 순서가 미학보다는 경제적 요인에 의해 더 많은 영향을 받는다고 볼 수 있다. 영화 연기와 연극 연기의 차별성이 대두되는 것도 바로 이 때문이다.

실제로 영화 배우는 바로 이 점 때문에 연극 배우보다 더 강한 개성을 지니고 있어야 하며 개성에 더 의존해야 한다. 연속성이 특징인 무대 연기는 바로 주제의 연속성과 연결된다. 그러나 영화 연기의 불연속성은 배우가 매 순간을 마치 존재하는 유일한 실재인 것처럼 집중하도록 만든다. 플롯이 아무리 관례적이라 하더라도 영화 배우는 그 상투성을 무시하고 자기의 개성의 힘에 더 의존한다. 이에 반해 직선적으로 진행되는 시간 속에서 자기 작품을 전개해야 하기 때문에 연극 연출가는 배우와 합심해서 등장인물의 축이나 컨셉을 유지해야 한다.

연극과 영화의 차이점을 사회적 층위와 개인적 층위의 차별성으로 생각해 볼 수 있다. 또한 연극을 보러 가는 것이 사회적 활동/기회라면 영화를 보러 가는 것은 반드시 그렇지는 않다. 무대의 인물은 언제나 사회 속에서 존재하며 위대한 희곡들은 언제나 사회적 맥락 속에서 살아가는 문제들에 관한 것이다. 관객들은 무대 위의 인물들을 일반적으로 연기자들의 앙상블의 일부로 감상한다. 그리고 이러한 인물들에 대한 이해는 그 인물의 내적인 삶에 대한 이해보다는 등장 인물들 관계에 대한 이해에서 나온다. 따라서 연극에서 연기는 연기해내기, 엿보기, 엿듣기, 혹은 감시당하기 등을 강조한다. 르네상스 이래 모든 드라마의 공통된 주제는 명예나 평판에 관한, 그러니까 개인에 대한 사회적 평가였다.

그러나 이런 주제는 영화에서는 드물다. 그 대신 개인적 정체성의 문제가 끼어 든다. 예컨대 〈시민 케인〉에서는 케인이 과연 어떤 인물이고 누구인가

하는 문제가 중요하게 대두되는 것이다. 연극의 전통적 주제라고 볼 수 있는 인간의 위선이나 불성실함 같은 문제들은 영화에 거의 등장하지 않는다. 연기자가 맡는 역할의 중요성도 영화에서는 우리가 실제로 접촉하게 되는 사람이라는 느낌으로 대치된다. 영화의 연기는 사회적 의식과는 별개로 친밀한 자아의 다양성을 점검하는 능력으로 확장된다. 그렇다면 영화가 강조하는 지점은 연극이 강조하는 사회적 층위와 소설이 강조하는 개인적 층위의 중간이라고 보아야 할 것이다.

연극에서 관객으로서 우리는 거의 항상 연기자들과 벗어나 있지만 영화에서는 안과 밖 사이에서, 개인적 전망과 사회적 전망 사이에서 움직인다. 영화 연기는 따라서 연극 연기를 포함한다. 영화 배우는 드러내기를 강조하는 반면 연극 배우는 감추기를 추구한다. 영화 배우는 우리가 실세계에서 우리 자신들을 연기하듯이 역할을 연기한다. 무대 연기는 자신을 등장 인물에 흡수되도록 하는 경향이 있는 반면, 위대한 영화 배우는 그가 연기하는 인물보다 더 드러난다. 셰익스피어 극에서 연기하는 올리비에를 우리는 셰익스피어에 의해 최종적으로 판단한다면, 오손 웰스는 그가 출연한 다른 영화와 견주어 판단한다.

구체적 토론거리들

햄릿

〈햄릿〉의 경우 대단히 많은 영화 작품들이 있지만 가장 대표적인 작품으로는 올리비에(Laurence Olivier)의 〈햄릿〉(1948)과 제피렐리(Franco Zeffirelli)의 〈햄릿〉(1990)을 선정할 수 있다.

원작 텍스트는 조별 발표자를 선정해 작가 소개 및 전반적 작품 경향 소개, 해당 작품에 대한 자세한 장면 나누기, 주요 대목들 발췌 분석 및 해석, 등장인물 구조표 작성 및 분석, 해당 극작품에서 발견할 수 있는 특징적 요소들, 주제(들), 토론할 거리 등 구체적 항목 별로 정리하여 수업 시간 중 발표하도록 한다. 각 조원들은 업무를 분담해 각자 자신이 맡은 일정 부분을 수업 시간 전에 복사하여 학생들에게 배부한 뒤 직접 앞에 나와 발표하고 설명하며, 다른 조원들에게는 반드시 질문을 하게 함으로써 강의 시간은 주로 토론 위주로 진행하는 것이 바람직하다.

질문에 대한 답변은 발표자 외에도 해당 조원들이 협력하여 대답할 수 있도록 하며, 담당 교수는 학생들이 질문하지 못한 경우와 빠뜨린 경우 질문에 참여함으로써 토론을 이어가게 해야 한다.

올리비에의 〈햄릿〉의 경우 연극적 특성들을 견지하고 있는 장면들과 그 효과, 잦은 딥포커스 사용과 크레인 샷의 의미, 빛과 어두움, 움직임과 정지의 패턴들 비교, 원작과 비교해 삭제된 장면들과 그 이유, 정치성이 배제된 작품이라는 평가에 대한 토론, 카메라 움직임과 앵글이 담보하는 햄릿의 심리적 변화, 극중극의 삭제 장면과 주제와의 관계, 프로이드 심리분석학에 기반한 심리비평적 해석 가능성 여부, 영화가 만들어진 40년대 후반의 사회 상황에서 영화를 해석할 때 그 의미, 영화사적 측면에서 당시에 유행하던 필름 느와르와 이 영화의 비교 분석 등을 주제로 선정할 수 있다.

제피렐리의 〈햄릿〉의 경우, 그가 오마쥬를 바친 올리비에 영화와 유사점 비교, 원작 대사의 과감한 축소와 삭제 장면들 분석, 원작에 가미해 삽입된 장면들 분석, 원작 및 올리비에 영화와 다른 첫 장면 분석, 올리비에의 영화에서의 극중극과 다른 극중극 비교, 원작 및 올리비에의 유령과 다른 모습으로 등장하는 유령의 의미와 효과, 스타 시스템을 이용한 배역 선정의 의미와 노림

수, 90년대 헐리우드 영화적 특징과 전반적 주제와 비교 등을 주요 토론의 주제로 제시할 수 있다.

위대한 유산

디킨스(Charles Dickens)의 『위대한 유산』을 린(David Lean)의 영화 〈위대한 유산〉(1946), 쿠아론(Alfonso Cuaron)의 〈위대한 유산〉(1998)을 비교해서 다룰 수 있다.

원작의 경우 줄거리와 등장 인물 관계 분석, 그리고 일인칭 화자 시점의 효과 및 한계, 원작에 나타난 사회 고발적 주제, 성장소설, 연재 추리소설, 풍속소설로 살펴 볼 수 있는 작품의 의미망들을 분석해 발표하도록 할 수 있다.

린의 영화 분석에는 회상 형식을 취하지 않음으로써 얻는 효과의 장/단점, 일인칭 서술 시점 포기에 따른 상황 전개의 평면성, 그리고 이러한 평면성을 보강하기 위해 추리 영화 형식을 취하고 있는 점, 일부 인물들이 (올릭, 펌블축, 비디 등) 삭제, 변형 혹은 축소됨으로써 원작의 의미가 훼손된 부분들 토론, 원작에서의 상징성 (별, 동물)이 드러나지 않는 점, 영화가 줄 수 있는 인상적인 장면들에 대한 토론을 유도할 수 있다.

한편 쿠아론 영화의 경우 에스텔라를 제외한 거의 모든 등장 인물의 성격과 이름이 변형된 점, 원작의 장르적 특성 중 로맨스적 특성이 부각된 이유와 대중성 획득의 문제, 그리고 영화의 상업성, 40년대 린의 영화가 강조하는 가족 의미가 청소년 지향성으로 변질된 이유,

원작의 조밀한 플롯과 다양한 인물들 간의 관계 단순화의 의미, 빈약한 내러티브를 대신하는 시각적 효과들, 90년대 후반 M-TV적 화면 구성과 서사 변형의 의미, 즉각적이고 감각적인 화면 구성, 주제 및 형식상의 포스트모던적 특징들을 토론의 주제로 제시할 수 있다.

욕망이라는 이름의 전차

윌리엄스(Tennessee Williams)의 『욕망이라는 이름의 전차』(A Streetcar Named Desire)와 카잔(Elia Kazan)의 1951년 영화(출연: 블랑쉬 두보아비비안 리, 스텐리 코왈스키말론 브란도, 스텔라킴 헌터, 미치칼 말덴)를 비교 분석할 수 있다.

구체적인 토론 거리로 제시할 수 있는 것들은 다음과 같다.

연극 텍스트의 장면 나누기를 통해 반복된 구조를 발견할 수 있는데 영화에서도 이를 확인할 수 있는가?

연극 텍스트 분석에서 중요하게 논의되었던 상징물들이 영화 속에서도 두드러지는가?

극작가가 강조하고 있는 색채감이 흑백 영화에서 무시되고 있는데 작품 이해에 걸림돌로 작용하지 않는가? 그렇지 않다면 오히려 블랑쉬의 비극감이 강조되지는 않는가?

흑백 화면이지만 불랑쉬의 의상의 색채 변화를 확인할 수 있는데 그녀의 의상은 어떻게 변하는가?

음악이나 음향 효과는 영화 속에서도 관객들에게 또

렷이 전달되는가? 영화만이 전달할 수 있는 장면들은 무엇이고, 그 장면들에서 관객들이 획득해야 하는 상징성은 무엇인가?

블랑쉬와 스탠리가 스텔라에게 집착함으로써 이 세 사람이 형성하는 삼각형 구도가 자주 형성되는데 영화 속에서 감독은 어떤 구도와 앵글로 이들의 관계를 잡아주는가?

말론 브란도나 비비안 리 같은 배우들의 기존의 이미지가 워낙 강한데 이 작품의 이해에 도움이 되는가? 아니면 장애가 되는가?

원작에서 작가의 시각이 스텔라를 통해 드러난다고 볼 수 있는데 과연 영화에서도 그런가? 만일 그렇다면 구체적으로 어떤 부분을 짚어낼 수 있는가?

우리가 상상한 무대와 영화 속 배경은 일치하는가?

감독은 자주 부감 앵글로 블랑쉬를 잡아주는데 그 이유와 효과는 무엇인가?

감독은 블랑쉬와 스탠리를 자주 한 프레임 속에서 어깨너머 샷으로 잡아줌으로써 어떤 효과를 노리고 있는가?

가장 인상적인 장면은 무엇인가? 그 이유를 말할 수 있는가?

스탠리의 거칠고 짧은 대사와 블랑쉬의 영국식 억양의 장황한 대사가 영화 속에서도 충분히 그 차이를 드러내고 있으며, 청각적 효과를 발휘하는가?

원작과 달리 영화 초반부 블랑쉬가 기차 스팀을 뚫고 등장하는 장면에서 감독은 어떤 효과를 노리고 있는가?

감독이 롱샷을 절제하고 주로 풀샷과 클로즈업을 채택함으로써 노리는 효과는 무엇인가?

세일즈맨의 죽음

밀러(Arthur Miller)의 『세일즈맨의 죽음』(Death of a Salesman)을 폴커 쉴렌돌프의 1985년 영화와 비교 분석할 수 있다. 구체적 토론거리로서는 다음과 같은 주제를 제시할 수 있다.

연극 텍스트의 표현주의적 기법들의 구체적 양상들인 무대 장치, 조명, 음향, 삽화적 극 구성 등의 특징들을 영화에서는 어떻게 처리하고 있는가?

현실과 과거를 넘나드는 장면은 어떻게 처리되었는가? 연극 텍스트 분석시 2막극의 극구조는 작품의 주제와 밀접한 관계를 지니고 있으며, 특히 각 막의 리듬과 분위기가 또렷한 대조를 이루고 있음을 확인했는데, 영화에서는 그 분명한 구별을 확인할 수 있는가?

주인공 윌리의 왜소함이나 죄의식을 감독은 어떤 프레임과 앵글로 잡아주고 있는가?

큰아들 빕의 얼굴이 좀처럼 밝은 조명 아래 등장하지 않고 주로 반쪽 조명을 받고 있는데 그 이유와 효과에 대해 말할 수 있는가?

원전에서 특히 강조하는 음악이나 조명이 영화 속에서 어떻게 처리되고 있는가? 화면 배색의 차이를 통해 무엇을 확인할 수 있는가?

감독이 영화 속에서 배경이 될만한 구축 샷들을 채택하고 있지 않은 이유를 설명할 수 있는가?

각 등장 인물들이 과거 회상 장면에서도 원작에서처럼 현재의 모습대로 등장하는데 영화 매체의 경우 어색하지는 않은가?

어두운 실내와 밝은 외부가 자주 반복되는 화면 구성을 통해 무엇을 유추할 수 있는가?

연극 텍스트 인물 분석시 등장 인물들을 크게 두 모듬으로 짝짓기를 시도할 수 있는데 영화 속에서 감독은 구체적으로 어떤 장치들을 통해 이를 보여주는가?

월리의 부재한 아버지 혹은 부재한 형과 현재 월리의 아버지상을 어떻게 연결지을 수 있는가? 그렇다면 부재한 아버지상은 미국의 전통/역사와 어떻게 맞물리고 있는가?

린다를 비롯한 여성 인물들이 영화 속에서 클로즈업을 통해 자주 잡히는가? 잡히지 않는다면 그 이유는 무엇인가?

월리의 죽음은 과연 비극적인가?

우리 읍내

와일더(Thornton Wilder)의 작품을 프랭클린 쉐프너의 1977년 TV 영화와 비교 분석할 수 있는 토론거리는 다음과 같다.

비교적 원전에 충실한 작품으로서 연극적 효과를 뚜렷이 엿볼 수 있는 작품이어서 원전 이해에 도움이 되는가?

만일 연극적 틀을 버리고 전통적 영화로 만들었다면 효과적일 것인가? 낯익지 않은 배우들이 등장함으로써 영화로서 흥미가 반감되는 단점은 없는가? 반대로 장점은 무엇인가?

양식화된 무대 장치들은 진부하지 않은가?

무대 감독으로 등장하는 홀부르크의 연기가 지나치게 사실적이진 않은가?

글렌개리 글렌 로스

매밋(David Mamet)의 『글렌개리 글렌 로스』를 제임스 폴리의 1992년 출시 영화(출연: 알 파치노리키 로마, 잭 레먼쉘리 레빈, 알렉 볼드윈블레이크, 알란 아킨조지 애러나우, 에드 해리스데이브 모스, 케빈 스페이시존 윌리엄슨)와 비교할 수 있다.

영화 속에서 매밋의 특징들을 찾아볼 수 있다면 무엇인가?

특히 등장 인물들의 언어 구사에 대해 그 특징들을 이야기할 수 있는가?

작품 초반의 중국 식당의 음울한 분위기를 카메라와 조명은 어떻게 잡아주는가?

〈세일즈맨의 죽음〉과 같은 직업을 다루면서도 서로 어떻게 다른 직업 환경을 그려내고 있는가?

작품 전반부에 쉴새 없이 쏟아지는 욕설들은 관객들에게 어떤 인상을 주는가?

판매원들, 특히 리키(알 파치노)의 대화의 내용과 음색을 통해 무엇을 확인할 수 있는가?

영화 속에서 여성을 발견할 수 있는가? 있다면 어떤 식으로 드러나는가? 감독이 등장 인물을 트레킹을 통하여 화면의 프레임 밖으로 자주 밀어냄으로써 공간적 불안정성을 강조하고 있는 이유는 무엇인가?

원작과 달리 영화에서 블레이크(알렉 볼드윈)라는 인물을 삽입한 이유와 효과는 무엇인가?

제임스 뉴튼 하워드가 담당한 재즈 음악의 효과는 무엇인가?

리키 로마의 판매 권유가 이루어지는 식당 장면에서

의 붉은 색 조명은 어떤 효과를 노리고 있는가?

침침한 화면 배색, 한 밤중에 내리는 비, 번들거리는 거리, 붉은 색과 푸른 색이 교차하는 네온 불빛, 등장 인물의 얼굴에 비치는 가로등 불빛 등과 같은 느와르적 화면 구성이 주는 효과는 무엇인가?

대부분의 등장 인물들이 부동산 판매원이라기보다는 마치 범죄 조직에 속한 하수인들처럼 비치게 하는 의도는 무엇인가?

익스트림 롱샷이나 롱 샷을 절제하고 패닝을 이용한 클로즈업을 주로 사용하는 카메라의 움직임은 어떤 의도를 담아내고 있는가?

시련

밀러의 『시련』(The Crucible)을 니콜라스 하이트너의 1996년 출시 영화(출연: 다니엘 데이 루이스존 프록터, 위노나 라이더애비게일, 폴 스코필드존 단포스 판사, 조앤 앨런엘리자베스 프록터, 브루스 데이비슨패리스 목사, 롭 캠벨해일 목사, 캐런 그레이브스하녀 매어리)와 비교 분석할 수 있다.

구체적 토론거리로는 다음과 같은 항목들을 제시할 수 있다.

연극을 영화화한 작품들에서 엿볼 수 있는 한정된 실내 배경만을 고집하지 않고 꼼꼼하게 구축된 세일럼 마을의 전경들을 자주 잡아주는 감독의 의도는 무엇인가?

크레인 샷이나 달리 샷을 이용한 속도감 있는 화면의 효과는 무엇인가?

영화는 밝고 탁 트인 외부와 어둡고 비좁은 내부를 거의 균등하게 번갈아 자주 대비시키는데 그 이유는 무엇인가?

많은 앵글들이 눈높이 앵글보다는 부감과 앙각을 채택하고 있는데 구체적 장면에서 그 효과는 무엇인가?

마녀 사형이 주로 낮에 집행되며 특히 청명한 하늘을 배경으로 집행되는 시각적 효과는 무엇인가? 영화의 첫 장면에서 마을 소녀들이 벌이는 숲 속에서의 부두교식 제사 장면은 대단히 충격적이어서 오히려 마녀 사냥의 허상 고발이라는 본래의 의도를 훼손하고 있지는 않은가?

주인공들의 연기는 어떤가? 특히 마을 소녀들의 연기는 지나치게 과장되고 17세기 세일럼 마을 소녀들치고는 교활함이 두드러지게 그려지고 있지는 않은가?

에비게일 역의 위노나 라이더는 마을의 다른 사람들과 달리 지나치게 말쑥하게 등장하지는 않는가?

하이트너가 50년대 연극 작품을 90년대 중반에 영화로 만든 의도를 동시대 미국의 문화적 맥락에서 이야기 해보자.

햇별 속의 건포도

로레인 핸스베리의 『햇볕 속의 건포도』(A Raisin in the Sun)를 다니엘 페트리의 1961년 판 영화(출연: 시드니 포이티어월터, 클로디아 맥닐리나, 루비 디루스, 다이애나 샌드베니싸, 이반 딕슨아사가이)와 비교 분석하는 형식이다. 제기할 수 있는 문제들은 다음과 같다.

연극 무대를 보는 듯 원작을 충실히 옮긴 이 작품의 영화로서 매력은 무엇인가?

영화를 보면서 주인공들의 연기력이 탁월함에도 불구하고 영화로서 답답함을 느끼게 되는 이유는 무엇인가?

공간적으로 좁은 집 내부임에도 불구하고 눈 높이 앵글을 고집하는 감독의 시선을 확인할 수 있으며, 그 의도를 설명할 수 있는가?

리나의 경우 극 중 다른 인물들보다 앙각 앵글로 잡히는 화면이 많은 이유에 대해 말할 수 있는가?

거실의 많은 장면들이 전경의 인물과 후경의 인물들까지 동시에 딥포커스 샷에 의해 잡히고 있는데 그 의도는 무엇인가?

가족이 화해하고 이사가기로 결정하는 마지막 시퀀스에서 월터와 루스의 하얀 의상은 어떤 상징성을 띠는가?

영화의 몇 장면에서 디졸브로 편집된 시퀀스의 효과는 무엇인가?

원전에서 제시되지 않은 장면들을 영화 속에서 확인할 수 있는가?

원전에서 우리가 상상했던 아프리카 시, 청각적 전통들이 영화 속에서도 충분히 확인되는가?

M. 나비(M. Butterfly)

데이비드 헨리 황의 『M. 나비』(M. Butterfly)를 데이비드 크로넨버그의 1993년 판 영화 (출연: 제러미 아이언스르네 갈리모어, 존 론송 릴링, 바바라 수코와진 갈리모어, 이안 리차드슨뚈롱 대사, 시즈코 호시친)와 비교 분석하는 강좌

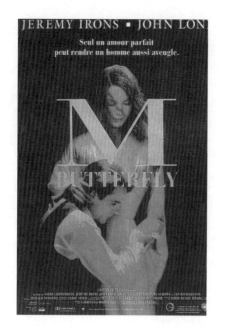

의 경우 다음과 같은 토론거리를 제시할 수 있다.

감독이 원작의 이야기 틀을 거부하고 연대기적으로 사건을 나열함으로써 원작을 훼손하고 있는데 그 공과는 무엇인가?

원작에서 극작가가 의도했던 갈리마르의 독백을 통한 관객과의 감정의 교류가 영화에서도 가능한가?

영화 속에서 갈리마르의 해설이 진행되는 동안에 관객으로서 그 해설에 집중할 수 있는가? 없다면 관객의 관심은 어디로 향하는가?

원작의 극중극이나 테두리극 같은 형식상의 다양성을 영화에서는 찾아 볼 수 없는데 이에 대해 어떻게 생각하는가?

영화 속에서 갈리마르와 송의 관계가 관객들에게 말초적 관심을 유도하지는 않는가?

갈리마르와 송이 호송차에 실려 감옥으로 향하는 장면에서 옷 벗는 송의 모습은 신비하기보다는 혐오스럽지는 않은가?

만일 그러한 인상을 받았다면 감독의 장면짜기나 연출에 어떤 문제점을 지적할 수 있는가?

영화의 마지막 장면에서 갈리마르의 퍼포먼스는 대단히 충격적이지만 전후 연결성 면에서 돌연하다는 느낌은 없는가?

서구인 감독 크로넨버그의 서구인 갈리마르와 동양인 송에 대한 시각은 과연 무엇인가?

제러미 아이언스나 존 론은 잘못된 배역이라고 생각하지는 않는가? 그렇다면 구체적으로 누가 어떤 점에서 그런가?

제러미 아이언스는 실제로 동성애자로 알려져 있다. 이 사실은 영화 감상에 도움이 되는가, 아니면 방해가 되는가?

올레나

데이비드 매밋이 원작을 썼고 직접 감독한 1994년 출시 영화 〈올레나〉(Oleanna)(출연: 윌리엄 메이시존, 데브라 아이젠스타트캐럴)를 비교 분석할 수 있다.

극작가가 직접 감독한 작품이지만 원작과 비교할 때 어떤 차이점을 찾아낼 수 있는가?

성가처럼 작곡된 주제곡의 효과는 무엇인가?

교수인 존과 학생 캐럴 사이에 존재하는 대사와 거리감, 그리고 막이 진행되는 동안에 변하게 되는 주도권을 카메라는 어떻게 잡아내고 있는가?

존과의 대화에서 캐롤이 짧은 대답이나 완결되지 않은 문장 등을 통해 자동인형처럼 답변하는 많은 장면에서 카메라는 이 둘을 어떻게 잡아주는가?

전체적으로 어두운 조명의 효과는 무엇인가?

영화 전체를 통하여 두 사람 이외에 다른 등장 인물들이나 다른 배경들이 비춰지지 않으면서도 끊임없이 외부적 사건 및 인물에 대한 언급이 지속되는 맥락의 효과를 말할 수 있는가? 또한 이런 식의 제시가 영화적으로도 과연 효과적인가?

감독은 두 명의 등장인물 중에서 누구에게 더 따

스한 시선을 보내는가?

　원작에서 존이 곤경에 처하는 결정적 단서가 되는 존의 행동(어깨를 감싸는 행위와 문을 닫는 행위 등)이 영화 속에서 과연 성적 추행성을 연상시켜 묘사되는가?

　영화 속에서 드러나는 다층의 권력 관계들의 위상이, 그러니까 남녀 관계, 성적 우위 관계, 교수와 학생의 관계, 이들이 사용하는 언어 등 모든 관계가 권력의 유, 무에 따라서 정해지고 바뀌는데 등장인물의 권력 관계 변화를 나타내는 영화적 장치들은 무엇인가?

　의상의 변화는 어떤가?

　영화는 지루하지 않으며 관객들의 시선을 놓치지 않을 만큼 긴장과 갈등을 담아내고 있는가?

　영화의 끝에서 사건이 해결되지 않음으로써 관객들에게 어떤 인상을 주고 있는가?

　연극의 텍스트에서 중요한 단서가 되는 존의 대사 "난 너를 좋아하니까"(1막) 장면은 영화 속에서 과연 성적인 뉘앙스를 풍기는가?

　윌리엄 메이시는 다층의 곤경에 처한 존이라는 인물을 어떻게 구축하고 있는가? 그가 출연한 조엘 코엔 감독의 〈파고〉에서의 자동차 중고상인의 처지와 비교해 보자.

VII
영화 그리고 교육

학제간적 교육

기능적인 영화인 양성 기관이 아닌 대부분의 대학에서 인문학의 한 분야로서 영화 교육은 굳이 복잡하고 전문적일 필요는 없을 것이다. 제안하고 싶은 것은 영화 보기의 즐거움을 바탕으로 이루어지는 영화에 대한 강의를 **학제간적 사고 방식을 배양하기 위한 인문교육/예술교육**으로 활용하자는 것이다.

우선 인문학의 영화 교육은 단지 영화 역사 설명이나 전문 용어 주입에서 벗어나 일반 문화사와 현대의 제반 문화 현상에 대한 이해, 그리고 예술성, 비판력 등을 배양하기 위한 토론식 강의를 통해 학생들이 스스로 영화를 가까이 하고 비판적 감상 능력을 함양시켜 줄 수 있으면 될 것이다.

구체적 질문들

학생들에게 영화를 보면서 적어도 다음과 같은 질문들을 항상 상기하도록 하는 것이 영화 보기의 폭과 깊이를 더할 수 있다는 점을 강조한다.

1) 그 영화는 구조적으로 어떻게 조직되었는가?
2) 플롯에서 제시된 사건들은 어떤 스토리 사건들이며, 관객들이 추론할 것은 무엇인가?
3) 우리가 알게 되는 최초의 스토리 사건은 무엇인가?
4) 그것은 어떤 원인과 결과를 통해 나중에 나오는 사건들과 연관되는가?
5) 그 영화는 친숙한 장르에 속해 있는가? 관객의 기대를 이끌기 위해 장르의 어떤 관습들이 이용되는가?
6) 그 영화는 고전적 헐리우드 영화의 기본적 특성들을 얼마나 따르고 있는가?

7) 그 영화의 각 커트들은 공간적으로, 그리고 시간적으로 연속적으로 편집되었는가, 또는 비연속적으로 편집되었는가?

8) 어떤 음향들이 사용되었는가?

9) 그 영화 속에 설정된 시대는 그 영화에 대해 무슨 말을 해주고 있는가?

10) 이미지들은 어떤 유형의 것이며 그것은 작품 이해를 어떻게 돕고 있는가?

11) 영화 속의 약호들은 어떻게 채택되고 배치되었는가?

12) 이 영화는 삶에 대한 우리의 시각을 어떤 방향에서, 그리고 어느 정도 확장해 주는가?

영화 교육의 정당성

영화에 대한 교육은 가르치는 일 자체가 곧 **삶을 위한 교육**이라고 볼 수 있다. 영화를 보고 영화를 읽는 방법을 토론하면서 학생들은 스스로 사회를 읽는 눈을 가다듬고 다양한 삶의 모습들을 확인할 수 있기 때문이다. 그런 점에서 영화에 대한 교육은 과도한 기능주의 집착보다는 영화를 통해 **삶을 넓고 다양하게 바라볼 수 있는 시야를 배양하는 데 목적**을 두어야 한다. 새로운 시대를 살아갈 젊은 세대들에게 영화에 대한 교육은 낡은 세계관과의 결별을 부추겨야 하며, **새로운 가치관을 모색하는 과정으로 활용**되어야 한다.

VIII
영화 짧게 읽기

시민 케인(Citizen Kane, 1941)

감독: 오손 웰스

등장 인물: 케인(오손 웰스), 수잔(도리시 카밍고어), 를랜드(조셉 카튼),

번스타인(에버렛 슬로언), 톰슨(위리엄 앨런드), 짐(레이 콜린스)

부유한 발명가 아버지와 아름다운 피아니스트 어머니 사이에서 태어난 오손 웰스는 어렸을 때부터 풍부한 예술적 환경과 그에 따른 재능을 부여받았던 인물이었다. 여덟 살 때 어머니가 죽자 아버지는 그를 데리고 세계를 돌아다

녔으며, 열두 살 때 아버지가 죽자 시카고의 한 의사의 도움을 받고 자라게 된다. 1934년 극작가 손튼 와일더의 추천으로 뉴욕의 캐서린 코넬 극단에 입단하며 〈로미오와 줄리엣〉의 티볼트로 데뷔한다. 1937년 영화 배우 존 하우스만과 뜻을 같이 해 '머큐리 극단'을 결성하고, 방송을 이용해 공연하게 된다. 1941년 〈시민 케인〉을 감독함으로써 영화계에 데뷔했으나 상업적으로 큰 실패를 맛본다. 그리고 이 영화는 프랑스의 젊은 감독들에 의해 재평가됨으로써 영화 사상 가장 위대한 작품으로 평가된다.

영화 사상 최고의 걸작으로 꼽히는 〈시민 케인〉은 웰스가 26세 때 각본을 쓰고 감독과 주연을 맡아 완성한 작품으로서 가난한 집안에서 태어났으나 어렸을 때 막대한 부를 상속받았으며 후에 언론 재벌에 이른 찰스 포스터 케인의 일생에 관한 영화다. 케인의 임종 장면으로

시작되는 영화는 그가 남긴 최후의 말 "로즈버드"의 의미를 확인하기 위해 방송국 기자 톰슨이 생전에 그와 절친하게 지냈던 네 명의 인물들을 통해 케인의 긴 인생 역정중 중요한 사건들을 듣게 되는 이야기가 축을 이룬다. 네 명의 인물들은 케인에 대해 각기 다른 평가를 내리고 있으며 케인에 대한 평가는 관객의 몫으로 남겨진다. 그리고 "로즈버드"가 케인이 어린 시절 즐겨 탔던 썰매의 이름임을 관객은 알게 되며, 순수함과 모성애, 그리고 인간성을 의미한다는 것을 확인한다.

프랑스의 누벨 바그 감독들에 의해 그 가치를 인정받게 된 영화 〈시민 케인〉은 서사 구조에서 고전적 영화들과는 확연히 구별된다. 고전적 영화들이 극중 시간의 흐름을 연대기적 흐름으로 설정한 데 비해 이 영화는 현재 시점에서 시작하여 과거로 되돌아가는 흐름을 취하고 있다. 주인공의 죽음만이 관객들이 목격하는 현재며, 나머지 이야기들은 모두 다섯 개의 회상 장면들이다. 관객들은 시간과 공간을 뛰어 넘어 회상 구조로 전개되는 단락들을 통해 케인의 모습을 짜 맞춘다. 케인의 생애에 관한 짧은 뉴스 필름 후에 은행가 대처의 일기를 통한 케인의 어린 시절, 케인의 친구 번스타인이 밝히는 케인의 젊은 시절, 케인의 동료였지만 적대적 관계였던 르랜드가 밝히는 여자 관계, 두 번째 부인 수잔이 밝히는 부부 관계, 그리고 재너두의 집사 래이먼드가 밝히는 케인의 말년의 모습 등이다. 톰슨의 일주일간의 취재 기간은 케인의 75년의 삶을 추적하고 있는 것이다. 영화의 시작 장면에서 케인에 대해 전혀 알지 못했던 관객들은 이 다섯 개의 이야기를 통해 케인의 모습을 조각 그림 맞추듯 그려갈 수밖에 없다.

물론 몇 가지 측면에서 고전적 헐리우드 영화의 서사 구조를 따르고 있다. 즉 욕구가 서사 구조를 진행시키며, 갈등은 결과로 이어지고, 시간은 플롯의 요구에 의해 동기화되는 면에서 그렇다. 그럼에도 불구하고 극중에서 욕구,

274

성격, 그리고 목표들이 항상 명확하게 설명되지는 않으며, 때로 불특정한 결과를 낳기도 한다. 특히 영화의 결말은 고전적 영화에서 기대될 수 있는 완결성을 담보하지 않는다.

〈시민 케인〉에는 별개의 두 집단의 극중 인물들이 사건을 발생하게 한다. 케인의 정보를 추적하는 기자 집단과 기자의 취재에 응하는 케인의 동료 집단이다. 기자인 톰슨은 케인의 어떠한 성격이 그가 죽으면서 "로즈버드"라고 말하게 했는지를 알고자 하며, 이 추적 과정에서 복합적인 인물로서 케인이 그를 아는 사람들의 회상을 통해 들추어진다. 그러나 문제는 〈시민 케인〉의 서사체가 케인이라는 인물의 성격을 온전히 정의내려주지 않는다는 점이다. 분명히 케인은 한가지 목표를 지니고 있었으며, 그 역시 로즈버드와 관련된 어떤 것을 찾는 것처럼 보인다. 그리고 몇몇 장면에서 인물들은 로즈버드가 케인이 잃어버린 것, 혹은 결코 얻을 수 없었던 것이라고 추측하기도 하지만 서사체 내부의 인물들에게 케인의 목표는 불투명할 뿐이다. 완결되지 않은 그 무엇은 관객들의 추론으로 채워져야 할 부분이다. 그러나 영화의 끝에서 로즈버드의 정체를 확인하게 되는 관객 역시 톰슨이 그랬던 것처럼 케인을 완전히 알게되었다는 확신을 갖지 못한다. 케인이 행복을 추구하지 못한 것과 톰슨이 로즈버드의 의미를 찾아내지 못한 것, 그리고 케인이 죽으면서 남긴 단어의 의미를 알았지만 케인이라는 한 인물에 대한 열쇠를 찾았다고 단정하지 못하는 관객의 느낌은 결정적으로 이 영화를 완결성과 대비되는 열린 서사체로 남게 한다.

영화 기법 측면에서 이 영화는 조지 루카스의 〈스타 워즈〉에 비견될 만큼 영화사에 많은 기여를 한 작품으로 평가되고 있다. 많은 비평가들의 찬사를 받은 이 영화는 미장센, 촬영, 편집, 음향, 서사 구조 등 거의 모든 면에서 그때까지의 영화와 구별되는 독창적인 기교를 사용하고 있다. 연극계에서 활동했던 웰스는 미장센에 대해 남다른 안목을 가지고 있었으며, 영화 속에서는 딥포커스로 잡아주고 있는 여러 화면들에서 놀라운 화면 구성으로 드러나고 있다. 딥포커스로 잡은 화면은 전경과 중경, 그리고 후경이 선명하게 사건의 중요한 정보들을 담아내고 있으며, 관객들에게 화면 속의 등장 인물들 구도를 통해 그들 사이의 힘의 관계를 추론해 낼 수 있게 했다. 관객은 전경에 있는 연기자의 표정을 읽고 그들의 대화를 따라 한 인물에서 다른 인물로 시선을 옮기며 그들의 관계를 엮어내야 한다.

카메라의 사용 또한 대단히 현란해서 크레인을 이용한 카메라의 자유로운 조절과 섬세한 편집을 통해 디졸브 수법으로 관객들에게 호기심을 자극함으로써 카메라가 단순히 사건들을 기록하는 수준에서 벗어나 등장 인물들의 심리까지 추적하도록 하고 있다.

편집에서도 웰스는 몽타주 기법을 효과적으로 사용해 시간의 흐름을 함축적으로 보여주며, 음악 및 효과음의 사용에서도 탁월한 재능을 발휘해서 극중 시간 흐름이나 서로 다른 장면들을 사운드의 연결을 통해 자연스럽게 전달하는 사운드 몽타주 기법을 이용하고 있다. 특히 기록 영화처럼 보이기 위해 음악을 당시의 실제 뉴스에서 따온 것이나, 영화의 시퀀스의 극적 전개를 강화하기 위해 장면 전환에 따라서 빠르고 경쾌한 왈츠부터 희극적인 변주를 거쳐 나팔과 트럼펫을 이용하여 긴장감을 고조시키는 식의 음악적 변주는 가히 탁월하다고 할 수 있다. 음악을 담당한 버너드 허먼의 공이라 하겠다.

자전거 도둑(Lardi di Biciclette, 1948)

감독: 비토리오 데 시카

등장 인물: 안토니오(람베르토 마지오라니), 브루노(엔조 스타졸라),

마리아(리아넬라 까렐)

파시정권의 선전영화와 낙관적 부르주아 영화, 도피적인 코미디물과 뮤지컬 등이 주류를 이루었던 이탈리아 영화계는 40년대 일군의 젊은 감독들에 의해 새로운 영화가 유입됨으로써 비로소 세계의 주목을 받게 된다. 루치노 비스콘티, 로베르토 로셀리니, 그리고 비토리오 데 시카 등이 그들이다. 특히 데 시카는 시나리오 작가 세자르 자파티니와 함께 1946년 〈구두닦이〉와

1948년 〈자전거 도둑〉을 발표함으로써 전후 노동자들의 일상 생활과 궁핍한 현실을 소박하게 담아 내어 혼란스러웠던 당대 이탈리아의 모습을 사실적으로 드러낸 영화 작가로 신사실주의 사조를 주도했던 감독이었다.

데 시카가 1948년에 발표한 〈자전거 도둑〉이 보여주고 있는 당시 소시민의 삶은 로베르토 베니니가 믿고 싶었던 "아름다운 인생"이 아니다. 전후 경제 공황기에 노동자들은 일자리를 잃고 헤매야 했으며, 종교와 사상은 그들의 상처를 치유해주지 못했다.

2년 동안이나 실직한 상태로 일자리를 찾고 있던 안토니오는 어느 날 영화 선전 벽보 붙이는 일을 얻게 되었지만 자전거가 있는 사람이어야 한다는 조건에 실망

한다. 그의 자전거는 이미 전당포에 저당 잡혔기 때문이다.

남편의 이야기를 듣게 된 아내 마리아는 결혼 예물인 침대 시트를 맡기고 자전거를 찾아온다. 다음 날 아들 브루노와 함께 거리에서 벽보를 붙이던 중 한 사내가 자전거를 타고 달아난다. 눈앞에서 자전거를 잃어버린 안토니오는 아들과 함께 자전거를 찾아 로마 시내를 배회한다. 경찰에 신고하지만 경찰은 하찮은 일이라는 듯 반응이 없다. 허탈해진 안토니오는 자전거포를 뒤지다 어느 젊은이가 자기 자전거를 타고 달리는 것을 본다. 우여곡절 끝에 그 젊은이 집을 찾아가지만 안토니오는 빈민가의 그 집을 보고 절망에 빠진다. 자기처럼 가난한 데다 젊은이는 간질을 일으키며 길가에 쓰러진다. 경찰이 오나 증거도 없다. 그러던 중 아들과 다투고 아들이 없어진다. 안토니오는 강가에서 어린 애가 빠졌다는 이야기를 듣고 아들을 찾아 나선다. 아들은 계단 위에 나타난다. 경기장에서는 축구시합이 한참이다. 밖에는 자전거들이 즐비하다. 자전거를 찾지 못한 안토니오는 자전거를 훔치려는 유혹에 빠지며, 서툰 솜씨로 자전거를 훔치던 그는 군중들에게 붙잡혀 곤경에 빠진다. 아들의 호소에 봉변을 면한 그는 말없이 군중 속으로 휩쓸려 걸어간다. 자전거를 도둑맞은 노동자가 결국 자전거 도둑이 될 수밖에 없는 현실 속으로 그는 다시 걸어 들어가는 것이다.

당시 이탈리아 공산당원이었던 작가 자바티니의 의도는 다분히 마르크스주의적 시각으로 자본주의의 폐해를 고발하는 것이었는지도 모른다. 하지만 데 시카의 카메라를 통해 걸러진 안토니오의 삶에서 비록 행복한 결말로 끝나지는 않지만 관객들은 가족간의 따스한 정을 확인하게 되며, 도덕성을 엿보게 된다. 바로 안토니오의 아들 브루노 때문이다. 비록 일시적이지만 절도죄를 저질렀던 안토니오의 잠자는 도덕성은 아들 브루노에 의해 깨어난다.

자전거를 찾아 도시를 헤매는 실직자의 하루를 마치 기록 영화처럼 보여주고 있는 이 영화에서 데 시카는 거의 전 장면을(아파트와 전당포 장면을 제외한) 로마 시내에서 현장 촬영으로 완성했다. 이는 신사실주의 영화의 특징 중의 하나로서 당시 전쟁으로 인한 제작 환경의 부실 때문에 카메라만 들고 자연광을 이용해 야외 촬영을 해야 했던 이탈리아 영화 현실을 보여 준다. 열악한 재정 상태 때문에 시도되었던 현장 촬영이지만 오히려 로마의 모습을 자연광을 이용해 담아냄으로써 훨씬 더 사실적인 영상을 얻을 수 있었다. 영화의 사실성은 데 시카가 직업배우가 아닌 순수한 아마추어들을 주인공으로 기용한 점에서도 두드러진다.

영화 제작자를 구하던 데 시카는 케리 그랜트를 기용하기를 권유했던 미국인 제작자의 제안을 거절하고 미남인 케리 그랜트 대신 어느 공장의 무명의 노동자 람베르토 마지오라니를 대담하게 주인공으로 기용했다. 아들 브루노에는 거리를 쏘다니던 부랑아 엔조 스타욜라, 그리고 아내에는 기자 리아넬라 까렐을 기용하는 등 모두 비직업적인 무명배우를 썼다.

데 시카는 등장 인물들을 경제적, 사회적, 문화적으로 구체적인 특정 시대상황 속에 배치하면서 고단한 삶의 해결책이나 출구를 제시하지는 않는다. 안토니오의 하루는 자전거를 찾기 위해 그가 돌아다녀야 했던 몇몇 장소에서 일어나는 몇 개의 사건들로 전달된다. 이런 식의 서사 구조는 삽화적이고 열린 구조이기 때문에 인위적 해결책을 배제하는 데 대단히 효과적이다. 데 시카는 시작과 중간과 끝이 유기적으로 얽혀있는 작위적인 삶의 모습이 아니라 실제 삶의 한 단면을 제시함으로써 영화의 사실주의적 기능에 대한 강한 신뢰를 드러내고 있다.

자바티니는 신사실주의의 원칙들을 "사물을 있는 그대로, 허구보다는 사실을, 고상한 영웅보다는 평범한 사람을, 낭만적인 환상보다는 사회적 관계를 나타내는 것"이라고 말한다. 그리고 데 시카의 〈자전거 도둑〉은 타락한 사회

구조가 인간의 가치를 어떻게 타락시키는가를 보여주는 신사실주의의 대표적 영화라고 볼 수 있다.

욕망이란 이름의 전차(A Streetcar Named Desire, 1951)

감독: 엘리아 카잔

등장 인물: 블랑쉬 두보아(비비안 리), 스텐리 코왈스키(말론 브란도),

          스텔라(킴 헌터), 미치(칼 말덴)

미국인들에게 남부는 두 얼굴을 한 여인은 아닐까? 잃어버린 고향과 같은 존재로서 갈 수 없지만 잊을 수는 없는 그런 곳은 아닐까? 한 때는 오만과 권위를 누렸으나 무능하고 쇠락한 퇴기처럼 미국 남부는 미국인들에게 애증의 존재였을 것이다.

〈욕망이란 이름의 전차〉는 1947년에 미시시피 출신 테네시 윌리엄스에게 퓰리처 상을 안겨주었던 동명의 연극을 엘리아 카잔이 1951년 영화화한 작품으로 이듬해 아카데미 영화제에서 비비안 리에게는 여우주연상을, 킴 헌터와 칼 말덴에게는 각각 여우조연상과 남우조연상을, 리차드 데이와 제임스 홉킨스에게는 미술감독상을 안겨주었던 영화다.

블랑쉬 두보아는 미시시피 집과 농장이 빚에 넘어가

자 여동생 스텔라가 살고 있는 뉴올리언스로 찾아온다. 여동생 스텔라는 빈민가에 위치한 허름한 이층집의 아래층에 세들어 살고 있었으며 남편 스탠리는 공장 노동자로서 대단히 광폭한 성격의 소유자였다.

남부 귀족 가문에서 태어나 스스로를 고상하고 우아한 여성으로 치부했던 블랑쉬와 이를 언제나 못마땅하게 여기고 귀찮아했던 스탠리는 매사에 충돌하고 다툰다. 블랑쉬에게 여동생 스텔라는 자신의 우아함을 인정받을 수 있는 유일한 사람이라면 스탠리에게 아내 스텔라는 자신의 거칠고 활기찬 생활 방식을 메워 줄 수 있는 인물이었다. 블랑쉬의 기대와는 달리 스텔라는 남편과의 생활에 적응하고 있으며 특히 성적으로 남편에게 만족하고 있다.

한편 블랑쉬는 스탠리의 친구 미치를 만나 사랑을 느끼게 되며 그를 유혹해 결혼하려고 한다. 그러나 블랑쉬의 숨겨진 과거, 특히 난잡했던 남성 편력을 스탠리로부터 듣게 된 미치는 블랑쉬와의 결혼을 포기하고, 절망에 빠진 블랑쉬에게 스탠리는 고향으로 돌아가라고 협박한다. 블랑쉬의 생일날 스텔라는 남편이 블랑쉬를 매정하고 잔인하게 대했다는 이유로 부부 싸움을 벌이며, 만삭의 스텔라는 출산 진통이 시작되어 스탠리는 급히 병원으로 아내를 옮긴다.

혼자 남은 블랑쉬에게 술에 취한 미치가 찾아 와 자신에게 거짓말한 블랑쉬를 비난하며 성폭행을 시도하지만 블랑쉬는 격렬하게 저항하며 물리친다. 늦은 밤 병원에서 돌아 온 스탠리는 화려한 옷을 입고 허세를 부리는 블랑쉬를 발견한다. 현실에서 적응할 수 없었던 블랑쉬는 이미 정신이상 상태에 빠져 있었던 것이다. 허세를 부리는 블랑쉬와 이를 못마땅하게 생각하는 스탠리 사이에 격렬한 몸싸움이 시작되고 스탠리는 결국 블랑쉬를 성적으로 폭행하고 만다. 몇 주 후, 블랑쉬는 정신 병원으로 실려 간다. 아이를 품에 안은 채 남편의 잔인함을 다시는 용서하지 않겠다고 다짐하는 스텔라를 애타게 부르는 스탠리.

영국 출신 비비안 리는 1939년에 〈바람과 함께 사라지다〉의 스칼렛 오하라 역으로 오만하고 화려했던 남부 여인을 뛰어나게 소화해냈던 여자다. 그로부터 10년도 넘게 지나 출연한 이 작품에서 그녀는 고상한 영국식 발음과 섬세한 표정 연기로 타락했으나 우아함을 고집하는 주정뱅이 블랑쉬 역을 훌륭하게 연기해내고 있다.

〈남자들〉에 이어 두 번째로 영화에 출연한 말론 브란도는 광폭하면서도 여린 감정을 지닌 무식한 노동자 스탠리로 등장한다. 그의 거칠고 투박한 표정과 분명하지 않은 발음은 비비안 리의 섬세한 몸짓과 시적인 발음과 훌륭한 대조를 이룬 채 천박한 폴란드계 노동자 스탠리로서 손색이 없다. 특히 아내 스텔라를 구타한 뒤 마치 엄마를 찾는 어린아이처럼 울부짖으며 스텔라를 부르는 장면은 낮게 깔리는 클라리넷 소리가 뒤를 받쳐주면서 시적이기까지 한 탁월한 장면이다. 층계를 내려오는 스텔라를 바라보는 그의 얼굴 표정은 대단히 순진해서 오히려 측은한 느낌이 들 정도다.

원작을 거의 수정 없이 영화로 옮긴 엘리아 카잔은 영화의 여러 곳에 상징적 장면을 배치함으로써 관객의 상상력을 자극한다. 특히 스탠리가 블랑쉬를 성적으로 공격하는 장면에서 거울이 깨지는 장면과 다음날 거리를 씻어내는 물 펌프 장면은 비록 극히 짧은 커트지만 성적 암시가 담뿍 담긴 장면이다.

흑백 영화여서 원작에서 극작가가 강조하고 있는 의상의 색깔을 구별해낼 수 없는 점은 아쉽다고 할 수 있으나, 빛과 어둠을 교묘히 배합하여 어두운 실내와 밝은 외부를 역광으로 잡은 조명술이나, 롱 샷이 별로 없고 미디엄 샷이나 클로즈업으로 긴박함을 강조하고 있는 촬영 기법은 블랑쉬의 불안한 내면 심리를 들추어내는 데 탁월한 기능을 발휘하고 있다.

불행에 빠진 사람에게 필요한 것은 친절함과 관용의 덕목이라는 점을 강조하고 있는 테네시 윌리엄스의 따스한 시각은 엘리아 카잔의 영화에서도 그대로 묻어나고 있다. 블랑쉬의 거짓말에 분노할 수 없는 것도 바로 이러한 따스함 때문일 것이다.

위터프론트(On the Waterfront, 1954)

감독: 엘리아 카잔

등장 인물: 테리 멀로이(말론 브란도), 자니 프렌들리(리 제이 캅),

　　　　　찰리 멀로이(로드 스타이거), 에디(에바 마리 세인트), 베리(칼 말덴)

많은 헐리우드 영화들이 단편적인 장면이나 대사 등으로 기억될 때 〈위터프론트〉는 이런 범주의 영화와 격을 달리한다. 노동 조합 결성이라는 외형적 사건 밑에 자신을 지키기 위한 투쟁의 중요성을 깔고 있으며, 또 그 밑에 결과와 상관 없이 올바른 것을 쟁취하거나 옳은 것을 위한 투쟁의 가치, 그리고 가장 심연에 선동주의에 대항해야 하는 당위성 등 다양한 의미층을 아우르고 있는 〈위터프론트〉는 1954년 아카데미 영화제에서 최우수 작품상, 감독상, 극본상, 촬영상 미술상, 남우주연상, 여우조연상을 휩쓴 영화다.

무식하고 과격한, 은퇴한 권투 선수 테리는 "상대가 치기 전에 내가 먼저 쳐야 한다"는 신조를 가진 부두 노동자다. 많은 노동자들이 일자리를 얻기 위해 고생하지만 부두의 노동일은 마피아들에 의해 독점되고 있으며, 은밀하게 뇌물을 바치는 소수의 노동자들에만 배당되고 있다. 어용 노조의 위원장 자니의 변호사인 형 찰리의 도움으로 항상 일거리를 얻는 테리는 자연스럽게 그들의 행위에 묵시적 동조자가 된다. 그러나 친구인 조이가 노동 조합의 비밀을 누설했다는 이유로 살해당하자 테리는 죽은 친구의 동생 에디를 동정하다가 사랑하게 되며, 부둣가의 폭력 조직을 밝혀야 한다고 역설하던 베리 신부마저 습격을 받아 부상당하자 계속되는 자니 일당의 폭력에 환멸을 느끼며 마음속에 갈등을 일으킨다.

영화의 마지막 장면은 법정에 불려나간 테리가 자니 패거리들의 만행에 대해 증언한 뒤 동료들의 환호를 받는 장면이다. 다분히 헐리우드 냄새가 짙게 배어 있는 장면이지만 테리의 행위에 충분한 동기와 상황이 치밀하게 배치되어 있다는 점에서 다분히 국수주의적 영웅심에서 좌충우돌 사건을 해결한 뒤 영웅으로 추대 받는 상투적 헐리우드판 주인공과는 조금 그 모습을 달리하고 있다.

젊고 날씬한 말론 브란도의 메소드 연기는 췌언이 필요 없을 정도다. 또한 교활한 노동 조합 위원장 제이 캅과 로드 스타이거의 연기도 빛나거니와, 비록 그 비중은 작은 역이지만 일자리를 얻기 위해 양심을 속이는 부두 노동자 던건의 모습을 연기해 낸 팻 헤닝은 빛나는 조연이다. 또한 여우조연상을 받은 에바 마리 세인트는 영화에 처음 얼굴을 내밀었으면서도 TV에서 닦은 당찬 연기를 선보이고 있다.

감독은 테리의 딜레마를 진정한 삶의 의미에 관한 문제로 떠오르게 하여 단순한 노동조합이라는 특정한 단체의 문제에서 보통 사람들의 삶의 문제와 가치로 관객들의 시야를 확장시켜 주고 있다. 역사에 조금이라도 관심 있는 관객들은 아마 감독인 엘리아 카잔의 참회의 목소리를 이 영화를 통해서 듣게 되지 않을까? 매카시 청문회에 불려 나와 용공조작의 음모에 휘말려 동료들의 이름을 허위로 자백해야 했던 그로서는 어쩌면 이 영화를 통해 속죄의 심정을 담아내고 싶었을 것이다.

천국보다 낯선(Stranger than Paradise, 1984)

감독: 짐 자무쉬

등장 인물: 윌리(잔 루리), 에바(에스처 밸린트), 에디(리차드 에디슨)

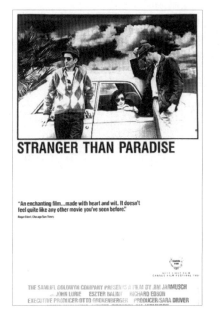

1953년 오하이오주에서 출생한 짐 자무쉬(Jim Jarmusch)는 시인을 꿈꾸며 콜럼비아대 영문과에 진학했지만 영화에 이끌려 졸업을 불과 몇 달 앞두고 프랑스로 건너간다.

1974년부터 75년까지의 9개월간 스물 두살의 문학청년 짐 자무쉬는 파리에 체류하면서 로베르 브레송, 오즈 야스지로, 장 뤽 고다르, 사뮤엘 풀러의 영화들을 보았으며, 시네마떼끄에서의 새로운 체험을 계기로 영화에 몰입한다. 귀국 후 뉴욕대 대학원에서 영화를 전공하며, 지도교수인 니콜라스 레이 밑에서 빔 벤더스와 함께 〈물 위의 번개〉 제작에 참여했으며, 82년 벤더스의 영화 〈사물의 상태〉의 촬영을 거든 뒤 거기서 얻은 필름을 가지고 8천 달러를 투자해 〈천국보다 낯선〉 1부를 완성한다. 그리고 1984년 나머지를 추가해 80년대 뉴욕이 건져 올린 최고의 인디 영화라는 평을 받고 있는 〈천국보다 낯선〉을 발표한다. 깐느에서 황금 카메라상을 수상했으며 인디 영화의 교과서로 불리는 이 영화는 자무쉬의 영화적 특징을 잘 나타낸 영화다.

〈신세계〉, 〈일년 후〉, 〈천국〉이라는 부제가 붙은 세 개의 단편을 통해 세 명의 헝가리 이민자들을 주인공으로 내세워 삭막하고 스산한 미국의 모습을 우울한 감수성으로 바라 본 블랙코미디 〈천국보다 낯선〉의 가장 큰 영화적 특징은 바로 바로 형식의 단순함이라고 할 수 있다. 촬영술은 현란한 테크닉을 거부한 채 거의 사진에 가까운 수준에 그치며, 등장 인물들의 대사 또한 극도로 절제되고 단순할 뿐이다.

영화의 첫 장면은 마치 버려진 공사장처럼 어설프고 황량한 공항에 서 있는 에바의 뒷모습이다. 그리고 다음 장면은 뉴욕의 빈민가를 혼자 걸어가는 에바의 옆모습을 잡아 준다. 황량하고 스산한 공항, 을씨년스럽고 더러운 빈민가 거리를 거쳐 광각 렌즈로 잡아 일그러지게 찍혀진 건물 아래를 걸어가고 있는 에바의 모습은 에바가 이 사회의 이방인이라는 점을 강조하고 있다. 에바는 클리블랜드에 살고 있는 이모 로티를 찾아 미국에 왔지만 이모가 병원에 입원하고 있었기 때문에 잠시 뉴욕에 살고 있는 사촌 윌리를 방문한다. 윌리 역시 십년 동안이나 미국에 살고 있었지만 적응하지 못하는 이방인일 따름이다. 며칠동안 함께 지내는 그들에게 단조롭고 무료한 일상이 계속되며 그들은 서로 뚜렷한 대화를 나누지 않는다. 갑작스런 에바의 방문에 윌리는 불편해하며, 그들은 어쩌다 대화를 나눈다고 해도 반복적이고 단조로운 느낌을 주는 대사만을 주고받는다. 무료함에 지친 에바는 클리블랜드에 사는 이모 로티를 찾아 떠난다.

그로부터 일년 후 사기 도박으로 번 돈을 들고 윌리와 에디가 에바를 찾아

클리블랜드에 온다. 그러나 그곳에서도 그들은 따분함과 무료함만을 확인한다. 카드놀이와 영화 보기로 소일하던 그들은 플로리다로 여행하기로 결정하고 고물차를 타고 그곳을 떠난다. 그러나 그곳엔 휴가철이 끝나 아무도 찾지 않는 쓸쓸한 바닷가만 있었으며, 그들은 더욱 쓸쓸함과 황량함을 느낀다.

따분함을 벗어나기 위해 새로운 장소를 찾아 클리블랜드를 거쳐 플로리다까지 여행해 왔지만 그들에게 장소 이동은 아무런 의미도 주지 못한 채 낯설음만을 반복할 뿐이다. 현실 속에서 그들이 맛보았던 소외와 박탈감은 어디를 가도 그들을 놓아주지 않았던 것이다. 현실에서 이탈하고 싶은 강한 욕구 때문에 떠돌아야 하는 그들에게 물질적 풍요로움의 상징의 땅 미국은 냉담하고 차가운 곳일 따름이었다. 그들이 감행하는 여정은 서부영화의 신화적인 주인공들이 걸었던 여정과 유사하다. 그것은 미국의 뿌리가 고착되는 과정과 같다. 그러나 자무쉬 영화에서의 장소 이동은 더 이상 상징적인 의미를 갖지 않는다. 클리블랜드로 가는 차안에서 주인공들은 "어딜 가나 다 똑같다"라는 대사를 읊조린다. 어디나 다 마찬가지인 것이다. 풍요의 사회에서 어디를 가도 제대로 속하지도 못하고 겉돌기만 하는 그들에게 미국 사회가 베풀고 있는 황량함과 쓸쓸함은 그들이 살고 있는 미국을 어쩌면 한 번도 가보지 못한 천국보다 더 낯선 차가운 곳으로 보이게 하고 있는지도 모른다.

짐 자무쉬는 이들의 무료하고 따분한 일상을 독특한 촬영술로 표현하고 있다. 한 장면을 컷트로 나누지 않고 한 샷으로만 잡아내는 기법인 시퀀스 샷 혹은 플랑 쎄캉스(plan-sequence)를 통해 찍힌 화면은 그 화면 속의 시간을 대단히 늘어지게 하고 확장함으로써 마치 정지된 것 같은 착각을 일으킨다. 이런 식의 늘어진 시간은 주인공들이 느끼는 무료함과 권태감을 한층 돋보이게 한다. 고정된 현실에서 벗어나고 싶은 주인공들의 욕구는 어디에서도 출구를 찾지 못할 뿐이다. 또한 긴 페이드 아웃의 암전 화면을 통해 각각의 샷들이 단절된 채 연결되게 함으로써 형식상의 단절감이 주인공들의 무기력하고 답답한 현실, 무료하고 암울한 생활, 유기적이지 못하고 파편적인 일상에서의 사건들을 표현하도록 하고 있다. 그리고 카메라를 고정시킨 채 롱 테이크로 잡은 화면 속에서 화면 내의 사소한 움직임에도 주목하게 하는 촬영술은 등장인물들의 나른함과 따분함을 한층 강조되고 있다.

또한 자무쉬는 의도적으로 영상의 입체적 3차원성을 부정하고 평면적 2차원성을 강조하는 수평 트레킹 샷을 롱 테이크로 찍음으로써 관객들에게 그들이 보고 있는 장면이 영화 속의 장면이라는 점을 의도적으로 강조하기도 한다. 카메라의 수평 이동을 통해 잡힌 이동 화면을 통해 관객들은 배우가 아니라 주변 환경에 시선을 집중하게 되며 화면과의 거리두기를 통해 스스로의 판단을 내린다. 관객들은 자신이 피사체를 선택해 관찰하며 화면 속에 나타나지 않은 장면들을 적극적으로 해석해 냄으로써 영화 화면에 비치지 않은 공백을 채워 가는 것이다.

형식상의 단순함은 그의 주제인 현대 문명사회에서 사회 주변부를 맴도는 인물들의 무기력함과 무위성, 그리고 단절감을 효과적으로 보여주기 위한 그릇이다. 그리고 흑백 필름의 사용은 소외와 무력감을 강조하는 현실에서의 이탈을 꿈꾸는 주인공들의 희망 없음과 절망감을 관객들에게 유도하는 또 다른 장치라고 볼 수 있다.

자무쉬의 이러한 입장은 후속 작품인 〈다운 바이 로〉, 〈지상의 밤〉, 〈데드맨〉에서도 계속되고 있다. 주인공들은 현실을 거부하고 감옥으로, 택시 속으로, 숲 속으로 끊임없이 도피하려 든다. 현실과의 타협을 거부한 그들은 자무쉬의 인디 정신을 대변하는 인물들이다.

쉰들러 리스트(Schindler's List, 1993)

감독: 스티븐 스필버그

등장 인물: 오스카 쉰들러(리암 니슨), 이착 스턴(벤 킹슬리),

아몬 고스(랠프 피네스), 에밀리 쉰들러(캐롤라인 구달)

1993년 헐리우드의 천재적 흥행 마술가인 스티븐 스필버그는 〈쉰들러 리스트〉로 다시 한번 영화팬들을 놀라운 경탄으로 몰아 넣는다. 1977년 〈클로즈 인카운터〉와 〈레이더스, 잃어버린 성궤를 찾아〉(1981), 〈E.T.〉(1982)를 발표하면서 놀라운 특수 효과와 동화 같은 이야기를 바탕으로 하는 스필버그 풍이라는 독특한 장르를 개발했던 그는 1985년 〈컬러 퍼플〉과 1987년 〈태양의 제국〉의 실패를 딛고 〈쉰들러 리스트〉를 통해 명실공히 헐리우드 최고의 감독으로 부상하게 된다.

〈쉰들러 리스트〉는 독일인 오스카 쉰들러의 실화다. 2차세계대전이 일어나기 전부터 폴란드 크라코프에서 유태인들을 고용하여 사업적으로 성공을 거두었으며 막대한 부를 모았던 쉰들러는 세계대전 중에도 나치 장교들과 교분을 쌓으면서 사업적 능력을 발휘했다. 그러나 그는 나치 정권의 비인간적 잔임함에 충격을 받고 자신이 모은 전 재산을 이용하여 전쟁 중에 1,000명이 넘는 유태인들을 구출한 사람이었다.

스필버그의 〈쉰들러 리스트〉에 등장하는 배우들은 저마다 탁월한 연기를 하고 있다. 특히 조연과 단역들의 연기력은 가히 압권이다. 쉰들러 역을 맡은 리암 니슨의 변모는 놀라울 정도다. 영화의 전반부에서 꼼꼼하게 상업적 이익을 챙기는 자본가의 모습은 영화가 진행될수록 조금씩 그러나 설득력 있게 박애주의자의 모습으로 바뀐다. 또한 쉰들러의 경리 회계 고문인 이착 스턴 역을 맡은 벤 킹슬리는 과장되지 않은 연기를 통해 유태 지식인의 고뇌를 섬세하게 표현하고 있다.

〈쉰들러 리스트〉의 탁월함은 기술적인 면에서도 두드러진다. 자누스 카민스키의 촬영은 그 사려 깊은 흑백화면을 통해 2차세계대전 중의 수용소의 음산함과 섬뜩함을 정확히 옮겨 놓고 있다. 마이클 칸이 담당한 편집 역시 극의 속도감을 전혀 손상하지 않아서 세 시간이 넘는 관람 시간을 전혀 의식하지 않게 하고 있다. 존 윌리암스가 선곡한 음악들, 빌리 할리데이와 모차르트의 음악을 비롯하여 유대 민요들 역시 영화의 의미층을 덧씌우고 있다.

그러나 무엇보다도 〈쉰들러 리스트〉를 각별한 영화로 만들고 있는 것은 카메라 움직임이다. 스필버그가 정성을 쏟아 부은 각각의 장면들 모두 인상적이지만 특히 크라코프 유대인 빈민가가 파괴될 때 붉은 코트를 입고 있는 한 어린 소녀를 잡아내고 있는 화면은 살육의 비인간성과 생명에 대한 외경심을 동시에 담아내고 있다.

스필버그는 유대인 학살이 단순히 전쟁 중에 벌어진 사건이 아니라는 것을 강조한다. 전쟁이 일어나기 전부터 독일 사회에 팽배했던 유대인들에 대한 편견과 전쟁이 발발하면서 합법화된 유대인 말살 정책을 연결시켜 줌으로써 스필버그는 집단적 사고의 위험성에 대해 비난의 시선을 거두지 않는다.

그러나 〈쉰들러 리스트〉 역시 역사 속의 사실을 그려냈다는 감독의 주장에도 불구하고 독일인에 대한 역사적이고 사실적인 해석을 배려하지 않음으로써 유태인 편들기로 일관된 영화로 볼 수 있으며, 또한 유태인들을 억압하는 나치는 현재 이스라엘을 괴롭히는 주변 아랍 국가들로, 더 나아가 미국에게 위협적인 아랍 국가들로 해석될 수 있다는 점에서 감독의 역인종 차별적인 시각이 음흉하게 감춰진 영화라고 볼 수 있다. 바로 그런 점 때문에 가장 절망적인 상황 속에서도 인간애는 승리할 수 있다는 믿음과 사람의 생명만큼 소중하고 값진 것은 어디에도 없다는 신념이야말로 인간이 저지른 우행에서 구출될 수 있는 유일한 탈출구라고 강조하는 스필버그의 이데올로기의 이면을 들여다보아야 하는 이유가 있다.

포레스트 검프(Forrest Gump, 1994)

감독: 로버트 제멕키스

등장 인물: 포레스트 검프(톰 행크스), 제니(로빈 라이트), 검프 여사(샐리 필드)

미국인들에게 헐리우드 판 영웅은 어떻게 변해 왔는가? 인과율, 동기화, 시작에서 결말로의 발전 및 진전을 특징으로 삼고 있는 2, 30년대의 고전적 헐리우드 영화의 서사구조에서 주인공은 개인적 욕망 해결 과정을 통해 사회 질서에 순응하는 인물이었다. 그리고 이러한 유형의 영웅들은 50년대까지 지속되었다.

1960년대는 냉전체제의 비인간성에 대항하여 젊은이들의 자유주의적 반항 정신이 팽배했던 뉴웨이브 시대였다. 기존 체제와 권위를 무시했던 히피족들이 등장했으며, 신 좌파들이 힘을 얻었던 시대였다. 젊은이들은 락 뮤직에 열광했으며, 제도권에 안주한 채 언젠가는 가능하리라는 안락한 부르주아적 소시민의 삶은 치졸하고 위선적으로까지 평가되었던 시대였다.

60년대 헐리우드에는 기존의 메이저 영화사의 중심 주제였던 미국의 성공 신화와는 동떨어진 영화들이, 그리고 전통적 질서를 비웃거나 그 질서에 반항하는 반 주인공들이 등장한다. 아서 펜 감독은 웨렌 비티와 페이 더너웨이를 기용해 〈우리에게 내일은 없다〉에서 보니와 클라이드를 통해, 조지 로이 힐 감독은 〈내일을 향해 쏴라〉에서 폴 뉴먼과 로버트 레드포드를 부치 캐시디와 선댄스 키드로 등장시켜 경쾌하면서도 가볍게 강도 행각을 벌이도록 배려했다. 또한 데니스 호퍼 감독은 〈이지 라이더〉에서 피터 폰다와 함께 마약을 일삼는 히피 오토바이 폭주족을 연기해냈다.

밝은 대낮에, 탁 트인 야외에서 즐겁고 명랑하게 은행을 털고 기차를 터는, 낭만적이면서 재치에 넘치는 젊은 부랑아들은 기동대가 등장하고 인디언들과 싸우면서 국경을 넓히고 신천지를 개척하여 정착민들을 보호했던 과거의 영웅이 아니었다. 미국의 서진 운동의 정당성과 자연과 황야를 굴복시켜 문명화시키는 것을 신에게서 부여받은 사명으로 생각했던 선배들의 서부 영화 주인공들은 조롱당하다 사라졌고, 무질서를 평정하고 정착지를 보호했던 법과 질서의 수호자들은 어디에도 없었다. 은행을 털고 기차를 털며, 마약을 먹는 이들 젊은이들에게 준비해야 할 장래나 거창한 미래는 없었다. 그들은 자신들이 속한 사회 환경에 그저 대들고 도피하면서 즐기면 그만이었다. 삶이란 재미있는 게임이었으며, 파멸에 대한 두려움도 그들에겐 없었다. 선배들이 천착했던 위대한 나라 건설이나 미국의 성공 신화는 위선 아니면 공허한 구호였으며, 그들은 반체제적 삶을 즐기는 반영웅들이었다.

1970년대와 80년대 헐리우드 영화는 신보수주의 영화였다. 〈포세이돈 어드벤처〉, 〈타워링〉을 시작으로 70년대의 재난 영화는 80년대에 이르러 가히 폭발적일 정도로 다양한 소재로 관객들에게 다가왔다. 열차, 비행기, 고층 빌딩 등에서 한가롭게 한담하거나 낙락함을 즐기던 미국인들에게 덮쳐오는 자연의 재앙이나 화재는 영화 관객들에게 그들을 구출해 줄 영웅이 필요하다는 것을 인식하게 했다.

빼어난 특수 효과로 다양하고 화려한 볼거리를 주면서 적당한 인본주의와 생명의 소중함을 섞어 만든 재난 영화는 자신들이 안전하다고 믿고 있는 미국 사회가 기실 수많은 위협에 노출되어 있다는 불안감을 주었으며, 체제 수호를 위해 강력한 지도자가 필요하다는 합의를 이끌어 내도록 부추기고 있다. 영화 관객들은 60년대 식의 가치관의 혼란이나 기존 사회에 대한 반항이 얼마나 위험하고 무모한 행위인가를 절실히 깨달았으며, 위대한 미국은 자신들의 재결속을 통해 다시 이룩될 수 있다는 자신감도 느껴야 했다.

또한 〈조스〉를 필두로 전개되는 일련의 공포 영화, 〈스타워즈〉로 촉발된 공상 과학 영화도 미국 사회를 위협하는 음흉한 사유들 — 흑인 인권 운동이나 소수 민족 권리 주장, 혹은 여성주의 운동 등 — 의 물화된 악령들을 격멸하는 영화였다. 체제 수호의 신념으로 뭉친 영웅이 항상 필요했으며, 안정된 사회를 보호하거나 지탱해 줄 강인한 남성 지도자가 영화 속에서 항상 승리하도록 한 이들 영화는 바로 백인남성중심사회 미국의 가치관을 그대로 담아냈던 영화들이었다. 미국인들의 삶을 조롱하거나 미국 사회에 도전하는 무리들은 우주인이건, 자연 재앙이건 반드시 격퇴되었으며, 미국인들의 세계 경영에 걸림돌이 될 수 있는 제 3세계 국민들은 교화되거나 격멸되어야 했다. 〈인디애나 존스〉, 〈람보〉, 〈로키〉, 〈스타워즈〉 등이 그 대표적 영화들이다.

80년대는 미국의 보수당인 공화당의 레이건이 두 번 재선되고 그를 이어서

부시 대통령까지 재임했던 시기였다. 이란 콘트라 사건이 있었고 리비아 폭격과 걸프전 참전이 있었던 시기였다. 미국은 60년대 시작해 70년대 중반에 이르기까지 자존심을 버려야했던 월남전의 기억들에서 벗어나야 했다. 〈람보〉와 같은 영화가 만들어지고 관객들의 정서에 부응할 수 있는 분위기가 형성된 것이다.

레이건 시대의 영화는 미국의 힘에 대한 낙관주의와 위대했던 과거의 회상으로 특징지을 수 있다. 이 시절의 미국인들은 월남전 이전의 미국적 꿈이 그대로 보존되어 있는 시절의 미국으로 되돌아가기를 원했다. 신분 상승을 목표로 열심히 노력하는 남성과 전쟁 영웅, 그리고 가정을 지키는 남성이 미국인들이 갈망했던 남성상이었다. 사회 계층의 상승을 꿈꾸며, 혼자 힘으로 성공을 이루는 남성, 젊음을 잃지 않는 건강한 남성, 전쟁 영웅, 하나님을 두려워하는 남성다운 남자, 이러한 이미지가 바로 미국적 꿈을 대표하는 이상형이었다.

90년대에 들어서도 재난 영화는 여전히 헐리우드의 가장 인기 있는 장르 영화였다. 근육질의 남자 연기자들은 최고의 출연료를 보장받았으며 초인적인 역량을 발휘하는 이들 주인공들은 산에서, 바다 속에서, 그리고 대도시의 땅 속에서 엄청난 사건들을 해결해내고 있다. 아놀드 슈왈츠네거, 브루스 윌리스, 스티븐 시걸, 해리슨 포드 등은 말할 것도 없거니와 젊은 영웅들인 키아누 리브스나 톰 크루즈, 장 끌로드 벤담 등이 뒤를 이어 해결사로 활약하고 있다.

그러나 90년대 헐리우드는 다양한 소재로 다양한 장르의 영화들이 동시에 발전하고 있는 시기였다. 흑인들이 주인공으로 등장하기도 했으며, 여성주의 영화들도 지속적으로 영화관에 내 걸렸다. 전쟁 영화도 미국의 무조건적인 승리라는 단순한 플롯에서 벗어나고 있다. 단순하면서도 우스꽝스런 인물들이 주인공으로 등장하기도 했다. 지능 지수 75의 포레스트 검프가 그 중 한 사람이었다.

어눌한 말씨와 커다랗게 뜬 눈, 진지한 표정의 포레스트 검프가 천성적으로 지닌 착한 심성 때문에 온갖 역경을 극복하고 미국의 영웅이 되는 이 우화 같은 이야기를 통해 제멕키스 감독은 무엇을 이야기하고 있는가? 먼저 미국은 항상 착하고 선량한 사람들에게 기회를 부여하는 나라라는 것을 그는 강조하고 있다. 이러한 점은 검프의 애인 제니의 불행과 견주어보면 대단한 설득력을 지닌다. 검프와 제니의 차이는 그녀가 이기적이라는 점일 것이다. 그러나 그녀는 항상 자신의 원하는 것을 추구하지만 그 결과는 자기 파멸이었다.

둘째, 50년대부터 80년대에 이르는 미국의 현대사에서 진정한 주인공들은 바로 평범한, 그러나 자기 희생적이면서 천사 같은 심성을 지닌 보통 사람들이었다는 위안이다. 검프는 자신을 내세우지 않고 국가가 요구하는 것이라면 묵묵히 실천했던 미국 현대사의 이름 없던 참전 용사들이며, 관중들의 환호만 있으면 항상 달리고 던졌던 스포츠 선수들이었다. 어머니의 가르침에 순종하는 지극히 온순한 아들이었으며, 평범한 일상사에서 놀라운 문명의 이기를 찾아낼 줄 알았던 무명의 발명가였다. 그에게는 60년대 미국 사회를 휩쓸었던 좌파적 성향도, 70년대의 냉소적 자괴심도, 80년대 탐욕과 이기주의도 침범할 수 없었던, 미국이 항상 기대했던 그런 모습만 담겨 있었다.

셋째, 평범한 미국인들이 얻을 수 있는 작은 결과에 대해 은밀하면서도 분명히 설득하고 있다. 착하고 선량한 미국인은 결코 자신이 거쳐 온 행적에 대해 자만하거나 보상을 요구하지 않는다는 점을 제멕키스는 보여주려고 한 것은 아닐까? 현대사의 굵직한 사건들의 현장에 있었으면서도 버스 정류장에서 아이를 기다리는 평범한 아버지는 제멕키스의 의도를 충분히 짐작하게 한다.

바로 이러한 점에서 영화의 처음과 마지막에 관객들의 시선을 끄는 깃털의 상징성은 눈 여겨 볼만하다. 개인의 삶의 가벼움과 우연성을 암시하는 이 장면은 이 영화에 담겨 있는 감독의 시각을 읽어내는 중요한 단서가 된다. 모든 것이 우연이라는 명제를 통해 감독은 개인의 선택을 애써 폄하하고 있다. 개인은 희미해져 가고 남는 것은 온갖 가능성과 기회가 가득한 미국이어야 했던 것이다.

〈포레스트 검프〉는 볼만한 장면들로 가득 차 있다. 특히 95년 아카데미 특수효과상을 수상한 앨런 홀을 중심으로 한 네 명의 특수 효과 팀들의 작업은 놀라울 정도다. 또한 비록 수상은 못했지만 돈 버기스의 촬영도 뛰어나다. 50년대 한적하고 평화로운 애리조나부터 베트남 정글, 새우잡이 배 뒤로 펼쳐지는 노을, 호수에 비친 산 등을 통해 복잡하고 소란했던 미국 현대사를 오히려 아름다운 화면으로 담아낸 그의 촬영은 마치 동화를 보는 듯한 착각에 빠져들게 한다.

접속(1997)

감독: 장윤현

등장 인물: 동현(한석규), 수현(전도연), 은희(추상미), 기철(김태우)

장윤현 감독은 광주를 소재로 한 최초의 영화 〈오, 꿈의 나라〉와 노동자들의 투쟁을 다룬 〈파업전야〉를 만든 독립 영화의 대명사 '장산곶매' 출신 감독이다. 그가 90년대 후반에 가슴 저리는 연애 이야기로 영화팬들을 놀라게 하고 한국 영화 최대의 흥행 감독으로 뜨게 된 영화가 바로 〈접속〉이다.

296

동현은 과거에 사랑했던 여인이 갑자기 사라진 이후 누구도 사랑하지 않고, 그녀에 대한 그리움만 지닌 채 살아가는 라디오 방송국 PD로, 함께 일하는 방송작가 은희와 자신의 직장 상사이자 선배인 태호와 원치않는 삼각관계에 얽혀있다. 어느 날 잊지 못하는 옛사랑인 영혜로부터 전달된 음반으로 인해 늪처럼 고인 채 정체되었던 동현의 일상이 흔들리기 시작한다.

수현은 룸메이트인 희진의 애인 기철을 짝사랑하는 CATV 홈쇼핑채널 쇼핑가이드다. 그녀는 외로움을 떨쳐버리고 싶을 때는 심야 드라이브를 한다. 어느 날과 마찬가지로 드라이브를 하던 수현은 자동차 사고를 목격함과 동시에 그때 라디오에서 흘러나오는 강렬한 음악에 매료되며, 그후 그녀는 통신을 통해 그 음악을 신청한다. 동현은 영혜가 우송한 음반을 받은 후 그 음악을 방송으로 내보냈고, 수현은 사고를 목격하면서 그 음악을 들은 것이다.

수현이 음악을 신청하자 동현은 그녀일지 모른다는 생각을 하며 수현과 컴퓨터 통신을 통해 접속하지만, 다른 사람이라는 것을 알고 실망한다. 그러나 수현이 자기처럼 외로운 사람이고 반응 없는 사랑에 대한 열병을 앓고 있다는 것을 알게 되면서 동질감을 느끼며 서로 아픔을 이야기한다. 이렇게 시작된 그들의 만남은 통신이 빈번해지면서 때로는 서로의 사랑과 상처가 부질없는 것이라고 질책하기도 하며, 때로는 서로의 사랑에 희망과 용기를 주면서 자신들도 모르는 사이 점점 서로에게 빠져든다.

갈등과 화해의 통신을 지속하는 가운데 수현은 기철에 대한 사랑이 허망하다는 걸 깨닫고 정리하게 되고, 동현도 방송국을 그만둔다. 일체의 모든 관계로부터 자유로워진 이들은 마침내 통신을 벗어나 영화를 함께 보기로 한다. 기대와 설레임 속에 수현이 극장 앞으로 나가는 사이 동현은 영혜의 죽음 소식을 듣게 되고, 수현은 계속 동현을 기다린다. 나타나지 않는 동현을 기다리는 수현….

〈접속〉의 기획 의도는 현대 젊은이들의 외로움에 대한 그림 그리기라고 적혀 있다. 이념의 데모대가 사라진 거리, 컴퓨터 앞에 앉아 물화된 정보와 마주하고, 원룸의 아파트와 24시간 편의점의 인스턴트 음식을 즐기며, 레게나 재즈바에서 음악의 공간에 홀로 놓여진 채 서로의 잔을 나누지 않는 병맥주를 홀짝거리는 도시의 젊은이들의 모습을 담고 싶다는 것이다.

〈접속〉은 90년대 자본주의의 정점에 놓인 이 도시의 외로운 사람들에 대해서 이야기하는 영화로, 안락함과 멀티미디어의 확산으로 생겨난 새로운 현대인의 모습을 통해 그들의 외로움과 사랑을 그려낸 영화다. 팩스나 무선호출기 음성사서함, E-mail로 연애편지를 대신하는 현대인들은 외로울 때면 심야 드라이브를 하고, 옛사랑이 생각나면 자기가 선곡한 음악을 라디오 프로그램을 통해 일방적으로 상대방에게 보내며 스스로를 위안한다. 이러한 현대인들은 독립적이고 개인적으로 부담스런 인간관계가 싫어 주위로부터 스스로를 고립시키지만, 그 이면에는 누군가와 소통하고 싶어하는 갈망을 지니고 있다.

만나고 싸우고 화해하다 끝내 이루어지거나 헤어져 버린다는 기존의 정통적 드라마투르기를 유보하는 영화 〈접속〉은, 두 남녀라는 날실과 씨줄이 꼬이며 만드는 한 가닥의 러브스토리가 아닌 각각 두개의 개별적 사랑이 동시에 진행되면서 결국 하나의 사랑으로 완결되는 독특한 구성을 취하고 있다.

〈접속〉은 어떻게 보면 90년대 후반의 젊은이들에게 김빠진 구식 사랑 타령처럼 비칠 수 있는 이야기다. 자신이 따르던 선배와의 삼각 관계를 이루었던 한 여자(민영혜)를 잊지 못하는 방송국 PD(동현), 친구와 한 남자를 사이에 두고 고민하는 통신 판매회사 직원(수현), 이런 식의 상투적 사랑 이야기는 TV

드라마에서 흔히 발견할 수 있는 삼각구도다. 그렇다면 왜 이들의 이야기를 청춘 남녀들이 그토록 많이 보고 감동했다는 이야기를 하는가?

먼저 다 낡은 삼각 관계 구도의 사랑 이야기가 영화의 전면에 드러나지 않는 교묘한 줄거리를 들 수 있을 것이다. 동현과 수현은 제각기 다른 사랑의 구도 속에 빠져 있지만 영화를 이어가는 이야기 축은 그 두 개의 삼각구도가 어떻게 이루어지는가가 아니라 어떻게 그 삼각 구도에서 빠져 나오는가다. 이런 식의 이야기 축은 영화 관객들에게 지금 진행되고 있는 자신의 사랑 이야기와는 상관없이 자신의 주변에 또 다른 사랑의 구도가 대기하고 있는 듯한 느낌을 주는 구도여서 관객들은 야릇한 환상을 품게 하는 효과를 준다. 관객들은 현재가 아닌 잠시 후 닥쳐 올 환상에 의탁할 수 있는 것이다.

둘째, 동현과 수현이 사용하는 접속 방식인 컴퓨터 채팅망 이용을 지극히 낭만적으로 끌고 가는 이야기 전개가 젊은 관객들에게 또 다른 환상을 주고 있다는 점이다. PC 통신 이용자가 수백만을 헤아리고 있는 현실에서 수현과 같은 순진하고 착한 여성이 통신망 저쪽에서 항상 대기하고 있다는 사실이나, 어느 모로 봐도 근사한 신랑감인 방송국 PD 동현이 응답하리라는 기대감은 더할 수 없는 흥분을 주기에 충분한 소재라고 할 수 있을 것이다. 더욱이 골치 아픈 정치나 사회 문제, 취업 문제 등은 도저히 끼어들지 않는 그들의 대화 내용은 관객들에게 일종의 마취 효과까지 발휘하고 있다고 볼 수 있다.

셋째, 영화 속의 주인공들을 둘러싸고 있는 가정적, 사회적 망이 복잡하지 않다는 점도 신세대 관객들에게 매력적인 요소로 작용하는 것 같다. 혼자 사는 동현이나 친구와 아파트에서 생활하고 있는 수현에게 현실적으로 문제가 될만한 것은 오로지 잊을 수 없는 여인과의 만남이나, 착하고 유능한 남자 기철(포항 제철 연구소에 취직한 유능한 젊은이)의 관심 이외엔 별로 눈에 띠지 않는다. 더욱이 동현이가 잘 나가던 직장까지 때려 치고 호주로 이민을 떠난다는 설정은 그 무모한 현실 감각만큼이나 최면 효과가 강해 관객들에게 극장 밖 현실의 고통을 애써 외면하도록 부추기고 있다.

그리고 또 하나, 교묘하게 기워 놓고는 있지만 어디서 많이 본 듯한 익숙한 가슴 아픈 이야기가 관객들의 기대 심리를 자극했던 것은 아닐까? 이미 한국의 영화팬이라면 많이 보았던 이와이 순지의 일본 영화 〈러브 레터〉와 비슷한 이야기 구조들, 그러니까 죽은 연인의 편지가 오고, 편지를 통해 서로 접속하는 남녀, 옛날 연인으로 착각하는 남자, 서로를 모르는 채 엇갈리는 모습 등에 이미 길들여졌던 한국 영화팬들에게 〈접속〉은 반가움과 익숙함을 주었던 것은 아닐까?

또 하나 더, 이 영화를 신세대 관객들에게 인기 있도록 만든 다른 요소를 들자면 왕가위 감독 식의 음악 사용과 촬영 기법을 들 수 있을 것이다. 적절히 사용되는 음악과, 서로 알아보지 못한 채 스쳐 지나가는 남녀를 느린 화면으로 잡아내고 있는 화면 등은 젊은 관객들의 귀와 눈을 즐겁게 자극하기 위한 수법일 것이다.

적당히 애잔하면서도 지저분하지 않은 남녀 관계를 조급하고 격정적이지 않은 화면으로 잡아내고 있는 장윤현의 연출은 지친 듯하면서도 냉정한 한석규의 눈빛과 착하고 여린 마음씨를 지닌 전도연의 분위기와 어울려 이미 충분히 상업적으로 성공했으며, 〈편지〉나 〈8월의 크리스마스〉 같은 또 다른 장르 영화들을 인도하고 있다.

〈접속〉에 수록된 영화음악은 "Pale Blue Eyes"(The Velvet Underground 가 68년에 발표한 곡으로 지극히 단순하고 극소화된 사운드는 팝음악의 미니멀리즘을 극단적으로 표현하고 있으며 강렬하고 직설적인 일렉트릭 기타 사운드는 팝 음악의 흥분을 고스란히 담고 있다), "The Look of Love"(영국 출신의 팝 싱어 더스티 스프링필드 노래), "Yesterday Is Here"(캘리포니아 출

300

신의 포크 가수인 탐 웨이츠 노래), 그리고 "A Lover' s Concerto"와 "With A Girl Like You"가 있다.

타이타닉(Titanic, 1997)

감독: 제임스 캐머런

등장 인물: 잭 도슨(레오나도 디카프리오), 로즈 드윗 버케이터(케이트 윈슬렛),

　　　　칼 학클리(빌리 제인)

1997년 헐리우드의 신동으로 평가받고 있는 제임스 캐머런 감독은 86년 전인 1912년 4월 침몰했던, 당시 사람이 만들었던 최대의 구조물 타이타닉호를 북대서양의 4000미터 심해에서 건져 올렸다.

타이타닉호 침몰 사고는 그 역사적 비극의 선명함으로 말미암아 지난 86년간 여러 차례에 걸쳐 영화의 소재로 다루어져 왔다. 당시로는 최대 규모였던 4만 톤 급의 초호화 여객선이 그것도 처녀항해 도중 빙산에 부딪혀 1,515명이라는 엄청난 수의 희생자를 낳으며 침몰해 버린 사건은 당시에도 그리고 그 이후에도 수많은 의혹과 궁금함을 불러 일으켰던 희대의 사건이었으며, 상업적 계산에 능숙한 영화 제작사와 야심 있는 감독이라면 당연히 이보다 더 좋은 영화 소재는 없었을 것이다. 아마 그래서 타이타닉호 사건은 지금까지 여러 번 영화 속에서 다시 항해하고 침몰하는지도 모른다.

1997년 제임스 캐머런 감독에 의해 다시 1912년 역사의 현장으로 돌아간 타이타닉호는 영화 테크닉의 발달에 힘입어 과거 어느 영화에서보다 화려한 모습으로 구시대의 영광과 몰락을 재현해 내는 데 성공하고 있다. 1997년 판 〈타이타닉〉은 역사의 충실한 재현이라는 부담감을 떨쳐버리고 있다. 오히려 지난 몇 년간 헐리우드의 블록버스터 장르인 이른바 '재난 영화'의 범주에 속하는 영화다. 〈어비스〉와 〈터미테이터〉 연작으로 재난 영화의 천재성을 평가받았던 캐머런은 〈타이타닉〉에서 재난 영화의 압권을 연출해냈다. 그러면서 이 영화는 90년대의 다른 재난 영화들과는 사뭇 다른 양상을 띠고 있다.

첫째로 이 영화의 중심 축은 남녀간의 러브스토리다. 타이타닉호의 침몰은 그저 남녀 주인공의 애절한 사랑을 매듭지어 주기 위한 하나의 배경으로 채택되고 있을 뿐이다.

둘째, 여타의 다른 재난 영화들, 그러니까 〈볼케이노〉나 〈단테스 피크〉, 〈화성 침공〉, 심지어 〈에어포스 원〉 등에서 재난은 그 자체가 남성 가부장적 국가와 안정된 사회, 가정을 위협하고 파괴하려 드는 지극히 사악한 힘으로 설정되고 있으며, 남자 주인공이 그 재난을 극복함으로써 위기에 빠졌던 국가/사회/가정이 다시 회복되는 서사구조를 취하고 있다. 그러나 〈타이타닉〉에서 남자 주인공 잭은 오히려 여자 주인공 로즈의 자아 실현 과정에 끼어 들어 도움을 주는 부차적 보조자의 모습으로 등장한다. 보조자로서 충실하게 임무를 완수한 그는 죽음으로 그녀 곁을 떠난다.

그렇다면 캐머런은 이 영화에서 재난 영화의 장르적 관습도, 로맨스 영화의 장르적 관습도, 그러니까 여자의 헌신적인 사랑과 비극적인 죽음, 역경을 극복하고 온전하게 사회로 복귀하는 남자, 그리고 새롭게 형성되는 질서 등과

302

같은 구조에서 일탈하고 있다. 그의 의도는 무엇일까?

잭은 로즈가 자아를 발견해 가는 자기 실현 과정에서 대면하는 또 다른 자아라고 볼 수 있다. 자신의 내면 속의 또 다른 자아와 대면한 로즈는 이를 회피하지 않고 자신의 것으로 수용함으로써 자신의 진정한 자아를 발견한다. 내면의 자아를 인정함으로써 한층 성숙한 인격을 갖추게 된 그녀는 자신을 속박하는 과거의 모든 사회적 굴레에서 벗어나 자신의 삶을 영위하게 된다.

〈타이타닉〉의 로즈는 기존 남성 질서에 안이하게 편승함으로써 현실에 안주하는 여타의 사랑 이야기 여주인공들과는 다르다. 그녀는 오히려 기존의 질서를 거부하고 스스로의 길을 개척해 나감으로써 남성 가부장적 가족 이데올로기를 거부한다. 백만장자 칼과의 결혼에 대해 그녀는 시종 일관 혐오하고 부정하고 거부한다.

타이타닉호의 침몰은 남성 가부장적 구질서의 몰락과 붕괴를 의미하며 당시 진행 중이던 여성 참정권 운동과 맞물린다. 당시 유럽에서 여성 운동의 초기 형태인 여성의 참정권 요구 운동은 그 결실을 맺어가고 있었는 바, 제1차 세계 대전으로 구체제에 균열이 생기면서 여성의 선거권을 인정하려는 경향이 가속화되어 1920년대까지는 서구 대부분의 국가들이 여성 참정권을 승인하게 되었다. 그런 점에서 로즈는 구시대의 억압적인 남성 가부장제에 편입되기를 거부한, 구시대의 상징물 타이타닉호의 침몰과 함께 도래한 새시대의 한복판에서 스스로의 인생을 개척한 끝에 자신의 위상과 존엄을 획득하는 데 성공한 신여성이었다.

〈타이타닉〉을 읽는 또 다른 방향은 타이타닉호의 침몰에 초점을 맞추어 보는 읽기다. 타이타닉호 침몰 사건은 그 자체가 구시대의 몰락과 붕괴를 의미한다. 당시 세계 최강대국이었던 영국이 만들어 낸 거대한 배 타이타닉은 그때까지 인간이 만들어냈던 최대의 구조물이었으며 영국의 위용과 힘을 상징했다. 그러나 타이타닉은 대영 제국의 몰락을 예고라도 하듯 제1차 세계 대전이 발발하기 불과 2년 전인 1912년, 첫 항해 중에 빙산과 충돌하여 처참하게 가라앉고 말았으며, 그로부터 2년 뒤 제 1차 세계 대전으로 영국은 급속한 퇴락의 길을 걷게 된다. 마치 타이타닉의 침몰은 대영 제국의 몰락을 재촉하는 불길한 전조였던 셈이다. 영국이 쇠락한 후 세계의 힘의 축은 신세계인 미국으로 옮겨간다.

캐머런은 타이타닉호에 당시 사회의 위계 질서와 계층 구조를 그대로 옮겨놓고 있다. 상층부 수면 위에는 귀족들과 신사 숙녀들이 머무르는 1등 객실과 화려한 연회장을, 하층부 수면 밑에는 평민들과 온갖 시정잡배들과 노동자, 밀항자들의 영역인 3등 객실과 더러운 기관실을 배치한다. 이 두 공간은 넘나들 수 없는 벽이 가로막고 있다. 바로 이러한 벽은 타이타닉호의 침몰로 인해 파괴된다. 그 재난은 새로운 사회를 건설하기 위한 파괴였던 것이다. 그 재난은 재산도, 계층도 구별 없이 공격하며 어떠한 인위적 차별도 허용하지 않는다. 물론 구출 과정에서 선원들에 의한 차별이 시도되었지만, 그렇게 해서 구출된 승객들은 일부에 지나지 않았으며, 오히려 두 동강이 난 채 허공으로 치켜올려진 배의 난간에 매달렸다가 수장된 수많은 승객들은 부자도 가난한 자도 구별할 수 없었던 것이다. 특히 조감 앵글로 잡아내는 동강난 배의 모습과 필사적으로 매달렸다가 추락하는 사람들의 모습은 사람들이 만들어 놓은 구분과 차별이 얼마나 치졸하고 허망한가를 잘 보여주고 있다.

〈타이타닉〉은 헐리우드 영화다. 전통과 역사가 모자랐으나 이제는 새로운 세계의 맹주가 된 미국의 자긍심을 우리는 이 영화를 통해 확연하게 엿볼 수 있다. 이 영화에서 구시대의 미덕이었던 고상함과 고결함은 도덕적 위선 행위의 다른 이름으로, 구질서는 여성과 평민과 노동자들을 억압하고 지배하는 모습으로 그려지고 있다.

이러한 관점은 로즈의 약혼자 거부 칼과 로즈의 애인인 부랑자 잭과의 대비를 통해 뚜렷이 드러난다. 부유한 상류층 인물 칼은 구시대의 상징이다. 그는 자본의 논리에 의해서만 행동하는 속물이며 위선자다. 이에 반해 최하류층일 뿐만 아니라 빈털터리인데다가, 그것도 영국인이 아닌 비천한 아일랜드인 잭은 섬세한 예술가의 영혼을 가진 화가로서 모든 사회적 구속으로부터 자유로운 방랑자이며, 여성의 자상한 동반자이기도 하다.

잭이 당시에 자유와 기회가 넘쳐나는 꿈의 나라 미국으로 가기 위해 타이타닉호에 승선했다는 것도 미국식 자유 민주주의의 승리를 암시한다. 냉대 받고 내몰렸던 평민들에게 새로운 가능성은 오직 구대륙이 아닌 미국에서만 보장받을 수 있었던 것이다.

상류 사회의 형식적이고 위선적이며 격식에 얽매인 1등 구역의 연회는 3등 칸에서 벌어지는 자유롭고 발랄하며 생기 넘치는 춤과 극명한 대조를 이룬다. 캐머런은 교차 편집을 통해 이 두 장면을 반복적으로 보여준다. 또한 잭과 로즈는 그 생기 넘치는 발랄함에 힘입어 상류층들이 기거하는 1등 객실 위 상 갑판의 가장 높은 곳까지 오른다. 아무 것도 거칠게 없는 자유스런 모습으로 그들은 바다를 내려다보며 그 유명한 비상 장면을 통해 허위와 격식을 마음껏 조롱한다. 타이타닉의 침몰과 함께 사라져 버린 구시대는 이제는 늙어 할머니가 된 로즈라는 한 여자의 추억 속에나 희미하게 간직돼 있을 따름이며, 그 희미한 추억조차도 로즈에 의해 북대서양 한복판에 내던져진 다이아몬드와 함께 영영 찾을 길 없는 과거 속으로 가라앉고 만다.

〈타이타닉〉을 읽는데 신화적 모티프도 도움이 된다. 고대 희랍 신화에서 거대한 몸집을 자랑했던 타이탄족은 태초에 카오스에서 나온 가이아(땅)와 가이아의 아들 우라노스(하늘) 사이에서 태어난 종족이다. 막내인 크로노스는 아버지 우라노스로부터 지배권을 빼앗아 세상을 다스리지만 그 역시 자기 아들인 제우스와 그의 형제들 곧 훗날의 올림포스 신들에게 자리를 찬탈당하여 쫓겨난다. 거대했으나 무력했고, 한 때 위용을 자랑했으나 신세대에 의해 퇴출 당했던 종족이 바로 타이탄족이었다. 타이탄족처럼 거대하고 강력했던 타이타닉호는 그 이름처럼 위풍당당했으나 침몰한 배였다. 또한 그 배를 만든 영국도 타이타닉호의 운명처럼 한 때 세계를 호령했으나 몰락하고 퇴락해 갔던 나라였다. 헐리우드의 신동 캐머런은 이처럼 다양한 의미 층위를 담보해주는 소재를 가장 미국적인 시각에서 가장 미국적인 서사구조를 통해 미국의 승리를 축하하고 자랑하고 있는 감독이다.

해피 투게더(1977)

감독: 왕가위

등장 인물: 보영(장국영), 아휘(양조위), 장(장진)

〈열혈남아〉, 〈아비정전〉, 〈동사서독〉, 〈중경삼림〉, 그리고 〈타락천사〉에 이은 왕가위 감독의 여섯 번째 작품 〈해피 투게더〉가 칸 영화제에서 감독상을 수상했다. 아르헨티나라는 낯선 공간에서 만난 두 홍콩 남자의 특별한 사랑을 흔들리는 영상과 탱고 선율로 포장하고 있다. 왕가위 특유의 허무와 고독을 디지탈 카메라를 도입 화려한 영상을 잡아내고 있다.

영화는 흑백화면으로 시작된다. 연인인 보영(장국영 분)과 아휘(양조위 분)는 함께 아르헨티나에 온 연인(?)이다. 두 사람은 헤어짐과 만남을 반복한다. 언제나 먼저 떠나는 것은 보영이다. 다시 돌아와서 그가 아휘에게 던지는 말은 늘 똑같은 "우리 다시 시작하자"다.

보영과 아휘에게는 한 가지 공통된 꿈이 있다. 홍콩에 돌아가기 전에 보영이 사 온 스탠드 속에 그려진 이구아수 폭포에 함께 가보는 것이다. 그러나 폭포를 찾아 여행을 떠나기도 하지만 도중에 길을 잃어 폭포에는 가보지도 못하고 말다툼 끝에 둘은 헤어지고 만다.

몇 달 뒤. 여행에서 돌아와 카페의 도어맨으로 취직한 아휘 앞에 보영이 다시 나타난다. 보영의 방황에 지쳐버린 아휘는 애써 보영의 접근을 막으려 하지만 어느 날 흠씬 두들겨 맞아 만신창이가 된 보영이 찾아오자 그를 말없이 받아들인다. 결국 또 다시 시작하게 된 것이다. 영화는 이 때부터 현실의 공간으로 돌아와 컬러 화면으로 변한다.

아휘의 정성스런 간호로 보영의 상처는 조금씩 호전되어 가지만 그런 보영을 보는 아휘의 마음은 불안하기만 하다. 병이 다 나으면 다시 보영이 떠나갈 것을 아휘는 알고 있기 때문이다. 예전의 관계로 돌아가고 싶어하는 보영의 유혹을 애써 냉정하게 뿌리치는 아휘. 그러나 보영에게 무심한 척 하면서도 아휘는 매일 퇴근길에 방문을 열면서 그가 떠나버렸을까 두려워하고 잠시만 그가 집을 비어도 보영의 짐이 없어졌나 살펴본다.

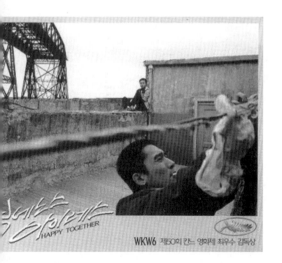

두 사람의 사랑은 계속해서 엇갈리고 함께 있어도 두 사람은 고독하기만 하다. 결국 보영의 상처가 회복되자 그가 떠나는 것이 두려워진 아휘는 보영의 여권을 숨긴다. 하지만 오히려 이 사건으로 인해 보영은 크게 화를 내고 급기야 다시 결별을 선언한다. 보영이 떠나자 아휘는 방황하고 그런 그를 새 직장인 음식점 동료 장(장진 분)은 진심으로 걱정하며 돌봐준다.

장은 떠나고 도살장에 취직한 아휘 앞에 여권을 찾으려는 보영이 다시 나타난다. 계속해서 보영을 피하던 아휘는 도살장에서 받은 퇴직금으로 빚을 청산하고 보영의 여권을 숙소에 놓아둔 채 부에노스아이레스를 떠나기 전에 마지막으로 이구아수 폭포를 찾는다. 아휘가 떠난 것을 뒤늦게 알게 된 보영은 아휘와의 추억이 가득한 낡은 방안에서 아휘의 이불을 끌어안고 흐느끼며 스탠드 속의 폭포를 바라본다. 보영이 폭포를 바라보는 그 때 아휘는 이구아수 폭포 밑에서 보영과의 추억을 장엄한 폭포수에 실어 보내고 홍콩으로 돌아간다.

1997년. 홍콩으로 돌아가기 전에 대만에 들렸던 아휘는 우연히 장의 부모가 하는 포장마차에 갔다가 장의 사진을 발견한다. 언젠가 장을 다시 만날 것을 꿈꾸며 아휘는 장의 사진을 슬쩍 호주머니에 넣으며 포장마차를 나선다. 서로 다른 사랑을 찾아 나선 아휘와 아휘의 진실한 사랑을 뒤늦게 알게 된 보영. 조금은 쓸쓸한 결말이지만 진실한 사랑을 찾았다는 점에서 보면 보영과 아휘는 모두 행복한 셈이다.

왕가위의 몽타주는 에이젠스타인의 그것과 다르다. 흘려 찍은 프레임들이 겹치거나 단절되어 일상적 시간성이나 공간성이 무너진 효과를 내고 있는 그의 몽타주는 공허한 삶, 쥐어지지 않는 사랑과 욕망, 무엇인가 끊임없이 빠져나가는 상실감 등을 포착해내는 데 대단한 효과를 발휘한다.

전통적인 장르영화의 속성인 기승전결의 완결된 형식을 거부하고 열려 있는 플롯과 실험적인 카메라 앵글을 채택함으로써 신선한 충격을 준 왕가위 감독은 〈해피 투게더〉에서도 흑백과 칼라를 넘나드는 복잡한 구조 속에서 작품 곳곳에 특유의 상징적 기호를 끌어 모으고 있다. 정열의 춤 탱고와 장엄한 이구아수 폭포, 조명탑, 여권, 지도 등 작품 내의 많은 기호들은 관객들의 적극적 해석을 통해 그 상징성을 드러내고 있다.

남미의 파리로 불려지는 화려한 부에노스아이레스의 뒷골목 빈민가의 작은 바. 그러나 그곳이 과연 고국을 떠난 이방인들에게 도피처가 될 수 있을까? 흥겨운 탱고 춤과 빈민가 낡은 호텔의 음습한 침실이 교차되는 장국영의 생활에 빛은 무엇인가?

빈민가 낡은 호텔의 침실에서 사랑을 나눌 수밖에 없는 두 남자의 이야기를 담고 있지만, 이 영화는 단순히 게이의 사랑을 소재로 한 영화가 아니다.

〈해피 투게더〉의 사랑은 탈도덕적인, 그러니까 가장 순수한 사랑에 대해 이야기하고 있다. 왕가위는 포괄적이면서도 보편적인, 어떤 의미에선 가장 순수한 사랑이란 인습이나 이데올로기에서 자유로운 사랑이 아닐까 묻고 있으며, 시간과 공간, 성별과 같은 모든 종류의 선택된 편견들을 초월한 두 사람의 감정에 대해 편견의 렌즈를 버릴 것을 제안한다.

흔들리는 고국 홍콩을 떠나 남미의 아르헨티나에 흘러들어 온 그들은 뿌리를 잃어버린 존재들이다. 지구상에서 홍콩의 정반대 위치에 있는 아르헨티나의 부에노스아이레스에서 새로운 사랑을 시작하고자 하지만 결국은 서로를 떠나간다. 이 남미의 낯선 도시는 그들의 안식처가 될 수 없는, 아늑하지만 스쳐 지나가는 불안정한 거처일 수밖에 없다.

이 영화의 압권은 양조위와 장국영의 탱고 장면이다. 이방인인 두 남자의 애잔한 사랑이 습기 젖은 칙칙한 남미의 초여름을 배경으로 웅장한 폭포와 황량하게 뻗은 고속도로가 정열적인 몸놀림의 탱고와 절묘하게 섞여 작품 속에 녹아들어 있다. 애절한 음악이 받쳐 주고 있는 이 장면을 통해 감독은 홍콩에서 온 두 남자가 어떻게 서로 사랑하는 사이가 되는가를 보여주고 있다.

〈해피 투게더〉의 음악은 왕가위의 그 이전 어떤 영화보다도 이미지의 맥락에 잘 들어맞는다 정서적 맥락에 맞는 익숙한 음악을 선호하는 그는 〈중경삼림〉에서 "California Dreaming"을, 이번에는 "Happy Together"다. 왕가위는 영화 전반에 흐르는 탱고 리듬을 통해 연인들의 숙명적인 만남과 헤어짐, 영원한 순간에 대한 갈망에 방점을 찍는다.

〈해피 투게더〉에서의 촬영은 칼라와 흑백의 풍부한 대비로 놀라운 효과를 보았다. 또한 광각 렌즈와 노출 플레이로 얻어진 고속도로 신(아휘가 폭포로 혼자 찾아가는 장면), 아휘가 배 위에서 혼자 엎드려있는 장면의 들고 찍기와 노출 플레이는 압권이다.

장진은 대만 출신의 신예로 이미 왕가위 감독과 두 편의 영화를 계약할 만큼 왕가위가 총애하는 배우다. 1976년 10월 4일 생으로 이 영화가 그의 세 번째 출연작이다. 가수로도 활약했다.

8월의 크리스마스(1998)

감독: 허진호

등장 인물: 정원(한석규), 다림(심은하),

1963년 전주에서 출생한 허진호 감독은 세상을 향한 따뜻한 시선을 가지고 있다. 그의 카메라는 화려한 테크닉을 구사하지 않는다. 하지만 그가 이야기하고자 하는 바, 즉 주제에 접근하는 차분한 설득력은 눈여겨볼 만하다. 〈8월의 크리스마스〉에서 허진호 감독이 보여주는 두 남녀의 애틋한 만남과 헤어짐은 비극적이라기보다는 오히려 다정다감한 쪽에 가깝다. 죽음에 대한 공포나 절망 대신 남아 있는 삶에 대한 애정과 소중함이 세밀하게 그려진다. 또 두 사람의 사랑은 속 전속결로 이루어지지는 않는다. 대신 사랑의 감정이 차곡차곡 쌓여 가는 과정들을 마치 현미경으로 들여다보듯 세밀하게 보여주는데, 그 속에는 결말에 대한 앞선 아쉬움보다는 현재의 감정을 담아 충실하게 보여준다. 감독의 시선은 내러티브보다는 일상의 디테일한 묘사를 통해 더 구체화되는데, 미세한 감정의 변화를 놓치지 않는 섬세한 연출력으로 주제에 대해 차분하고 담담하게 접근하고 있다.

〈8월의 크리스마스〉는 남자 주인공의 죽음을 전제로 시작한다. 하지만 죽음을 앞둔 주인공도, 죽음을 지켜보는 주변 인물도, 슬픔을 겉으로 드러내거나 관객들에게 그 슬픔과 눈물을 강요하지는 않는다. 한석규는 죽음을 앞두고 찾아 온 생의 마지막 사랑을 가슴 아파한다. 시간이 얼마 남지 않은 그는 그 사랑을 받아들이지 않으려 애쓴다. 심은하는 그의 죽음을 모른 채 혼자서 사랑을 키워간다.

서울의 변두리. 정원(한석규)은 작은 사진관을 운영하고 있다. 아버지가 시력이 약해져서 더 이상 일을 못하게 되자 정원이 물려받은 것이다. 이 사진관에는 중학생 꼬마 녀석들이 여학교 단체사진을 가져와 자기가 좋아하는 여학생을 확대해 달라며 아우성을 치기도 하고, 젊은 시절의 사진을 가지고 와 복원해 가는 아주머니의 옛 시절에 대한 향수가, 죽음을 앞둔 할머니가 혼자 찾아와 영정 사진을 찍는 눈물 나는 사연들이 있다. 그의 사진관은 일상의 사소한 기억들이 기록되는 곳이다.

서른 세 살의 노총각 정원은 죽음을 앞두고 있다. 하지만 그 동안 정원은 많은 감정의 변화를 겪었고 이제 겨우 죽음을 담담하게 받아들일 준비가 되었다. 정원에게 얼마 남지 않은 시간은 그렇게 요란하지 않게 흘러간다. 그러던 어느 날 다림이라는 아가씨가 나타난다. 그녀는 정원의 사진관 근처 도로에서 주차 단속을 하는 아가씨다. 매일 비슷한 시간에 사진관 앞을 지나고, 단속한 차량의 사진을 맡기는 다림은 차츰 정원의 일상이 되어간다.

스무 살 초반의 다림은 당돌하고 생기가 넘친다. 다림은 잘못 찍어 초점이 맞지 않는 사진을 놓고 정원의 잘못이라 우기기도 하고, 한낮의 땡볕을 피해 사진관으로 피해 들어와 여름이 싫다고 투덜거리기도 한다. 정원은 죽어 가는 자신과는 달리 이제 막 삶을 시작하는 다림에게서 초여름 과일의 풋풋함을 느낀다.

다림은 정원에게 끌린다. 그녀가 정원에게 끌리는 이유는 그가 주는 편안함 때문이다. 필름을 넣어달라며 당돌하게 요구해도 군소리 없이 빙그레 웃으며 넣어주고, 주차 단속 중에 있었던 불쾌한 일들을 불평해도 그저 다 들어준다. 그녀는 정원의 가슴에 잔잔한 파문을 일으킨다. 정원은 새로운 사람을 만나 새로운 일을 시작하기에는 자신에게 남은 시간이 그리 많지 않음을 잘 알고 있다. 하지만 정원은 다림이 사진관에 오는 시간을 기다리게 된다.

정원은 갑자기 상태가 악화되어 병원에 실려간다. 정원은 다림을 보는게 두렵다. 살고 싶어지는 게 어떤 건지 알기 때문이다. 정원의 상태를 모르는 다림은 문 닫힌 사진관 앞을 몇 번이고 서성인다. 기다리다 못한 다림은 편지를 써서 사진관의 닫힌 문틈에 억지로 우겨 넣는다. 집으로 다시 돌아온 정원은 다림의 편지와 언젠가 찍어 주었던 다림의 사진을 보면서 눈물을 떨군다.

다림은 더 이상 사진관에 나타나지 않는다. 정원은 주차 단속원들에게 물어 근무지를 옮긴 다림을 만나러 간다. 하지만 까페에 앉아 분주하게 움직이는 다림의 동선을 손가락으로 그리며 지켜보기만 하다 돌아온다. 크리스마스를 며칠 앞두고 정원은 자신의 영정사진을 찍는다. 며칠 후, 정원은 다시 병원으로 돌아간다.

312

크리스마스 이브. 다림이 사진관을 찾아온다. 사진관은 출장중이라는 팻말과 함께 문이 닫혀있다. 사진관 안을 가만히 들여다보던 다림의 시선이 한곳에 머무는데, 놀라움이 조금씩 얼굴에 드러나기 시작한다. 돌아서 양손에 입김을 불어넣는 다림의 얼굴에 함박웃음이 가득하다. 미소를 머금은 채 떠나는 다림의 뒤로 사진관의 진열장엔 세상에서 가장 밝은 웃음을 짓고 있는 그녀의 사진이 액자에 넣어져 걸려 있다. 그 위로 크리스마스 캐롤이 울린다.

그들의 사랑은 거리두기의 사랑이다. 두 사람은 서로에게 사랑을 고백하지 않는다. 영화가 끝날 때까지 그들은 사랑한다는 말을 한 번도 하지 않는다. 이 영화는 관객의 감정을 자극하지 않는다.

신진 감독 허진호의 의도를 능숙하게 담아 낸 촬영 감독 유영길의 장인 정신은 이 영화를 한층 돋보이게 한다. 정원과 다림의 사랑이 그렇듯이 촬영 감독 유영길은 될 수 있으면 카메라를 피사체에 가까이 들이대지 않는다. 다소 먼 롱 샷으로 한적한 소도시의 변두리에 위치한 사진관(군산의 월명동의 한 주차장에 실제로 설치한 세트)을 잡아주고 있으며, 앵글 역시 주로 눈높이 앵글을 이용하여 두 사람을 화면 속에 담아준다. 또한 정원이 지쳐 집에서 쉬고 있는 장면 등은 오스 야스지로가 즐겨 사용한 다다미 앵글을 통해 서두르지 않고 차분하게 담아낸다. 커트가 비교적 적고 카메라가 고정된 채 롱 테이크로 두 사람의 대화를 담아내는 감독의 의도는 연기자들의 농익은 메소드 연기와 만나 등장 인물들의 내면의 섬세한 감정의 떨림까지도 잡아내고 있다. 그리고 유영길의 카메라는 정원이 점점 죽음에 가까워 감에 따라 조금씩 가까이 잡아주고 있다. 동시에 간결하고 섬세한 이미지를 전달하기 위해 과장되지 않은 색채로 수채화 같은 화면을 만들어 낸 김동호 조명감독의 노력도 평가되어야 할 것이다.

〈8월의 크리스마스〉는 두 남녀의 투명한 사랑이야기다. 사랑에 관한 짧은 크리스마스 카드 같은 이야기다. 그래서 군더더기가 없다.

셰익스피어 인 러브(Shakespeare in Love, 1998)

감독: 존 매든

등장 인물: 조셉 파인즈(윌리엄 셰익스피어), 기네스 펠트로우(바이올라 들렙스),
벤 애플렉(네드 앨린), 주디 덴치(엘리자베스 여왕)

영국의 극자가 탐 스토파드는 상상력이 돋보이는 극작가로 꼽힌다. 그는 벌써 20여년 전에 이미 셰익스피어의 『햄릿』의 틈새를 비집고 『로젠크랜츠와 길든스턴은 죽었다』라는 극을 발표함으로써 주목을 받았던 극작가다. 진리란 결국 진실하다고 믿게 될 때 드러난다는 주장을 통해 상상력의 힘을 신뢰했던 그가 다시 〈셰익스피어 인 러브〉를 내놓았으며, 영국의 감독 존 매든은 이를 영화 속에 담아냈다.

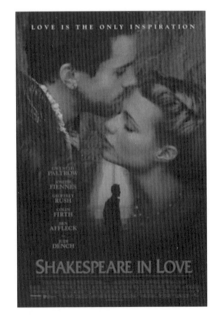

셰익스피어의 삶 속으로 관객을 끌어들여 극작가나 연출가의 실제 삶이 어떤 방식으로 그들이 창조하는 글과 연극에 영향을 미치는가에 대해 고도의 상상력을 동원한 이 작품을 보고 있노라면 상상과 현실의 경계선이 기실 가능하게 그어질 수 없다는 인식에 빠지게 된다. 관객들은 그들이 이미 익숙하게 알고 있는 연극 속의

주옥같은 대사들이 현실 속의 삶의 양상과 절묘하게 맞물려 돌아가는 상황에 탄복하지 않을 수 없게 된다. 재치와 기지로 가득 채워진 대본은 셰익스피어가 실제로 활동했던 시대의 유머와 총명한 대사로 넘쳐있으며, 당대의 배우들, 제작자들, 작가들을 골고루 만날 수 있는 즐거움도 선사한다.

1593년 한창 촉망받는 신인 작가였던 젊은 청년 윌리엄 셰익스피어(조셉 파인즈)는 자신에게로 쏠리는 기대와 찬사가 버거워 단 한 줄의 글도 쓰지 못하는 슬럼프에 빠진다. 극장주인 필립 헨스로우(제프리 러쉬)와 제작자 휴 패니맨(톰 윌킨슨)의 압력조차도 그의 창작의 열기에 불을 지필 수 없었다.고민과 방황 끝에 점술가를 찾아가 '사랑만이 당신의 천재성을 되살려 줄 것이다'라는 해결책을 듣고 온다. 어느 날 셰익스피어는 한 눈에 사랑을 느끼게 되는 여인을 만난다. 귀족 가문의 딸 바이올라(기네스 펠트로우)를 본 순간 그는 단번에 열정의 사랑에 빠진다. 바이올라도 같은 감정을 갖게 되지만 그녀는 엘리자베스 여왕(주디 덴치)의 허락 하에 몰락한 귀족 웨섹스경(콜린 훠스)와 결혼을 하기로 되어있다.

연극을 사랑하고 연극배우가 되기를 갈망하던 바이올라는 켄트라는 이름으로 남장을 한 채 로미오의 역을 오디션 받는다. 연극 오디션에서 뛰어난 재능을 보인 소년에게 호기심을 갖게 된 셰익스피어는 그를 뒤쫓다가 그 소년이 바로 자신이 사랑했던 바이올라임을 알게 된다. 셰익스피어는 그녀를 사랑하게 되고, 그녀를 향한 사랑이 자극제가 되어 『로미오와 줄리엣』을 쓰기 시작한다. 런던의 길거리를 걸으면서도 그의 귀로 들어오는 각종의 일상적인 대화를 영리하게 기억하여 연극의 대사로 사용하는가 하면 애정의 대상인 바이올라가 자신이 창작하는 이야기의 절대적인 원동력이 되어감을 깨닫는다. 현실이 허구를 이끌어가는 것이다.

사랑에 불탄 셰익스피어는 연극무대를 준비하면서 배우의 꿈을 갖고 있는 바이올라와 깊은 사랑을 나누고, 바이올라는 여자는 연극 무대에 올라갈 수 없다는 법규 때문에 몰래 남장을 하고 로미오 역할을 맡게 된다. 셰익스피어는 사랑하면서도 어쩔 수 없이 헤어져야 하는 그들의 운명에 괴로워하고 그의 괴로움은 고스란히 연극 속에 투영된다. 그는 코미디를 원했던 당시 관객들의 기대와는 달리 가장 비극적인 사랑의 이야기를 완성해 나간다.

그러나 남장을 한 켄트가 여자라는 사실이 폭로되면서 극장이 폐쇄되고, 연극 공연은 위기를 맞는다. 그리고 무대에 설 수 없게 된 바이올라는 결혼식에 참석하지만 연극에 대한 열정과 사랑하는 사람을 찾아 극장으로 향하고 그곳에서 줄리엣 역을 맡기로 한 남자 배우가 변성기 때문에 출연할 수 없다는 소식을 듣는다. 이미 로미오 역을 맡아 연습 과정에 참여함으로써 극을 속속들이 알고 있었던 그녀는 여장 남자가 아닌 실제 여자 신분으로 줄리엣 역할을 하기 위해 무대 위에 등장하고 로미오 역을 맡은 셰익스피어와 무대 위에서 만나는데….

원작자의 기발한 상상력은 바로 이 부분부터 더욱 돋보인다. 현실 속에서의 사랑이 연극 속에 고스란히 담겨짐으로써 현실과 예술의 경계선이 무너지는 상황은 연극 공연에서 실제 여성인 바이올라가 줄리엣 역할을 맡음으로써 허구가 아닌 진실로 바뀐다. 셰익스피어와 바이올라의 무대 위 연기는 연기가 아니라 실제 사랑의 행위며, 관객들은 허구적 연극을 지켜보는 동시에 실제 연인들의 사랑의 행위를 동시에 엿보게 된다. 관객들이 연기라고 믿었던 무대 위의 행위들은 그들에겐 실제 행위였던 것이다. 관객들이 감동하는 것은 당연한 일. 무대 위에서 그들이 보여주었던 연기(혹은 실제 사랑)는 현실에서 그들이 피해갈 수 없는 운명적 사랑이었다. 그리고 셰익스피어의 곁을 떠나 웨섹스 경과 함께 해외로 떠나게 되는 바이올라는 셰익스피어의 다음 작품 『십이야』에 다시 등장하게 될 것이라는 암시와 함께 영화는 끝난다. 현실이 다시 연극 속으로 끼여들게 되는 것이다.

〈셰익스피어 인 러브〉를 보는 즐거움 또 하나. 헐리우드 연기자들에게 익숙한 우리들에게 여러 나라의 연극계와 영화계 재능꾼들을 만날 수 있다는 풍족함을 들 수 있다. 네드 역의 밴 애플렉을 비롯하여, 제프리 러쉬(필립 핸슬로우), 스티브 오도넬(램버트), 마틴 클룬즈(리차드 버비지) 등을 만날 수 있다. 그리고 즐거움 둘. 잘 훈련된 배우들의 영국식 발음도 귀담아 들어보면 즐거움이다.

1999년 아카데미 작품상, 여우주연상, 여우조연상, 각본상, 작곡상, 미술상, 의상상을 수상했으며, 같은 해 골든 글로브 최우수 작품상(뮤지컬/코미디 부문), 여우주연상, 최우수 각본상을 수상함으로써 1998년에 제작된 최고의 영화로 평가받았다.

인정 사정 볼 것 없다(1999)

감독: 이 명세

등장 인물: 우형사(박중훈), 장성민(안성기), 김형사(장동건), 김주연(최지우)

예기치 않은 소나기가 몰아치는 도심 한복판에서 잔인한 살인사건이 일어난다. 마약 거래를 둘러싼 조직의 암투가 개입했다는 단서를 잡은 서부경찰서 강력반에 비상이 걸린다. 베테랑 형사 우형사(박중훈)와 파트너 김형사(장동건) 등 서부서 7인은 잠복 근무 도중 사건에 가담한 짱구(박상면)와 영배(안재모)를 검거, 사건의 주범이 장성민(안성기)이라는 사실을 알아내지만 이 신출

귀몰한 범인은 좀처럼 잡히지 않는다. 마침내 형사들은 장성민의 여자 김주연 (최지우)의 집을 무단으로 습격하고 포위망을 좁혀나간다. 그리고 변장술의 대가인 도망자와 끈질긴 추적자의 목숨을 건 승부는 안개 속의 미로, 달리는 기차, 비오는 폐광을 배경으로 숨가쁘게 전개된다.

〈개그맨〉으로 데뷔하여 〈남자는 괴로워〉, 〈나의 사랑 나의 신부〉, 〈첫사랑〉 등과 같은 여성 영화들을 발표해 온 이 명세 감독은 〈인정 사정 볼 것 없다〉라는 다소 촌스런 제목의 영화를 발표하여 일약 1999년 흥행 감독으로 부각된다. 감독 자신이 반복적으로 밝히고 있듯이 이 영화는 그 주제나 장르가 한 마디로 요약될 수 없는 영화인 듯하다. 범인을 뒤쫓는 형사의 이야기를 축으로 도시의 어두운 분위기를 담고 있는 느와르 풍이면서, 적당히 희극적 장면들을 섞어가면서, 동적인 격투 장면이 많은 액션 영화라고 볼 수 있다.

이 명세 감독의 강점은 장면 하나 하나를 치밀하고 꼼꼼하게, 그리고 다분히 양식적으로 카메라에 담고 있다는 점일 것이다. 이 영화는 폭파와 총격전이 주조를 이루거나 행위 그 자체의 완결이 강조되는 기존의 소위 내러티브적 액션을 취하지 않는다. 그러니까 외부적으로 진행되는 이야기로 액션보다 오히려 정지된 상태나 훨씬 느린 동작에서 액션의 섬세함이 돋보이도록 함으로써 이명세 특유의 액션 미학을 선보인다. 동적인 리듬감에서 정적인 표현들을 끌어냄으로써 액션의 새로운 표현을 이루었다는 평을 받고 있듯이 한국의 기존 액션 영화들이 보여주었던 거칠고 다소 조잡한 액션 장면들과 달리 감독 특유의 섬세하고 서정적 장면들이 액션 장면들을 감싸안음으로써 액션 장면들을 아름답게까지

비치게 하는 놀라운 효과를 발휘한다. 그가 이 영화의 많은 부분을 차지하는 액션 장면들을 단색처리나 속도 조절을 통해 무협 영화의 장면들처럼 전달함으로써 관객들이 등장 인물들의 섬세한 동작까지도 엿볼 수 있도록 하는 의도도 바로 액션에 대한 그의 독특한 시각 때문이다. 그래서 관객들은 격투 장면을 아름다운 카드 그림을 보듯이 감상하는 것이다.

감독은 서사틀보다 액션 안무와 배경 이미지 전달에 천착함으로써 영화는 신세대들의 구미에 맞는 잘 찍은 CF의 연속처럼 비치고 있다. 특히 총 15분 분량의 실제 촬영한 필름에 컴퓨터 그래픽 덧씌우기 작업은 인물의 땀을 과장하기도 하며, 눈, 비, 안개 장면조차 현실에서의 그것과는 상관없이 한 폭의 그림 엽서 같은 착각을 불러일으키기도 한다. 이 영화는 거의 동시에 개봉된 〈유령〉과 더불어 한국 영화의 시각효과 부문에서 새로운 지평을 열었다는 평을 받을만하다.

이명세 감독이 감각파 감독으로 불리는 이유는 독특한 카메라 앵글과 재치 있는 편집 때문이다. 동시에 여러 곳에서 벌어지는 추격장면을 몽타주할 때 만화영화처럼 자동차 와이퍼 방식으로 그림을 지우며 전환하는 방식을 취하기도 하고, 과장된 격투를 재미있게 묘사하기 위해 탱고 음악을 삽입하거나 커튼 뒤의 그림자 액션으로 처리하기도 한다.

감독의 박중훈과 안성기의 기용은 관객의 허를 찌르는 의외의 요소가 있다. 그리고 그 기용은 비교적 성공적이었다고 볼 수 있다. 주로 뒷골목 밑바닥 인생이나 코믹한 배역을 주로 연기해온 박중훈이 형사를, 선량하고 부드러운 지식인 역할을 도맡아온 안성기가 뜻밖에도 범인으로 출연함으로써 그들로서는 캐릭터를 확장할 수 있는 기회를, 관객들에게는 뒤집은 캐스팅이 매력을 느끼게 했다. 화면 속에서 거의 대사가 없는 안성기는 오히려 그 묵묵함과 레옹식의 짧은 머리, 그리고 강렬한 눈빛으로 냉혹한 킬러 역을 훌륭히 소화해내고 있다. 굳이 흠을 잡자면 형사들의 추적을 교묘하게 따돌리는 장성민치고는 활극 부분에서 날렵함과 장쾌함이 다소 못 미친다는 점이다. 안성기에 비해 박중훈의 변신은 다소 처지는 감이 있다. 물론 그도 〈게임의 법칙〉 이후 오랜만에 진지한 성격파 연기를 펼침으로써 다소 경박하고 희화화된 이전의 모습에서 벗어나고는 있다. 장동건 역시 주연 아닌 조연에 충실하게 임했다. 그리고 최지우를 제외한다면 대부분의 연기자들이 현장감을 충실히 반영하는 연기를 하고 있다는 점도 이 영화를 돋보이게 하는 장점으로 꼽을 수 있겠다. 조성우가 선곡한 Bee Gees의 "Holiday"도 영화보는 즐거움을 더하고 있다.

영화 용어 추려 보기

가사 노래(Diegetic song)
뮤지컬에서 등장 인물이 실제 자신이 노래를 부르고 있음을 알고 부르는 노래

관습(Convention)
인위적인 것도 사실로 인정하는 예술가와 관객 사이의 약속으로 영화에서의 편집을 관객들이 그대로 수용하는 것도 일종의 관습이다.

교차 편집(Cross-cutting)
서로 다른 장소에서 동시에 일어나는 사건을 교대로 보여주는 편집

구축 샷(Establishing shot)
관객에게 다음에 전개될 장면의 의미 맥락을 제시하기 위한 샷으로서 일반적으로 한 장면의 도입부에 제시되는 익스트림 롱 샷이나 롱 샷으로 찍는다.

극소주의(Minimalism)
엄격한 절제를 특징으로 삼고 있어 모든 영화적 요소를 축소하는 입장

내재음향(Diegetic sound)
극중 세계 내에 존재하는 음원에서 비롯되는 음향. 화면 속의 인물들도 그 음향을 들을 수 있다.

누벨 바그. 뉴 웨이브(Nouvelle vague, New wave)
1950년대 후반기에 활동했던 프랑스 젊은 영화 감독 집단으로서 장 뤽 고다르, 프랑스와 트뤼포, 끌로드 샤브롤, 알랭 레네 등이 있다.

더빙(Dubbing) 화면 촬영 후 후시 녹음

도상성(Iconography)
시각적 유사성을 기준으로 기호를 채택하는 것으로서 배우의 캐스팅, 이미 정형화되어 있는 관습, 조명, 무대, 의상, 소품 등에서 뚜렷이 드러난다.

독립 영화(Independent cinema)
1950년대 중반 이후 미국에서 시각된 전위 영화. 비서술적인 단편 영화와 비상업성 영화가 특징

디제시스(Diegesis) 서사영화에서 스토리 내부.

디졸브(Dissolve)
한 화면의 영상이 시시히 나타나는 동인 다른 화면의 영상이 사라지는 방식

닫힌 형식(Closed form)
정교한 조화를 이룬 영화 형식으로서 영화 해석에 필요한 모든 시각적 정보가 화면 속에 담겨 있다. 표현주의 계열의 영화가 주류를 이룬다.

딥포커스(deep focus)
장면의 전경과 배경의 영상의 모두 선명하게 드러나도록 촬영하는 방식. 전심 초점.

마스크(Mask)
화면의 일부를 차단하고 화면 일부를 특정한 색채로 남기기 위해 카메라 앞에 장치하는 가리개. 일반적으로 검게 화면에 나온다.

매트 샷(Matte shot)
공룡과 사람을 한 화면에 담는 식의 특수 효과를 위해 서로 다른 별개의 장면을 하나로 결합한 샷

맥거핀(MacGuffin)
알프레드 히치콕 영화에서 유래한 용어. 줄거리를 풀어나가는 데 이용되는 플롯

의 한 장치를 가리킨다. 줄거리에 아무런 영향도 주지 않지만 그 과정에서 관객들을 혼란과 서스펜스로 몰아넣는 장치가 바로 맥거핀이다.

메소드 연기(Method Acting)

미리 주문된 연기가 아니라 체험에서 자연스럽게 우러나오는 연기를 말한다. 스타니슬라브스키식 연기방법론에 기초한 연기로서 이 연기법의 요체는 연기자가 극중 드라마 배역에 자신의 모든 것을 몰입시켜 그 배역과 일치하는 모습을 보여주어야 한다. 이 경우 배우 개인은 극중인물이 갖고 있는 내면세계와의 공통점 찾기를 통해 이루어진다. 메소드 연기는 1960년대 프랑스 누벨바그 즉흥연기론에도 영향을 준다.

명조광(High-key lighting)

화면의 밝은 부분과 어두운 부분의 명암 차이가 없도록 하는 조명으로서 보조광을 이용해 그림자를 없앤다.

모티프(Motif)

특정한 의미를 지닌 채 반복되는 영화의 요소

미국식 화면

마치 연극 무대처럼 롱 샷이나 풀 샷을 통해 인물 전체를 보여주거나 미디엄 샷으로 무릎 위 부분까지만 보여주는 화면

붐(Boom)

연기자의 머리 위에 매단 마이크로 촬영 화면에 나타나지 않으면서 연기자의 움직임에 따라 조정되기 때문에 연기의 흐름을 제한하지 않는 이점이 있다.

사이버펑크 영화(Cyberpunk Movie)

사이버펑크란 인공적인 신경조직을 뜻하는 '사이버네틱스'와 기존 사회에 반항하는 말썽꾸러기를 뜻하는 '펑크'가 합쳐진 말이다. 펑크란 젊고 일반적으로 대인관계에 능숙하지 못하며 기성의 가치체계나 사회적 고정관념에 반항적인 젊은이를 뜻한다. 사이버펑크 영화란 컴퓨터가 개인의 신경조직이나 다름없게 되어 버린 시대의 문화현상을 담고 있는 영화를 의미한다. 영화 속 주인공들은 사이버스페이스 속에서 가상현실을 경험한다. 가상현실이 제공하는 리얼리티는 갈수록 실제 현실에

접근한다. 〈토탈리콜〉, 〈로보캅〉, 〈터미네이터〉 같은 영화에 등장하는 사이버펑크 족들을 참고하라.

삼점 조명(Three-point lighting)
피사체의 입체감을 주기 위해 사용되는 주광과 보조광, 그리고 역광 조명

샷(shot)
첫째, 촬영시 카메라가 중단되지 않고 연속하여 찍은 필름의 길이로서 "테이크"와 같은 의미로서 하나의 화면을 잡는 데 보통 여러개의 테이크를 확보한 다음 그 중 하나를 선정한다. 둘째, 완성된 영화에서는 커트되지 않은 하나의 화면 단위. 샷은 피사체와 카메라의 거리, 각도, 사용 기자재에 따라 구분된다.

서사구조(Narrative structure)
영화의 각 부분들이 인과율에 의해 발생되는 일련의 사건들로 채워진 영화적 구성

서술 노래(Non-diegetic song)
분위기를 고조시키기 위해 삽입되는 노래로서 극의 흐름 속에 삽입된다.

선형성(Linearity)
서사의 흐름이 인과율과 동기 부여가 명료하게 연결되어 진행되는 것.

스타 시스템(Star system)
영화에 대한 대중들의 호흥도를 높이기 위해 특정 연기자를 집중적으로 부각시키는 제도로서 미국 영화는 주로 스타 시스템에 의존하고 있다.

슬로우 모션(Slow motion)
1 초당 24프레임 이상으로 촬영하여 실제 상영시 느리게 움직이도록 한 방법. 현실성을 극복하고 양식화를 노릴 수 있다.

시선 일치(Eyeline match)
행동축선의 규약에 따라 화면 속의 커트들이 인물의 시선이 향하는 방향으로 편집되어야 한다는 원리.

시점 샷(point-of-view shot)

극중 인물의 시점 위치에서 촬영하여 그 인물이 보고 있는 피사체를 잡아주는 것. 먼저 그 인물이 바라보는 모습을 찍고 이어 그 인물이 바라보고 있는 피사체를 찍는다.

시퀀스(Sequence)

한 편의 영화를 나누었을 때의 가장 큰 단위로서 하나의 사건 행위의 완벽한 형태를 갖춘다.

시퀀스 샷/ 쁠랑 세캉스(Sequence shot / Plan-sequence)

주로 복잡한 동작선 및 카메라 움직임을 장시간 촬영을 통해 길게 포착하는 샷.

신사실주의(Neorealism)

1940년대 중반부터 50년대 중반까지의 이탈리아 영화 운동으로서 강한 사실성을 중시했다. 기록 영화적 특성, 느슨한 구조, 평이한 인물과 그들의 삶, 비전문가 배우 기용, 빈곤과 사회 문제 소재 등이 특징.

신(Scene)

영화를 구성하는 단위 중의 하나로서 동일장소, 동일시간 내에서 이루어지는 일련의 액션이나 대사, 일반적으로 샷과 시퀀스의 중간 길이에 해당하며 통계적으로는 영화 한 작품(90분)의 경우 약 120개 내외의 신으로 이루어져 있다.

아이리스(Iris)

한 신을 마감하거나 특정 세부를 강조하기 위해 닫히는 회전 이동 마스크(아이리스 아웃).

암조광(Low-key lighting)

어두운 그림자를 주기 위해 보조광을 사용하지 않는 조명으로 밝은 부분과 어두운 부분 사이에 강한 명암대비를 주는 조명.

연속편집(Continuity editing)

지속적이고 명확한 서사 체계를 유지하는 편집.

열린 형식(Open form)
사실주의 계열의 감독들이 주로 사용한 방식으로 자연스럽고 형식에 구애받지 않는 구도과 우연성에 의한 화면 포착을 중시. 삶의 한 단면을 주로 제시.

와이프(Wipe) 한 영상을 다른 영상이 밀어내면서 나타나는 편집

외재 음향(Non-diegetic sound)
서사 구조의 공간 외부에 있는 음원으로부터 제시되는 음향. 등장 인물들은 듣지 못한다. 분위기를 위한 음향.

장르(Genre) 특정한 서사적 관습으로 묶여지는 영화 유형

장면(Scene)
일성한 시간과 공산 속에서 발생하는 사선들이 분설들도 구성된 난위로 통일성을 기본으로 구축된다. 시퀀스와 동일하게 통용되기도 한다.

장시간 촬영(Long take) 장면 지속 시간이 긴 촬영

점프 커트(Jump cut)
배경은 변하지 않았는데 인물이 변하거나 인물은 그대로인데 배경이 변하도록 하는 방식

정사-역사(shot-reverse shot)
대화 장면에서 두 인물을 교차하여 화면을 연결시키는 촬영. 180도의 행동축선을 넘지 않는 상태에서 한 인물이 먼저 오른쪽에 보였다면 다음 샷에서는 상대 인물이 왼쪽으로 보인다. 어깨 너머 샷(over-the shoulder shot)으로도 촬영된다.

컷(Cut)
첫째, 영화제작시 두 조각의 필름을 접합하는 것. 둘째, 완성된 영화에서는 한 화면에서 다른 화면으로 이어지는 장면 전환

테이크(Take)
중단되지 않는 한 번의 카메라 작동에 의해 촬영된 화면. 완성된 영화의 화면은

여러 번 촬영한 다수의 테이크 중에서 선택된다.

팬, 파노라마(Pan, Panorama)
카메라의 좌우 움직임으로 공간을 수평으로 가로지르는 화면

표준 비율(Academy ratio)
미국 영화 아카데미에서 제정한 영화 프레임의 표준 형태. 원래는 1.33 : 1이었으나 현재는 1.85 : 1이다.

필름 느와르(Film Noir)
보통 어두운 조명과 음울한 분위기의 탐정 영화나 추리 영화. 어두운 영화. 배타적인 도시 풍경을 배경으로 좁은 샛길, 터널, 엘리베이터, 지하철 등의 함정들이 자주 등장하며, 어두움과 빛의 섬광이 자주 교차되는 화면이 특징이다. 등장 인물들도 좁은 공간에 갇혀 있는 인상을 주며, 거친 조명의 대조와 폭력적인 장면들이 반복된다. 폭력과 욕정, 절망, 배반 등이 주제가 된다.

행동축선(axis of action)
대상들 간의 일관성 있는 공간 관계를 유지하기 위해 주요 연기자들 사이를 연결하는 가상선으로 카메라가 화면의 좌우에 있는 대상으로부터 180도 이내에서만 찍도록 한 연속 편집의 규칙의 근거가 된다.

홍콩 느와르
홍콩 느와르는 염세적이며 비관적인 세계관, 어두운 화면이라는 필름느와르적 특징에 휘황찬란한 총격전, 화려한 영화적 기교가 결합된 홍콩영화. 동양적인 정서와 서구적인 감수성이 혼재된 인물을 주인공으로 유교적 세계관과 냉혹한 자본의 논리가 공존하는 공간에서 이야기가 전개되는 것이 특징이다.

후면조명(Backlighting)
카메라의 반대편에서 피사체를 비추는 조명.

미국 영화 연구소 선정
100편의 위대한 헐리우드 영화들

1. 〈시민 케인〉(Citizen Cane, 1941) 오손 웰스 감독
2. 〈카사블랑카〉(Casablanca, 1942) 마이클 커티스 감독
3. 〈대부〉(The Godfather, 1972) 프란시스 포드 코폴라 감독
4. 〈바람과 함께 사라지다〉(Gone with the Wind, 1939) 빅터 플레밍 감독
5. 〈아라비아의 로렌스〉(Lawrence of Arabia, 1962) 데이비드 린 감독
6. 〈오즈의 마법사〉(The Wizard of OZ, 1939) 빅터 플레밍 감독
7. 〈졸업〉(The Graduate, 1967) 마이크 니콜즈 감독
8. 〈워터프론트〉(On the Waterfront, 1954) 엘리아 카잔 감독
9. 〈쉰들러 리스트〉(Schindler's List, 1993) 스티븐 스필버그 감독
10. 〈사랑은 비를 타고〉(Singin' in the Rain, 1952) 스탠리 도넨 감독
11. 〈멋진 인생〉(It's a Wonderful Life, 1946) 프랭크 카프라 감독
12. 〈선셋 대로〉(Sunset Boulevard, 1950) 빌리 와일러 감독
13. 〈콰이강의 다리〉(The Bridge of the River Kwai, 1957) 데이비드 린 감독
14. 〈뜨거운 것이 좋아〉(Some Like It Hot, 1959) 빌리 와일러 감독
15. 〈스타워즈〉(Star Wars, 1977) 조지 루카스 감독
16. 〈이브의 모든 것〉(All about Eve, 1950) 조셉 맨키비츠 감독
17. 〈아프리카의 여왕〉(The African Queen, 1951) 존 휴스톤 감독
18. 〈사이코〉(Psycho, 1960) 알프레드 히치콕 감독
19. 〈차이나타운〉(Chinatown, 1974) 로만 폴란스키 김독
20. 〈뻐꾸기 둥지 위로 날아간 사람〉(One Flew Over the Cuckoo's Nest, 1975) 밀로스 포먼 감독
21. 〈분노의 포도〉(The Grape of Wrath, 1940) 존 포드 감독
22. 〈2001년 우주의 오디세이〉(2001: A Space Odyssey) 스탠리 큐브릭 감독

23. 〈몰타의 매〉(The Maltese Falcon, 1941) 존 휴스톤 감독

24. 〈성난 황소〉(Raging Bull, 1980) 마틴 스콜세스 감독

25. 〈E.T.〉(E. T. The Extra-terrestrial, 1982) 스티븐 스필버그 감독

26. 〈닥터 스트레인지러브〉(Dr. Strangelove, 1964) 스탠리 큐브릭 감독

27. 〈우리에게 내일은 없다〉(Bonnie and Clyde, 1967) 아서 펜 감독

28. 〈지옥의 묵시록〉(Apocalypse Now, 1979) 프란시스 코폴라 감독

29. 〈스미스씨 워싱턴에 가다〉(Mr. Smith Goes to Washington, 1939) 프랭크 카프라

30. 〈시에라 마드레의 보물〉(Treasure of the Sierra Madre, 1948) 존 휴스톤 감독

31. 〈애니 홀〉(Annie Hall, 1977) 마틴 스콜세스 감독

32. 〈대부 속편〉(The Godfather II, 1974) 프란시스 코폴라 감독

33. 〈하이 눈〉(High Noon, 1952) 프랭크 진네먼 감독

34. 〈앵무새 죽이기〉(To Kill a Mockingbird, 1962) 로버트 뮬리건 감독

35. 〈어느 날 밤에 생긴 일〉(It Happened One Night, 1934) 프랭크 카프라 감독

36. 〈미드나잇 카우보이〉(Midnight Cowboy, 1969) 존 슐레진저 감독

37. 〈우리 생애 최고의 해〉(The Best Years of Our lives, 1946) 빌리 와일러 감독

38. 〈이중 면책〉(Double Indemnity, 1944) 빌리 와일러 감독

39. 〈닥터 지바고〉(Dr. Zhivago, 1965) 데이비드 린 감독

40. 〈북북서로 진로를 돌려라〉(North by Northwest, 1959) 알프레드 히치콕 감독

41. 〈웨스트 사이드 스토리〉(West Side Story, 1961) 로버트 와이즈, 제롬 로빈슨 감독

42. 〈뒤 창〉(Rear Window, 1954) 알프레드 히치콕 감독

43. 〈킹콩〉(King Kong, 1933) 에르네스트 슈메드 섹, 메리언 쿠퍼 감독

44. 〈국가의 탄생〉(The Birth of Nation, 1915) 데이비드 그리피스 감독

45. 〈욕망이란 이름의 전차〉(A Streetcar Named Desire, 1951) 엘리아 카잔 감독

46. 〈기계적 인간〉(A Clockwise Orange, 1971) 스탠리 큐브릭 감독

47. 〈택시 드라이버〉(Taxi Driver, 1971) 마틴 스콜세스 감독

48. 〈조스〉(Jaws, 1975) 스티븐 스필버그 감독

49. 〈백설공주와 일곱 난쟁이〉(Snow White and the Seven Dwarfs, 1937) 데이비드 핸드 감독

50. 〈내일을 향해 쏴라〉(Butch Cassidy and The Sundance Kid, 1969) 조지 로이힐 감독

51. 〈필라델피아 이야기〉(The Philadelphia Story, 1940) 조지 쿠커 감독

52. 〈지상에서 영원으로〉(From Here to Eternity, 1953) 프레드 진네먼 감독

53. 〈아마데우스〉(Amadeus, 1994) 밀리스 포먼 감독

54. 〈서부전선 이상 없다〉(All Quiet on the Western Front, 1930) 루이스 마일스톤 감독

55. 〈사운드 오브 뮤직〉(The Sound of Music, 1965) 로버트 와이즈 감독

56. 〈매쉬〉(MASH, 1970) 로버트 알트만 감독

57. 〈제 3의 사나이〉(The Third Man, 1949) 캐롤 리드 감독

58. 〈환타지아〉(Fantasia, 1940) 벤 샤프스틴 감독

59. 〈이유 없는 반항〉(Revel without a Cause, 1955) 니콜라스 케이 감독

60. 〈레이더스〉(Raiders of the Lost Ark, 1981) 스티븐 스필버그 감독

61. 〈현기증〉(Vertigo, 1958) 알프레드 히치콕 감독

62. 〈투씨〉(Tootsie, 1982) 시드니 폴락 감독

63. 〈역마차〉(Stagecoach, 1939) 존 포드 감독

64. 〈클로스 인카운터〉(Close Encounter of the Third Kind, 1977) 스티븐 스필버그 감독

65. 〈양들의 침묵〉(The Silence of the Lambs, 1991) 조나단 뎀 감독

66. 〈네트웍〉(Network, 1976) 시드니 루멧 감독

67. 〈만주인 후보〉(The Manchurian Candidate, 1962) 존 프랑켄 하이머 감독

68. 〈파리의 아메리카인〉(The American in Paris, 1951) 빈센트 미넬리 감독

69. 〈쉐인〉(Shane, 1953) 조지 스티븐스 감독

70. 〈프렌치 커넥션〉(The French Connection, 1971) 프랭크 진네먼 감독

71. 〈포레스트 검프〉(Forrest Gump, 1994) 로버트 제멕키스 감독

72. 〈벤허〉(Ben-Hur, 1959) 빌리 와일러 감독

73. 〈폭풍의 언덕〉(Wuthering Heights, 1939) 빌리 와일러 감독

74. 〈황금광 시대〉(The Gold Rush, 1925) 찰리 채플린 감독

75. 〈늑대와 함께 춤을〉(Dance with Wolves, 1990) 캐빈 코스트너 감독

76. 〈시티라이트〉(City Lights, 1931) 찰리 채플린 감독

77. 〈청춘 낙서〉(American Graffiti, 1971) 조지 루카스 감독

78. 〈록키〉(Rocky, 1976) 존 애드빌센 감독

79. 〈디어 헌터〉(The Deer Hunter, 1978) 마이클 치미노 감독

80. 〈와일드번치〉(The Wild Bunch, 1969) 샘 페킨파 감독

81. 〈모던타임스〉(Modern Times, 1936) 찰리 채플린 감독

82. 〈자이언트〉(Giant, 1956) 조지 스티븐스 감독

83. 〈플래툰〉(Platoon, 1986) 올리버 스톤 감독

84. 〈파고〉(Fargo, 1996) 조엘 코엔 감독

85. 〈오리 스프〉(Duck Soup, 1933) 레오 멕케리 감독

86. 〈바운티호의 반란〉(Mutiny on the Bounty, 1935) 프랭크 로이드 감독

87. 〈프랑켄슈타인〉(Frankenstein, 1931) 제임스 웨일 감독

88. 〈이지라이더〉(Easy Rider, 1969) 데니스 호퍼 감독

89. 〈패튼대전차군단〉(Patton, 1970) 프랭클린 샤프너 감독

90. 〈재즈 싱어〉(The Jazz Singer, 1927) 앨란 크로스랜드 감독

91. 〈마이 페어 레이디〉(My Fair Lady, 1964) 조지 쿠커 감독

92. 〈젊은이의 양지〉(A Place in the Sun, 1951) 조지 스티븐스 감독

93. 〈아파트 열쇠를 빌려드립니다〉(The Apartment, 1960) 빌리 와일러 감독

94. 〈굿 펠라스〉(Goodfellars, 1990) 마틴 스콜세스 감독

95. 〈펄프 픽션〉(Pulp Fiction, 1994) 쿠엔틴 타란티노 감독

96. 〈추적자〉(The Searchers, 1956) 존 포드 감독

97. 〈이이 기르기〉(Bringing up Baby, 1938) 하워드 혹스 감독

98. 〈용서받지 못한 자〉(Unforgiven, 1992) 클린트 이스트우드 감독

99. 〈초대받지 못한 손님〉(Guest Who's Coming to Dinner. 1967) 스탠리 크
래머 감독

100. 〈양키 두들 댄디〉(Yankee Doodle Dandy, 1942) 마이클 커티스 감독

위대한 영화 목록은 비평가에 따라 다소 차이는 있을 수 있으나 대체로 미국영화연구소가 선정한 100개의 목록에서 크게 벗어나지 않는다.

최고의 영화로 꼽힌 〈시민 케인〉은 거대 신문사 사장인 찰스 허스터의 권력 추구 과정과 허영에 가득 찬 삶의 이면을 한 기자의 눈으로 바라본 서술 구조를 지닌 영화다. 오손 웰스가 제작, 주연, 감독을 맡은 이 작품은 개봉 당시 흥행에 실패했으나 피사체의 다양한 공간적 거리감을 보여주는 딥포커스와 과거를 회상하는 플래시백 등 당시로서는 전혀 새로운 촬영기법과 편집기법을 선보여 지금도 영화의 "교과서"로 평가되고 있다.

헐리우드 100대 영화 목록에 가장 많은 작품을 올려놓은 감독은 헐리우드의 천재 스필버그다. 모두 다섯 편의 영화가 상위권에 포진하고 있어 금세기 최고의 감독임을 증명하고 있다. 그는 영화의 두 축인 상업성과 예술성을 동시에 만족시키고 있는 감독이다.

알프레드 히치콕과 빌리 와일러는 각각 네 편의 영화를 올려놓아 그 뒤를 쫓고 있다. 작가주의의 대표인 히치콕과 미국 중산층의 삶을 사실주의적으로 담아 낸 두 감독은 미국 영화사에 굵은 족적을 남긴 감독들이다.

배우로서는 제임스 스튜어트와 로버트 드 니로가 각각 다섯 편에서 주연을 맡아 최고의 연기자로 인정받았으며, 말론 브란도는 상위 열 편의 영화에 두 편이나 주연을 맡아 질적으로 더 탁월한 연기자임을 증명하고 있다. 여배우로는 캐서린 헵번이 네 편의 영화에 출연하여 그 진가를 입증하고 있다.

참고 문헌

김동훈. 『여간내기의 영화교실』. 대경출판, 1997.

김성곤. 『문학과 영화』. 민음사, 1997.

김성곤. 『헐리웃--20세기 문화의 거울』. 웅진출판, 1997.

김소영. 『김소영의 영화 리뷰』. 한겨레신문사, 1997.

김영민. 『철학으로 영화보기, 영화로 철학하기』. 철학과 현실사, 1994.

김종원. 『영상시대의 우화』. 제3기획, 1985.

김지석. 『아시아 영화를 다시 읽는다』. 한울, 1996.

꼬레, 장 외. 『영화학 입문』. 김정옥 옮김. 영화진흥공사, 1982.

다이어, 리처드. 『스타 – 이미지와 기호』. 주은우 옮김. 한나래, 1995.

딕, 버나드. 『영화의 해부』. 김시무 옮김. 시각과 언어, 1994.

랩슬리, 로버트, 아이클 웨스톨레이크. 『현대 영화이론의 이해』. 이영재, 김소연 옮김. 시각과
　　　　언어, 1995.

바쟁, 앙드레. 『영화란 무엇인가?』. 박상규 옮김. 시각과 언어, 1998.

박성수 외. 『영화 이미지의 미학』. 현대미학사, 1996.

박찬옥. 『영화보기의 은밀한 매력─비디오드롬』. 삼호미디어, 1994.

비워터, 톰, 토마사 소벅. 『영화 비평의 이해』. 이용관 옮김. 예건사, 1991.

서인숙. 『영화비평의 이론과 실제』. 집문당, 1996.

서정민. 『영화, 자동차 그리고 사랑』. 정우사, 1993.

얼리, 스티븐 C. 『미국영화사』. 이용관 옮김. 예견사, 1993.

엘리스, 잭 C. 『세계영화사』. 변재란 옮김. 이론과 실천, 1997.

유현목. 『世界映畵監督論』. 경세문화원, 1985.

유현목. 『유현목의 한국 영화 발달사』. 책누리, 1997.

이현상. 『영화, 헤쳐 모여』. 푸른나무, 1996.

쟈네티, L. 『영화의 이해』. 김진해 옮김. 현암사, 1987.

전양준 편. 『세계 영화작가론』 I, II. 이론과 실천, 1994.

조혜련. 『영화보다 재미있는 영화이야기』. 엔터, 1996.

터너, 그래엄. 『대중 영화의 이해』. 임재철 외 옮김. 한나래, 1994.

Allen, Robert C. and Douglas Gomery. *Film History: Theory and Practice*. New York: Knopf, 1985.

Andrew, Dudley. *The Major Film Theories: An Introduction*. New York: Oxford UP, 1976.

Bazin, Andre. *What Is Cinema?* Vol. 1. Tr. Hugh Gray. Berkeley: U of California P, 1967.

Bettetini, Gianfranco. *The Language and Technique of the Film,*. The Hague: Mouton, 1973.

Bordwell, David and Kristin Thomson. *Film Art: An Introduction*. 2nd Ed. New York: Alfred A knopf, 1986.

Bordwell, David, Janet Staiger & Kristin Thompson. *The Classical Hollywood Cinema: Film Style and Mode of Production to 1960*. London: Routledge, 1985.

Bordwell, David. *Narration in the Fiction Film*. London: Methuen, 1985.

Branigan, Edward. *Narrative Comprehension and Film*. London: Routledge, 1992.

Collins, Jim, Hilary Radner & Ava Preacher Collins, eds. *Film Theory Goes to the Movies*. New York: Routledge, 1993.

Cook, David A. *A History of Narrative Film*. New York: Norton, 1981.

Esthope, Antony, ed. *Contemporary Film Theory*. London: Longman, 1993.

Kuhn, Annette. *The Power of The Image: Essays on Representation and Sexuality*. London: Roultledge, 1985.

Lapsley, Robert and Michael Westlake. *Film Theory: An Introduction*. Manchester: Manchester UP, 1988.

Maltby, Richard and Ian Craven. *Hollywood Cinema: An Introduction*. Oxford: Blaxwell, 1995.

Orr, John. *Cinema and Modernity*. Cambridge, MA: Polity P, 1993.

Peters, Jan M. *Pictorial Signs and The Language of Film*. Amsterdam: Rodopi N.V., 1981.

글쓴이 말

영화는 오락과 도덕을, 그리고 돈벌이와 예술을 양 축으로 삼아 걸려 있다. 인간에게는 유희적 본능이 있으며 이 유희적 본능은 예술이라는 또 다른 형태의 삶을 가능하게 했다. 노동이라는 일상생활의 활동 외에 인간이 예술을 필요로 하는 이유는 바로 예술이 인간에게 세계를 이해하는 수단으로 기능하기 때문이다.

무릇 다른 예술품이 그렇듯이 영화는 사람들에게 일상을 벗어나 즐거움을 통해 세계를 이해하도록 부추기는 창이다. 일상생활에서 사람이 일용할 양식을 얻고 물리적 삶의 환경을 개선해 간다면, 일상을 벗어난 즐거움이 담긴 활동을 통해 정신적 삶의 조건들을 풍요롭게 한다.

영화는 바로 이 즐거움에 의탁하고 있다. 그러나 영화는 단순히 즐거움이나 오락 기능에만 의존하지는 않는다. 모든 예술이 그렇듯이 영화도 그 수혜자인 관객들에게 삶에 대한 깨달음과 교화라는 교훈적 기능을 베풀고 있다. 영화는 관객들에게 그들의 삶을 비춰볼 수 있도록 하며, 그 비춰진 모습을 통해 그들의 삶과 사회에 대한 이해를 부추긴다. 바로 이러한 점에서 영화 따라잡기는 그저 영화보고 인상주의적 감상 평을 확인하는 수준에 그쳐서도, 난해하기 짝이 없는 고도의 기술적 용어의 나열이나 연대 외우기 식의 현학적 접근 수준에 매달려서도 안 되는 근거가 도사리고 있다.

영화 따라잡기란 한 편의 영화가 담아내는 의미를 추적함으로써 사람의 삶에 관한 교육의 마당이어야 한다.

『영화 따라잡기』를 펴낸 지 4년이 지났다. 중간에 한 번 수정했으니 이번이 재수정인 셈이다. "문학과 영화"를 추가했고 남녀 배우들의 소개 부분은 삭제했다. 특히 이번에 추가한 "문학과 영화" 분야는 글쓴이로서는 좀 더 자세하게 보충하여 독립된 책자로 선 보일 예정이다.

처음 우리대학에 영화강좌가 설강되었을 때 마땅한 교재를 선정하기가 가장 어려웠던 과제였다. 주변에서 쉽게 구할 수 있는 대부분의 영화에 관한 책들이 거의 일률적으로 두 부류로, 그러니까 지나치게 전문적이거나 그렇지 않으면 개인적 인상에 근거한 영화 감상문들로, 나뉘어져 있어 대학 신입생을 중심으로 강의해야하는 강사들에게는 마땅한 교재라고 할 수 없었다.

글쓴이는 이 책을 펴내고 현장에서 강의하면서 참으로 많은 부족함을 절감했다. 16주라는 한정된 기간 내에 수강학생들에게 좀 더 체계적으로 영화에 관한 기본적 이해부터 포괄적 감상에 이르게 할 최선의 방법론을 모색하는 일은 애초부터 일정 부분 한계가 있었다고 보아야 할 것이다. 그럼에도 불구하고 좀 더 쉽고 재미있게 읽힐 수 있는 교재라면 이런 식의 난감함을 어느 정도 보완할 수 있으리라는 확신도 가질 수 있었다. 그리고 이런 확신에는 지난 1

년 반 동안의 워싱턴 대학에서의 교환교수 생활이 버텨주고 있다.

시애틀에서 보낸 일년 반 동안 연극과 영화 강의를 매 학기마다 청강하려고 노력했다. 그 중에서도 영화 이론 강좌를 강의한 새비로(Steven Saviro) 교수의 강의가 인상에 남는다.

예일대학 박사인 그에게서 나는 영화에 관한 강의의 모범을 엿보았다. 교재의 내용을 간략하고 효과적으로 요약해 스크린에 비추어가며 학생들의 이해를 도왔으며, 영화 이론의 특징적 양상들에 대한 구체적 영화 장면들을 편집해 보여주었다. 학생들은 구체적 작품들을 통해 이론을 이해했으며, 한정된 시간 내에 다양한 작품들을 비교하며 감상하고 있었다. 쿼터제인 워싱턴대학의 영화 강좌는 80분씩 두 번의 강의와 140분씩 두 번의 영화감상이 배정된 주당 총 8시간이 넘는 강의시간을 할당받고 있었다.

미국 대학교수들의 친절함과 자상함, 학생들의 적극적인 질의 응답의 참여는 영화강의를 생동감이 넘치게 했다. 교수는 학생들의 질문을 부추기며 칭찬하고 있었고, 조별로 편성된 학생들은 경쟁적으로 발랄하고 방자한 발표를 선보였다. 이렇게 이들은 자신들이 선택한 강좌를 즐기고 있었다.

우리도 그들처럼 즐기면서 배울 수 있는 강의 형식이 마련되어야 할 것이다. 바로 이러한 점에서 이 『영화 따라잡기』가 작은 도움이 되었으면 한다. 이 책을 바탕으로 불리한 조건 아래서도 이론의 이해와 구체적 작품 감상이라는 두 가지 목표가 달성될 수 있다면 더 바랄 것이 없을 것이다.

2004년 새해 초.

찾아보기

영화따라잡기

초판 1쇄 발행일 2004년 4월 15일
초판 4쇄 발행일 2024년 3월 2일

지 은 이 김정호
만 든 이 이정옥
만 든 곳 평민사

서울시 은평구 수색로 340, 202호
전화: (02)375-8571(代)
팩스: (02)375-8573
평민사(이메일) 모든 자료를 한눈에 —
http://blog.naver.com/pyung1976
등록번호 25100-2015-000102호
ISBN 978-89-7115-622-3 03680
정 가 18,000원